论海德格尔

On Heidegger

彭富春◎著

人民出版社

目　录

无之无化
——论马丁·海德格尔思想道路的核心问题

海德格尔专题研究

无之无化

——论马丁·海德格尔思想
道路的核心问题[*]

[*] 此中文版由著者据德文版译出。德文版为:DAS NICHTEN DES NICHTS——ZUR KERN-
FRAGE DES DENKWEGS MARTIN HEIDEGGERS,欧洲科学出版社(法兰克福)1998 年版。此中
文版获德文版版权许可。

序言:论一种对"无"无需沉默的语言

阿尼姆·雷根博根教授博士

"为何只是存在者而倒不是虚无存在?"—我们知道此问题以及源于欧洲形而上学漫长传统对此问题回答的多重建议。当我新近为一德语辞典写作"虚无"词条时①,一些人向我建议,删除这一概念,因为它"无物"包括。一更带诙谐的建议为:"让这页简单地空着,那么人们都将知道,它自身所具有的关于虚无的东西。"另外一些人则使我想起约翰·沃夫尔刚·冯·歌德的《浮士德》中靡非斯特的形象,他作为"虚无主义者"而出现,更诙谐地说,也同样代表这样一种命题:"因此将更好的是,假使无物产生的话"。

如果谁追思"虚无"的话,那么,他将被轻率地标明为虚无主义者。但是,那些不是以此概念来追求自身的兴趣,而是关涉其中所包含的严肃的问题的思想家,却能够超越一廉价的虚无主义的指责。马丁·海德格尔正属于这种思想家,他首先试图思考虚无主义的危险性,但是,他然后且终身指出了一走出与它相连的悲观主义的囚禁的出路。彭富春在此著作中对此思想家进行了创造性的评论,也从事实出发在此道路上追寻着他。但是,为什么那在此的被解释者与这种思想相戏? 它也许是"虚无"自身,它将存在者超出了,规定了,划界了,扬弃了,摧毁了,简而言之,"无化"了。

海德格尔选择了这一表达式,即在彭富春的此一著作的标题中所出现的,首先是在《什么是形而上学?》②,这里他给予去思考:"虚无自身虚无化"。以此所意味的不是一形而上学的最高权威,它为一活动所归属,而是(至少当时

---

① 阿尼姆·雷根博根和乌维·迈耶新编:《哲学概念辞典》,《哲学图书馆》,第500卷;汉堡,费立克斯·美勒出版社1998年版。事实上,"无"新物使我想起。于是,此词条依其"内容"仍如此保存,正如约翰·霍夫迈斯特为其1954年的最后版所设想的。

② 《什么是形而上学?》,美茵河畔的法兰克福1955年版及其后,自第7版,第34页。

仍是），人（此在）超出其自身生存危险（"畏惧畏惧自身"）的生存的经验。其内容依据海德格尔本原地表现为非语言的（海德格尔："前语言的"）。在此范围内，海德格尔处的"关于"虚无的陈述与此相连，即那非语言性的经验自身必须语言性地被把握，由此并产生了一确定的语言的困境。在一平庸的意义上字面地理解"无之无化"的论题，在事实上不可能思考海德格尔。

关于"虚无"作为哲学问题的讨论被语言分析哲学的说明再次加剧了，即海德格尔的论题是同一反复被表达的。对此人们看到了一海德格尔所引起的巨大的反响，当他冒险去可能再次（如他所说）以其他方式表达在传统的形而上学中经常提出的"存在"问题。他将此问题崭新地置于追问"虚无"的地平线中，并以此提供出黑格尔表达式"纯粹的存在和纯粹的虚无由此是同一的"①的独自的解释。海德格尔认为黑格尔是正确的，并"非"如黑格尔实际上所认为的，因为"存在和虚无在其无规定性和非中介性上合一，而是因为存在自身在本性上是有限的，而且只是在那进入虚无之中的此在的超越里敞开自身"②。海德格尔对于"此在"的"存在"鉴于畏惧经验，危险和"沉沦"的现象学研究处于这一关联之中。于是，那源于日常眼光关于"虚无"的过分显现的表达，亦即在危险和死亡经验中油然而生的虚无，可能变得通俗化。

彭富春是这样从事于海德格尔研究的，即他将海德格尔对于"存在"和"虚无"有时的同等设置作为解释其所有著作的钥匙来检验。于是，他将海德格尔及其基本的假设置于问题之中。海德格尔曾相信过，他能够用他晚期关于"存在问题"的思考避免"虚无主义"，此"虚无主义"至少在术语上在讲演"什么是形而上学"的第一版听得出来。

于是，彭富春能够得出这一命题：海德格尔真正的解释在于，"虚无"（在海德格尔的意义上）的问题敞开为"存在"（同样是在海德格尔的意义上）问题的变式。通过彭富春对于海德格尔的重新解释的方式，读者必须要参与一忍耐的考验。而这也很好，因为作者跨越一宽广的路程缜密地从事于真实的海德格尔的术语及其思想尝试的细致性。解释者的语言使用甚至与海德格尔的语词选择产生了同等音调。于是，作者在此追随了"语言"的一种看的方式，

---

① 《逻辑学》1,《著作》，第 3 卷（拉松编），第 78 页（文本相同的单行本为《哲学图书馆》，第 56 卷，莱比锡 1934 年版及其后）。

② 《什么是形而上学?》，第 39—40 页。

他也要将这种语言归功于海德格尔:据此,首先和大多为语言自身在言说,其次才是作者工具性地使用语词和句子,为了用它标明和意指一自身不是语言性把握的事实内容。在海德格尔那里,它首先却相关于其他的东西:"语言"在他那里世界内性地(依据其真正的本体论的大纲的尺度)作为比任何个别"此在"的生存更为本原地把握着。由此,彭富春同意了一种语言运用的理解,正如我们经常在诗人的创造性成就而不是在哲学家的分析的活动中所见的理解。但是,这意味着什么:语言自身"言说"(每每依照其上下文:"在"诗人中或"在"思想家中或者也通过他们)? 但是,对于海德格尔关于语言的独特的理解而言,这说明了理由:在这种情况下,一解释者能够采纳海德格尔的表达,据此,"世界世界化","虚无虚无化"。我们也能够对此接受,如果我们准备将这种陈述作为由海德格尔所采用的表达式来解读形而上学的存在性(世界、存在)的过程的标志,这一陈述也作为一正好不是定向于静止规定(此正想起用状态描述"永恒"、"宁静"和"恒定性"的形而上学的世界图象)的计划。

人们也许会反对:这种表达式可能产生语言的困境。但更使我惊奇的是,在此一解释者如何仍然试图创造性地处理这种表达式。

对海德格尔术语(于是,它运动于与惯常的语言使用的偏离中)的特别性的逐步的领会和由此对此思想家彻底的忠实于字词的解释乃彭富春所为。这样,他避免了任何一种对文本的任意行为,正是在试图重复这一思想家语言性的独特性中,彭富春对其处理的思想家尽量保持了字面的忠实。

但是,什么是这一更新的深入细致的关于海德格尔的读物的成果? 海德格尔已经放弃了关于"存在"和"虚无"的设定的表达的同一化的问题? 此同一化在他追问形而上学时曾如此地激动了他①。海德格尔曾多次声称放弃了。彭富春却在此反对他。彭富春在此证明,甚至《存在与时间》(1927),特别是其对于畏惧、烦和死亡的分析,已经是在一(但是尚未概念性把握)的"虚无"的地平线中所写的。由此,彭富春有很好的理由来追问,在晚期伴随着克服传统的存在哲学和"形而上学",一克服"虚无"的"存在"的"敞开"是否在根本上又是可想象的? 彭富春于此在一方面是持怀疑态度的。他的论题由此

---

① 《什么是形而上学?》,1929 年的讲演稿。

洞见出发,即,如海德格尔也承认的,语言不能越过世界的边界。但是,什么在我们言说者中生成,如果言说者也在其自身的语言中与这种"虚无"相遇,虽然他们与所说的虚无"无物"相符? 这却立于这一问题的意义,此问题在一令人诧异的发生作用的表达式"无之无化"中听得出来。

彭富春熟知东亚智慧理论的传统,正如他熟知西方思想的发展一样。他对德意志语言中一最重要的思想家的贡献(彭富春在其第一稿是用德语写作的)使我们认为,东西方语言和世界图象的差异,并不一定成为在不同的"追求智慧"中共同的问题意识的障碍。

1997 年 10 月
于奥斯纳布吕克

导论:无作为"思想的事情的规定"

海德格尔思想的核心如众所周知乃追问存在的意义。此存在自身区分于存在者。如此理解的存在却显现为虚无。与此相应不是"存在和虚无",而是"存在作为虚无"在海德格尔的思想形成主题。但存在"存在着",凭借于它作为虚无虚无化。以此方式无成为了海德格尔观念中的思想的事情的规定。沿此路线本着试图追寻海德格尔的思想道路,以期获得对于"存在的意义"(如海德格尔和他的后继者所解释的那样)新的透视。

"存在作为虚无",此同等设置听起来已经十分陌生,因为哲学的历史只知道"存在和虚无"这一题目。但海德格尔的思想表明:如果存在给予去思考的话,那么,虚无也将同时呈现。倘使哲学是存在的历史的话,那么,它将同样也是"虚无的历史"。那被海德格尔思想视着与己对抗的哲学的历史是怎样思考存在和虚无的呢?

在哲学历史的开端让我们追忆巴门尼德。女神给他指引了三条道路:存在之路、虚无之路和要死者之路。存在要被思考和言说,它必须存在。虚无不存在,它既不可思议,也不可言说。那要死者之路没有作出任何决定,以至于存在和虚无都是无所谓的。但是存在是存在,不是虚无。因此存在既不源于虚无,也不归于虚无。在此意义上虚无完全被思想和言说所排除①。在中世纪,存在乃上帝,而虚无意味着非上帝的存在者的离席。在形而上学的终端黑格尔指出:"纯存在和纯虚无是同一的。"②。存在和虚无在这种范围内同属一体,当它们在其非确定性和非中介性上一致时。因为其否定的意义,虚无自身在哲学的历史上没被形成主题,更不用说存在作为虚无了。

---

① 《残篇》,第6节。
② 《黑格尔全集》第11卷,汉堡1978年版,第44页。

　　正因为哲学的历史没有思考虚无,所以我们必须和海德格尔一同追问:什么是这个虚无自身? 康德认识到了一种虚无,即一个没有对象的空洞概念或者一个没有概念的空洞对象;一个空洞的概念的对象或者一个没有对象的空洞的直观①。这些样式却不能和海德格尔所思的虚无认同,因为此种虚无与存在者的虚无毫不相干。

　　只要虚无被理解为存在的虚无的话,那么它必须与否定和褫夺相区分。当虚无表明存在的本性的时候,不和否定只具有陈述的特点,它作为存在者与其他的存在者相关。根据海德格尔,存在者之不和否定已设立了无之无化为前提,因为后者使前者成为可能。但这是如此发生的:无之无化自身显示为敞开和自由,在此否定才有其可能性。这又继续导致陈述能够去否定存在者。因此不和否定为无之无化所规定并成为其衍生样式。如果无之无化本原地不理解为否定的话,那么它也不能把握为褫夺。褫夺标明存在者的缺少和原本属于某物的缺乏。因此它是存在者否定的一个样式。在这种否定中,它还不与虚无自身相关。因为虚无不是存在者的缺少和缺乏,而是存在的本性。只有当存在作为虚无虚无化时,存在者的褫夺才是可能的。

　　因此虚无既不能理解为否定,也不能理解为褫夺。那么虚无怎样才能被规定? 海德格尔的回答为:虚无虚无化。它无化,凭借于它与存在者相区分。本体论的差异已照亮了这样一种虚无与存在者相区分的意义,它意味着:存在不是存在者。在此范围内存在同样是虚无。基于同一原因,差异自身也是虚无本身。正是在此虚无与存在者的区分中,无之无化才能被经验。"无的本性立于偏离存在者和远离存在者"(GA15,第361页)。但是,这不是虚无的消失,而是它的启示。

　　虚无的启示在于,虚无让存在去存在。虚无以此拥有它具有动词化形态的表达方式。"分词形式的虚无化是重要的。这一分词表明了存在一确定的'活动',存在者唯有借此才存在"(GA15,第363页)。作为活动,无之无化既非手前之物,亦非手上之物,更非存在者的消灭,而是理解为存在之让。此让然后是纯粹的给予。而它所给予的正是存在。在给予之中最后生成了

_____

　　① 《纯粹理性批判》,B348。

生成。

正是凭借于自身的敞开,虚无给予了人的此在。而此在作为存在之此"生存"着。这一此同样也是存在作为虚无的敞开。如果人立于存在之此的话,那么他将成为"虚无之地的拥有者"(GA9,第118页)。作为如此,人将发现走向存在者的通道,此存在者同样本原地在无的敞开中显现出来。

在无之无化中,虚无已作为存在升起。这样虚无成为了"思想的事情的规定"。海德格尔用此标明了他的整个思想道路。① 此规定自身显现为虚无。"规定不带来任何新物。因为它导向古之最古。它要求停留于那始终追寻的同一的同一性"(GA9,第 IX 页)此古之最古乃西方的开端:林中空地。只是在这里,同一的同一性才可致追寻,它是那作为虚无的存在。在规定之下立着思想,它从规定那里接受了自己的任务。对思想而言,虚无敞开了。为什么?因为思想是存在的思想,亦即:"'存在'一词曾经作为要思考的所显现的,和它一旦也许作为已思考的将要遮蔽的"(GA9,第 IX 页)。那思想已所思的,是在存在者意义上的存在;那思想所未思的,是作为虚无的存在;那已思中未思的,正是那给予去思考的。如同思想,事情也让那规定来规定。事情表现为虚无,亦即以此在的形态,它敞开于情态、理解和沉沦等样式。此在的如此这般的敞开让虚无进入光天化日之下。

虽然规定,思想和事情各自分别从世界性、历史性和语言性方面具体化了,但每一术语都有与它自身相应的维度。对规定而言,语言性的阐明是决定性的,因为它根本上是语言的声音。作为如此,林中空地形成了自身。那里,宁静宁静化。它道说,凭借于它的沉默。但思想主要是历史性所构成的,只要它表现为哲学的历史。在存在的历史中,真理显现出来,凭借于它的自身遮蔽。而事情首先是世界性地被透视,因为此在是在世存在。世界敞开自身,但凭借于它自身的拒绝。

作为语言的沉默、历史的剥夺和世界的拒绝,无之无化清楚表达了自身。

---

① 参照赫利伯特·博德尔:《现代的理性结构》,弗莱堡—慕尼黑1988年版,"前言"和"结语"。海德格尔的用法"思想的事情的规定"被博德尔的"关系构成"的思想所继承和发展,即这样:它通过规定、思想和事情三个术语的关系形成了一个思想结构。这一思想给此著指明了海德格尔的思索。

它作为思想的事情的规定以此克服了它的空洞和抽象性。①

　　在回顾时,海德格尔将他的思想刻画为一条道路:"也许它是一条于思想的事情的规定中的道路"(GA9,第 IX 页)。② 人们怎样标明这样一条在不同站点变化的道路? 它首先是世界性的(《存在与时间》),其次是存在历史性的(《对哲学的贡献》),最后是语言性的经验(《通往语言的途中》)。海德格尔的思想以此方式变动于存在亦即虚无的世界性的、历史性的和语言性的维度。③

　　此著试图阐明:海德格尔的无之无化意味着什么? 他怎样在其不同的思想阶段将无之无化形成主题? 另外:为什么无之无化成为了他的主题? 如果这一对于海德格尔思想的追思不能带来直接的理解性的话,那么人们应该重复海德格尔的话语:"我们必须然后也要在此放弃直接的理解性。但我们必须同时倾听,因为我们必须去思考此不可避免的,且又是目前的"(ZSD,第 1页)。用胡塞尔的话来说,此处要求,对于存在者的设想予以"悬置",以期本原性地去经验虚无自身。

---

① 对此,恩斯特·图根哈特有完全不同的看法。参照图根哈特:《存在和虚无》,载微托里若·克罗斯特曼编:《透视》,美茵河畔的法兰克福 1990 年版,第 132—167 页。如果他用他的语言分析法来分析海德格尔的虚无的话,他只能把虚无看成不存在和不存在者,而看不到无之无化,更不用说世界的拒绝、历史的剥夺和语言的沉默了。

② 参照奥托·珀格勒:《马丁·海德格尔的思想道路》,普弗林恩 1994 年版,第 8 页及下页:"海德格尔的思想必须理解为一条道路,但不是作为一条很多思想的道路,而是作为一条限定于一个且唯一的思想的道路。对此思想家希望着,他'一旦如一孤星立于世界的天空':'走向一星,如此而已'(《源于思想的经验》,第 7 页)。"

③ 对海德格尔思想道路的区分,威廉·理查得森认为,海德格尔的转变为"从此在到存在"和"从存在到此在"。对此参照理查得森:《从现象学到思想》,海牙 1963 年版,第 25、299 页。

1. 世界的拒绝

只要无之无化在海德格尔的思想中形成主题的话,那么,它首先提出了这样一个问题:什么作为这一思想的开端? 既非此,也非彼,而是世界置于海德格尔思想的开端,因为他的整个思想置于世界的规定之下。世界究竟和无之无化有什么相关? 无之无化首先是在世界之中,并借助于世界自身的拒绝。虽然"无之无化"这一主题在海德格尔的第一阶段处于遮蔽状态,但它却是其最深的动机,并能照明所谓的"在世存在"。在此意义上,"在世存在"必须理解为"于无存在"。

在海德格尔这里,世界既非意识的世界,亦非体验的世界,如它们被胡塞尔和狄尔泰所理解的那样,而是此在的世界,①它区分于手前之物和手上之物,而作为"在世存在"生存着。世界世界化,亦即以此形态,即它自身显现为此在的敞开。此在构成的样式首先是情态,其次是理解,最后是沉沦。正是在理解的情态中,即在世界整体中的畏惧的经验中,无之无化显明了自身。同样作为无之无化,烦使世界的整体性和非整体性趋向明朗,凭借于它统一了情态、理解和沉沦。在走向死亡的存在时,此在的存在达到了其本原性的规定,因为死亡是此在本己的、毫无旁涉的和不可逾越的可能性。这作为存在的可能性又被良心所证明。作为死亡和良心的统一,先行的决定立于时间性中,它源于无之无化而自身时间化。

于是世界中的无之无化首先是此在的敞开,其次是世界的整体,最后是

---

① 此在不能由手而是由此来理解。对于此在的消解,参照雅克·德利达:《论精神》,法兰克福 1992 年版,第 19 页:"手的解释、人的此在和动物的对立,或隐或显地垄断了海德格尔的整个话题,特别在此,即它最明晰地表现为关联的话题去认识的地方。它垄断了海德格尔并开始于重复追问存在的意义和本体论的消解;它特别垄断了生存的分析,此分析确立了此在、手前物性和手上物性的界限。"

"在世存在"的本原性。①

1.1. 此在的敞开

此在生存于此,②这个此理解为此在的敞开,因为此在"它自身是林中空地"(SUZ,第133页)。但是这个敞开显现为无之无化,因此此在在根本上要从无来把握。③ 作为此在敞开的样式,情态、理解和沉沦从此在这方面构成了无之无化。

1.1.1. 情态

作为此在的敞开,那在世界中的无之无化首先拥有情态的样式,它称作情绪。此情绪没有心理学的意义,而是要在基本本体论的意义上来把握。因此它不相关于此人或彼人,而是相关于此在的存在。只要情绪在本体上是最熟知和最日常的现象的话,那么"此在始终被置于情绪之中"(SUZ,第134页)。这不同于说,此在有一个情绪,且时时可有可无。相反这意味着,情绪本原性地规定了此在并因此是此在的规定。

为什么此在始终被置于情绪之中? 此处没有任何原因,因为情绪就是此,且此在的存在已立于其中。"情绪表明了'如其所是和如其所为'。情绪化的存在以此'如其所是'把存在带向它的'此'"(SUZ,第134页)。在此,此在作为"它是和它必须是"显露出来,但无需知道其何来何去。在形而上学的历史中,"它是"意味着存在,而何来何去意味着第一根据和原因。存在必有其原因,只要它是的话。于是形而上学的思想成为了说明原因。但是当此在于情

---

① 无之无化贯穿于《存在与时间》一书。此书却为各种方式所解释。关于"心灵理论"的解释可参照吉尔伯特·赖尔:《海德格尔的〈存在和时间〉》,载米夏尔·慕拉及编:《海德格尔和现代哲学》,纽黑文—伦敦1978年版,第53—64页。

② 参照珀格勒:《海德格尔和解释学哲学》,弗莱堡—慕尼黑1983年版,第93页:"海德格尔把此在理解为作为此的人,作为存在的敞开之地。"

③ 此在在本原上与性的区分毫不相关,因为它立于无。对它而言,其根本性的是敞开和遮蔽的区分。关于性的区分参照德利达:《性别》,维也纳1988年版,第29页:"分裂的多样性并非首先来源于自身身体的性别。自身的身体、肉体、身体性已经本原性地将此在拉入分裂并以此拉入性的区分。"

绪中表明,它存在,却不追溯到第一根据和原因的话,那么此在便立于深渊之中。这样一个在情绪中敞开的此在同时表明自身作为世界的无之无化。

情态敞开了什么？第一,它敞开了此在的被抛性。"我们称这个'它是'为这个存在者在它此的被抛性,亦即,它作为'在世存在'是这个此"(SUZ,第135页)。"在世存在"已被给予,因此此在本原地被抛于世界,而且没有根据和原因。只要此在是和必须是的话,那么它便处于被抛性之中。此在的情态是自身处于,区分于手前之物和手上之物的自身现有。虽然此在处于被抛性之中,但它却以不同方式与之相遇。"情绪敞开的方式不仅有瞥向被抛性,而且有朝向和转向"(SUZ,第135页)。凭借于此在在转向中试图逃避被抛性,这正好表明了,此在一直为情态所规定。

第二,情态敞开了"在世存在"。情绪不仅是此在的情绪,而且也是"在世存在"的情绪。因此它不是首先作为主体的灵魂状态,然后以某种方式相关于世界中的一个客体,而是如海德格尔表达的那样,"首先并大多"已是"在世存在"的情态。"情绪侵袭而来。它既非来自'外',也非来自'内',而是以'在世存在'的方式源于其自身而上升"(SUZ,第136页)。一旦情绪将此在的被抛性带入光天化日之下,它也让"在世存在"进入光中,因为此在不是在某处,而是在世界中被抛。在这种意义上,情绪揭示的不是世界的部分,而是世界的整体,这由世界、世界内的存在者和此在构成。此处也表明,"在世存在"是而且必须存在,却没有根据和原因。

第三,情态敞开世界的世界性。这不在于世界内的存在者,即手前之物或手上之物,而是在于此在。"世界的优先的、属于"在之存在"的敞开是由情态同时构成的"(SUZ,第137页)。因为:"情态的情绪化存在生存地构成了此在的世界之开放"(SUZ,第137页)。此处世界的世界性获得了无之无化的意义,因为它同样敞开于情态,这却必须通过"它是和它必须是"来解释。

1.1.2. 理解

当情态鉴于此在的被抛性敞开无之无化时,理解却从此在在世界中的投射方面来展露它。情态表明:此在是而且必须是,它无需回溯到第一原因。但理解要显示:此在没有目的和目标,因为对它而言,它作为"在世存在"只与自身相关。

　　理解揭示了此在之此,借助于它使为之所故和立于其中的意蕴趋于明晰。这意味着:"此在是这种存在者,对它而言,它作为'在世存在'只与自身相关"(SUZ,第143页)。为之所故和意蕴乃此在在世的根据和目的。这两者不是外于此在的某物,而是它自身。因为理解启明了:为之所故乃此在自身,只要这对它作为它自身而言只相关于它自身的话;意蕴乃此在自身,只要唯有此在是世界为之所去而敞开的话。理解没有基于任何根据却揭示了:此在乃自身并立于虚无。

　　作为如此,理解同时表明为存在之可能。它不是人的能力,而是首先为可能之存在。"此在每为其能在和如其可能"(SUZ,第143页)。此在于情态中表明:它是和它必须是。但它于理解中显示为其能在和如其可能。在此意义上,此在作为"在世存在"既非手前之物,亦非手上之物,而是生存,①海德格尔把它理解为"存在自身,对它,此在能有所作为并始终以某种方式有所作为"(SUZ,第12页)。唯有由此才是可理解的:理解本原性地是可能性。

　　此处所谓的可能性必须在存在之可能的意义上来把握。因此,它生存上的意义与形而上学所理解的意义毫不相关。逻辑的可能性只是手前之物的样式,它传统性地包括了可能性、现实性和必然性。在此关联中,可能性表明了只是可能的手前之物,它具有否定性的意义,因为此手前之物还不是现实的手前之物。"它只是刻画了那只是可能的。它在本体论上低于现实性和必然性"(SUZ,第143页)。相反,生存的可能性根本不意味一可能的手前之物或者一尚未成为的手前之物,它而是标明了此在的存在。在此范围内,它比形而上学意义上的手前之物性以及现实性和必然性的可能性更为本原。

　　另外,生存的可能性区分于日常意义所理解的可能性。它不知道随意的无所谓性,这只是作为人的感觉处于漂移之中,即:它没有区分可能性和不可能性。"对它而言,此在是自身承担的可能之存在和彻底的被抛的可能性"(SUZ,第144页)。理解的可能性始终被置于情绪,并因此具有情态的特性。

----

　　①　海德格尔所说的生存无关于存在主义和存在哲学。对此可参照汉斯·格奥格·伽达默尔:《海德格尔的道路》,图宾根1986年版,第7—17页。

正是因为它是情态性的,所以它表现为"它是和它必须是"。这也就是说:通过情态,生存的可能性有它自身本原的现实性和必然性。

为什么此处理解是此在的可能性?海德格尔回答道:"因为理解于自身有一生存结构,我们称之为投射"(SUZ,第145页)作为如此的理解能做什么?"它把此在的存在投射到它的为之所故,并同样本原地投射到其意蕴,此乃它每一世界的世界性"(SUZ,第145页)。此在始终在理解中投射自身,借助于它同时作为投射者和被投射者。作为投射者,此在敞开为它成为的或它不成为的。同样作为被投射者,此在生存于它的为之所故和为之所去。如此这般,投射让此在于虚无存在,因为为之所故和为之所去乃此在本身,但它没有任何根据生存着。

然而投射在何种范围内相关于被抛性?"投射是实际的存在之可能的游戏空间的生存的存在样式。此在作为被抛乃被抛于投射的存在样式"(SUZ,第145页)。这两种生存的规定处于交互关系之中。当被抛性它那方面有可能性时,投射这方面却被规定了。正是因为投射具有被抛性的特点,所以这里不相关于个人的计划,而相关于此在本己的可能性。"只要它是的话,此在总是由可能性来理解自己"(SUZ,第145页)。虽然被抛性和投射以不同的方式刻画此在的存在,但它们只处于一中:此在之此,这却意味着虚无。

1.1.3. 沉沦

作为无之无化,情态和理解构成了此在的敞开,凭借于它们显现为被抛性和投射。但是此在于日常性中有另外一种敞开性,海德格尔称之为"沉沦"。"闲谈、好奇和歧义刻画了这种方式,在此,此在是它日常的'此',即'在世存在'的敞开性"(SUZ,第175页)。日常的敞开性的确是它样的。这里此在显现为不是自身,而是常人;世界不揭示自身,却掩盖自己;在之存在没有敞开,反倒遮蔽。

如果敞开称为本真的话,那么遮蔽相反标明了非本真。此非本真由何而来?如本真一样,它也源于此在的可能性。假使此在的存在由可能性来规定的话,那么此在不仅是可能之在,而且也是不可能之在。"因为此在本性上总是它的可能性,所以此一存在者于它的存在中可能'选择',获得,它也可能失败,以及从不或者只是'假象般'地获得"(SUZ,第42页)。如此这般,此在始终作出决定本真或者非本真地去存在。于是非本真和本真乃此在的存在样式。①

　　海德格尔将非本真把握为此在沉沦于世界。"此在由其自身作为本真的自身存在之可能总是已经下落并沉沦于'世界'"（SUZ，第175页）。但是，此在沉沦于它的日常性也同样是"在世存在"，且没有何来何去。于是没有更纯洁和更高的本原状态，沉沦由此而来和所去而归。同样由此原因，沉沦不是某种低下之物，"也许会在人类文化的进步阶段被消灭"（SUZ，第176页）。在此意义上，沉沦于世界不再意味着一手前之物与另一手前之物的关系，而是此在对它世界的联系。

　　非本真通过沉沦的解释也获得了自身的规定性。它既不意味着"事实上不"，也不意味着"不再在世存在"。非本真此处标明"非存在"，它以非常的方式构成了"在世存在"。"这一非存在在必须把握成此在最切近的存在方式，此在大多保持于其中"（SUZ，第176页）。于是，非存在是世界中的无之无化，亦即作为存在的样式。

　　非本真在此不言而喻具有两面：一方面它是此在最切近的存在方式，且导向本真；另一方面它是褫夺，而源于本真。"虽然在沉沦中自身存在的本真生存地被封锁和排挤，但是，这种封锁只是一个敞开的褫夺。此在的逃亡是在它自身前的逃亡，在此敞开现象性地显明了"（SUZ，第184页）。以褫夺的方式，非本真正好不否定本真，相反它使之开放，凭借于它与之相关。

　　作为如此，非本真通过闲谈、好奇和歧义具体化了，亦即这样，它们遮盖和忘记了世界中的无之无化。但非本真正好借此标明自身为无之无化。这一表达式听起来如同悖论，但海德格尔以后将会强调，遮盖和遗忘乃无之无化的样式。

　　言谈本属此在的理解和解释，但它也有可能性成为闲谈。虽然"常人"在闲谈中谈论那被谈论的，但他却不理解何所谈论，即此在和于世界中的同此在，他只是不断地继续和重复谈论。在此谈论已表明它的无根性。此复导向公开性，在这里此在和世界内的存在不能再敞开，而只是封锁。这只是失去根

---

① 如果人们用语言哲学的方法来解释海德格尔的话，那么将十分困难来保持这一意义。例如，理查德·罗蒂把本真理解为"语词的疑问性"。对此参照罗蒂：《海德格尔反对实用主义者》，载卢第格·布波勒和他人编：《海德格尔的影响》，哥庭根1984年版，第16页。

基的此在理解的存在方式，在这里此在原始地和本原地生存着。"对那此在首先在其中生长的日常解释性来说，它不可能抽身而去。所有真正的理解、解释和传达、重新发现和奉献在它中、由它而来和反对它而自身实现了"（SUZ，第 169 页）。

日常的观看有它的眼光，海德格尔称之为"好奇"。好奇欲看，但不是为了洞见所看并理解存在者于存在中的敞开，而只是为了看，亦即这样，它始终试图重新看到新物。因此好奇可刻画为不逗留于下者。此下者始终运动于不安和激动，并有摧毁的可能性。好奇的这两个规定性又基于此现象的第三特征，即所谓的无居处性。"好奇无所不在但无一所在"（SUZ，第 173 页）好奇以此方式没有保藏何物，却彻底断根了此在的世界。

歧义的意义由闲谈和好奇而来也明晰了。它不能决定什么是在真正的理解中敞开的和没有敞开的。因此歧义实际上并不明确。"一切看起来如同真被理解、把握和谈论，但在根本上却不是。或者它看起来不是这样，但在根本上却是"（SUZ，第 173 页）。此处不存在明确，只有混乱。

此在在沉沦中始终尝试日常的无根性，在这里，它安宁于最好的顺序，但此安宁却自身异化且自身拘禁。以此方式，非本真表明了虚无于此在的世界，凭借于它封锁了本真。

1.2. 畏惧作为无的经验

1.2.1. "在世存在"的整体和无

情态、理解和沉沦是"在之存在"的样式，此样式也由言谈而构成。虽然它们不仅把"在之存在"，而且也把"在世存在"作为无之无化显露出来，但它们还不能理解为在世界整体意义上的无之无化。

什么是这个世界的整体？"在世存在"本原地始终是一整体结构。"'在世存在'这一合成表达式已经表明了它的特征，即它意味着一统一的现象。这一首要的确定必须在整体中得以看到"（SUZ，第 53 页）。但是世界的整体可分为三个要素。首先是世界，在这里此在与在世界之内的存在者相遇；其次是一存在者，它作为此在生存于世界之中；最后是"在之存在"自身，它作为情态、理解和沉沦显露出来。因此,无之无化必须不仅要鉴于此在,而且要鉴于世界整体来解释。

但是世界的整体首先表明为存在者之整体。如果我们阐明世界的整体是无之无化的话,那么我们必须首先认识到,存在者整体虽然不是虚无的话,却作为无之无化生存着。

只要我们谈论追问存在者整体的话,那么瞥向形而上学是不可避免的。"形而上学的问题必须在整体中而且必须由追问的此在的根本情况而来被提出"(GA9,第103页)。形而上学的问题始终是追问整体的问题,它是上帝、世界或者是灵魂。

形而上学怎样作为第一科学与世界的整体打交道的?"那贯穿于所有科学中的与世界的关系让科学追寻存在者自身,以期此存在者依照其所是内容和存在样式成为一彻底研究和说明根据的规定的对象"(GA9,第104页)。凭借于思考存在者的本性,形而上学为存在者整体追寻第一根据和原因。但是此第一根据和原因也表现为一存在者,且理解为最普遍和最高的存在者。

因此科学和世界的整体相关。在此范围内,人怎样关联于存在者?"这一非常的与存在者的世界关系自身,由人的生存的一自由选择的姿态所承担和引导"(GA9,第104页)在此人的姿态也被科学所规定,因为科学"以一适宜它的方式突出地和唯一地对于事情拥有第一和最后的权力"(GA9,第104页)因此人的生存的姿态也如科学一样是对存在者的关系。

然而在此姿态中显现出人对其他存在者的一特别关系。虽然人也是存在者整体中的一存在者,但是他并不出现于其他存在者里,而是破入此整体中。这如此发生,即人从事科学并追问存在者整体。

此世界关系、姿态和破入使存在者的整体显现出来,这种整体也可同时把握成世界的整体。但是这里只是存在者之整体,而不是虚无被形成主题。它只是"存在者,舍此即无;它只有存在者,逾此即无;它唯有存在者,除此即无"(GA9,第105页)。只要存在者是的话,那么它就不是无。但是如果科学自身只从事于存在者整体的话,那么虚无在此将被完全排除。

但是科学将虚无并不能轻而易举地消灭,如果它承认存在者整体的话。"科学不想知道虚无。但同样如此确定地存在着:那里,即科学试图表达它自身的本性时,它召唤虚无作为帮助"(GA9,第 106 页),亦即使用"舍此即无"
这一说法。虽然科学放弃虚无,但是它同时已承认之。于是科学已经表明:
"有"存在者的整体;也有虚无。虚无虚无化,正如存在是。但是虚无在此绝
非不可见的存在者,处于存在者整体之内或之外。虚无不如说是存在者的整
体,亦即世界的整体,如果虚无虚无化的话。

1. 2. 2. 畏惧的畏惧化

如上所述,世界的整体表明为存在者整体。但是,特别是在虚无意义上的
世界整体自身如何可能显现出来? 通往世界统一现象的通道只立于此在的敞
开,因为这种敞开也同样显明了"在世存在"的整体,凭借于它把此在带向存
在之此。

情态和理解构成了此在的敞开。当情态显明被抛性时,理解却揭示了可
能性。但是既非只是情态,亦非只是理解,而是唯有理解的情态才能敞开世界
的整体。

理解的情态现在成为了通往存在者整体唯一的通道,因为人们不能把握
存在者整体,如人们以设想的方式所思考的那样,而只能经验之,这也就是说,
自身处于存在者整体之中。情态亦即情绪,它敞开了那所是的。"这种置于
情绪之存在,其中它如此这般"是",让我们由它彻底规定,并处于存在者的整
体之中"(GA9,第 110 页)。但这并非所有的情绪,而只是畏惧,即那非常的
理解的情态。①

为了阐明畏惧的现象(如海德格尔所思的),人们必须首先将它区别于害
怕,此害怕却完全具有另外的特性。

那么,人怎样处于害怕的情绪之中? 害怕的现象可借助于"何所"害怕,
害怕自身和"为何"害怕来具体化。

首先,何所害怕为存在者,它拥有"威胁性的特征"(SUZ,第 140 页),它可
能是手上之物、手前之物或者是同此在。其次,害怕是威胁自身的揭示,借助

---

① 畏惧不仅在《存在与时间》,而且也在《什么是形而上学?》形成了主题。鲁道夫·卡尔
纳普试图用语言分析法对海德格尔《什么是形而上学?》中的关于虚无的句子作为伪句子进行揭
露。对此可参照卡尔纳普:《用语言的逻辑分析克服形而上学》,载《认识》,1931—1932 年版,第
219—241 页。

于它揭开了可怕性的走进。害怕"已在这方面敞开了世界,即如可怕之物可能由世界而来接近。此可能接近自身被已通过"在世存在"的根本的生存的空间性而释放"(SUZ,第141页)。最后,为何畏惧是存在者本身,它作为此在位于世界之中。"唯有这种存在者,即于其存在中相关于它自身,才可能害怕。害怕敞开了此存在者于它的危害和于其自身的孤立无援。如果用变化的表达式的话,害怕始终揭示了此在于它的此之存在"(SUZ,第141页)。这样,此在在威胁之物之前为了它自身的存在而害怕。在此意义上,世内存在者规定了害怕的情绪。"我们总是害怕此或彼一确定的存在者,它在此或彼一确定的方面威胁我们"(GA9,第111页)。

虽然害怕和畏惧在大多情况中没有分化,但是此两者在根本上是不同的。当害怕只与世界内的存在者相关时,畏惧则关涉到世界作为整体。这两个情绪现象的差异甚至在此,即害怕基于畏惧。

如同害怕,畏惧也可以在何所畏惧、为何畏惧和畏惧自身得以清晰表达。

首先,何所畏惧表明为虚无。"何所畏惧完全是没有规定的。此无规定性不仅让事实上不做决定,什么样的世界内存在者威胁着,而且也意味着,世界内存在者在根本上就毫无'意义'"(SUZ,第186页)。此处已清楚,何所畏惧完全不是手前之物或者手上之物,它从威胁出发,对被威胁之物在一确定的方面触及到一特别具体的存在之可能。相反,何所畏惧表明,世界内的存在者从根本上失去了任何意义。于是在畏惧中没表明任何存在者,而是虚无自身,此正是畏惧的何所畏惧。

因为何所畏惧是不确定的,所以它也没有任何地方。因此何所畏惧并非如同一威胁的存在者,它突然从某地而来,又向某地而去。相反,何所畏惧无一所在。"威胁者乃无一所在,这刻画了何所畏惧。它'不知道'什么东西是其何所畏惧"(SUZ,第186页)。无一所在绝非空洞,而是此,亦即作为"在之存在"的世界的敞开。

这在何所畏惧中的虚无和无一所在意味着什么?"这在虚无和无一所在中表明的完全无意义性,并不意味着世界之离席,而是意味着,世界内存在者在其自身已经变得如此完全无意义,以至于世界基于这种世界之内的'无意义性'唯有还将自身强加于世界性"(SUZ,第187页)。在此范围内,虚无和无一所在不是相关于存在者,而是相关于世界的世界性。即使存在

者的虚无显现出来的话,它也应该回溯到世界的虚无中去。"手上物性的
虚无基于一本原性的'某物',即世界。它却在本体论上根本性地属于作为
"在世存在"的此在之存在。如果虚无,亦即世界自身作为何所畏惧因此突
出出来的话,那么这意味着,畏惧的何所畏惧乃'在世存在'自身"(SUZ,
第 187 页)。以此方式,何所畏惧将世界之整体作为虚无带入光天化日
之下。

　　其次,为何畏惧也敞开为虚无。"为何畏惧自身畏惧,并非一确定的此在
的存在样式和可能性。威胁自身是非确定的,而且因此不能够威胁性地进入
此或彼事实的具体的存在之可能。为何畏惧自身畏惧,乃'在世存在'自身"
(SUZ,第 187 页)。但是这"在世存在"自身乃虚无,因此为何畏惧自身也是虚
无。然而,"在世存在"的虚无是如何鉴于为何畏惧而发生的? 这表明如是:
当世界内存在者沉没时,世界也不能作为世界去存在。因此,此在丧失了其可
能性并沉沦于世界之中。正好在此,为何畏惧敞开了世界之整体同时作为无
之无化。

　　凭借于它为了虚无畏惧,此在理解了它最本真的存在之可能。"畏惧使
此在于它最本真的'在世存在'个别化,此'在世存在'作为理解性的自身根本
性地投射于可能性。畏惧因此用为何畏惧敞开了此在作为可能之在,亦即作
为那能够唯一由其自身而来于个别化中成为个别化的"(SUZ,第 187 页及下
页)。但是这在于此:"在世存在"作为虚无显现于那此在已处于其中的畏惧。
如果此在被虚无规定的话,那么,它自身就是它唯一的可能性。于是,此在最
终是于无存在。作为如此,走向最本真的存在之可能的存在同样也是在最本
原意义上的自由,"此谓为了自己选择和把握的自由的自由存在"(SUZ,第
188 页)。此处自由被把握成此在的虚无。

　　最后,畏惧自身也表明为虚无。"畏惧为何畏惧,显现为畏惧何所畏惧:
'在世存在'。畏惧的何所和为何的同一性甚至伸延到畏惧自身,因为畏惧自
身作为情态乃'在世存在'的基本样式"(SUZ,第 188 页)。但是此同一性依
赖于此,即畏惧自身是否将何所和为何畏惧聚集于自身以及自身是否表明为
敞开和被敞开的聚集。因此,自身畏惧在此宣明为无之无化,只要何所和为何
畏惧乃虚无的话。作为情态,自身畏惧沉陷于虚无之中。以此方式,自身畏惧
却成为了无之无化的活动,它把何所和为何畏惧显现出来。于是自身畏惧是

一特别的情态,因为它不仅敞开"在世存在"整体作为无之无化,而且贯穿了何所和为何畏惧。

这样,不是某一存在者,而是虚无自身规定了畏惧的情态。在此范围内,虚无同样是非同寻常的。"在畏惧中,它是'非同寻常的'。在此首先出现了那此在立于畏惧中的最本真的不可规定性:虚无和无一所在。但是非同寻常性在此也意味着'不在家存在'"(SUZ,第 188 页)。但是在家存在意味着在之存在,它自身规定为居住于和熟悉于。然而在家存在首先是非本真的,因为此在首先和大多沉沦于日常性。此日常性却被畏惧之虚无而撕裂,它以非同寻常性和无规定性的形态而出现。"此在已经个体化了,但它还是作为'在世存在'。在之存在出现于不在家的生存的'样式'中。'非同寻常性'并不意味着其他什么"(SUZ,第 189 页)。从在家到不在家的变化在此正好是从此在的非本真到本真的变化。

因此畏惧之虚无的非同寻常性(它可把握为非常的理解的情态)最终正是此在的敞开。"非同寻常性实际上显示于畏惧的基本情态,并作为被抛的此在的最基本的敞开性把世界之无置于此在的'在世存在'之前,此世界之无乃此在于畏惧中为了它自身的本己的存在之可能所畏惧的"(SUZ,第 276 页)。作为畏惧的虚无,非同寻常性在此不仅鉴于被抛性相关于情态,而且也鉴于存在之可能相关于理解。此外它也照亮了沉沦的意义。"在公开性的家里沉沦的逃亡是逃亡于不在家。亦即非同寻常性,它立于此在中作为被抛的,对它而言在它存在中被承担的'在世存在'。此非同寻常性始终追踪着此在,并虽然不明显地威胁着它于常人中的日常的丧失"(SUZ,第 189 页)。于是,沉沦不言而喻为逃亡于虚无,此虚无意味着不在家,并逃亡向虚无的遮盖,此遮盖作为存在者相反意味着在家。

作为虚无的经验,畏惧不是把存在者,而是把世界的整体带入光明。"自身畏惧作为情态乃'在世存在'的一种方式;何所畏惧是被抛的'在世存在';为何畏惧为'在世存在之可能'"(SUZ,第 191 页)。但是世界之整体敞开为无之无化。此复乃畏惧的规定性之不可能的根据。何所畏惧不是一存在者,为何畏惧也同样不能把握为一对象。"我们何所和为何畏惧的无规定性,并非规定性的缺乏,而是规定性的根本不可能性"(GA9,第 111 页)。此规定性的不可能性在于,虚无不能作为存在者来把握。

那么什么是无之无化自身？虚无绝非存在者的虚无，而是存在本身的虚无。它既不位于世界之外，也不位于世界之内，而是"在世存在"自身。因此无之无化既不意味着消灭，也不意味着否定。"在畏惧中没有发生整个存在者自身的消灭，同样，我们没有实现一存在者在整体中的否定，以期首先获得虚无"（GA9，第113页）。消灭和否定始终相关于存在者，不管是个别，还是整体。在此它还不相关于存在自身和世界自身。于是，消灭和否定绝不可能阐明虚无的本质，即无化自身，此无化无化着。"这在整体中拒绝的于整体中脱离的存在者的放逐是虚无的本性：无化。作为放逐，虚无在畏惧中包围了此在。无化既非存在者的消灭，也非源于一否定。无化也不可计算于消灭和否定之中。虚无自身虚无化"（GA9，第114页）。无之无化此处为存在自身，并在它于存在者的区分之中。存在是，凭借于它作为无无化着。以此方式最终发生了"在世存在"的敞开。

在此范围内，虚无相关于此在，它的存在是此，即敞开性。但是虚无显现出来，却凭借于它把此在带进虚无。"它没有任何支柱。在存在者的脱离之中，它只有这个'不'并覆盖我们"（GA9，第112页）。因此，此在被无之无化所规定。"此在叫着：进入虚无。当此在进入虚无时，它已经超出了存在者整体。这种对存在者的超出，我们称之为超越。假如此在此时在根本上不超越它的本性的话，那么它在以前也不能进入虚无，那么它也不可能相关于存在者，因此也不能相关于自身。没有虚无本原性的敞开，也没有自身存在，更没有自由"（GA9，第115页）。此处表明，此在之此并非某处，而是虚无而已。只要此在的存在是此的话，那么此在便立于虚无之中。但只是凭借于此在自身能够进入虚无，它才能够超出"在世存在"的整体。只要人的本性是此在的话，他将是虚无之地之拥有者。"此在进入那隐蔽的根据畏惧的虚无使人成为了虚无之地之拥有者"（GA9，第118页）。只有人，而不是其他存在者才可能成为虚无之地的拥有者，因为他的本性乃此在。此在之此是唯一的场地，那里虚无可以虚无化。

虽然畏惧是"在世存在"的基本情态，但它稀有发生。但是这却意味着："对我们而言，虚无首先和大多掩盖于它的本原性中。那凭借于什么？它借助于此，即：我们以一确定的方式完全沉溺于存在者之中"（GA9，第116页）。无之无化的本原性乃非本真，在此它首先和大多不是敞开了，而是遮蔽了。只有畏惧以此方式敞开无之无化,即:它把世界之整体不经验为存在者。①

1.2.3. 烦

在畏惧中,不仅此在的敞开,而且"在世存在"的整体被经验到了。但是什么是世界整体的意义? 它最后只是烦,此烦统一了"在世存在"的整个现象。

烦首先是此在的自身先行存在。它在它的存在中理解为生存,即存在之可能和可能性。同样由此可能性,此在拥有它本原的自由,本真或非本真去存在。但是走向最本真的存在之可能的存在意味着:"对它自身而言,此在于它自身已经先行。此在始终是'超出自身之外',但并不作为关联于那它所不是的其他存在者,而是作为走向存在之可能的存在,即它自身。这一根本的'相关'的存在之结构,我们把握为此在的自身先行的存在"(SUZ,第 191 页及下页)。作为自身先行的存在,此在自身投射于它本己的可能性,此可能性绝非是存在者,相反,它是虚无。

自身先行存在又是自身先行于已在一世界中的存在。因为:"在世存在""拥有此,即那自身承担者已被抛于一世界。此在的自身听让本原地具体地表现于畏惧。自身先行存在更全面地意味着:自身先行于已在一世界中的存在"(SUZ,第 192 页)。凭借于此在的自身投射,它已经被抛于它的世界中。于是,此在与它世界的关系不能看成主体和客体的联系,首先分裂,然后合成一起。相反,此在始终立于它的世界,并表明为它是和它必须是。这同样意味着,此在不是一在存在者中,而是在虚无中的被抛者。

最后,此在是存在于。作为"在世存在",此在首先和大多生存于日常性中,亦即以沉沦的样式。"此在的事实的生存并非大概和无区分地为在世存在之可能。而是始终产生于操劳的世界中"(SUZ,第 192 页)。在此,虚无被遮蔽,此在的非本真也由此显现出来。只有当此在敞开于虚无时,此在的本真才有可能。

"在世存在"已鉴于生存性、事实性和沉沦存在说明清楚了。这样此在的

---

① 语言分析法是很难理解虚无作为在世界中的无之无化的经验的,因为海德格尔的经验深于语言分析法。对此可参照斯坦尼·罗生:《追问虚无》,载《海德格尔和现代哲学》,第116—137 页。

世界的整体性可把握如下："此在的存在意味着：自身先行于一已在(世界)的存在并作为存在于(世界内相遇的存在者)。这一存在实现了烦这一语词的意义,此词在此只是在纯粹本体论和生存论的意义上使用着"(SUZ,第192页)。因为烦是世界之整体的意义,所以"在手前之物边的存在可把握为操劳,与世界的内的相遇的其他的同此在可把握为操心"(SUZ,第193页)。操劳和操心只是烦的衍生样式,由此这两者必须回溯到烦自身。烦在此不是为存在者之烦,而是为世界而烦。于是,烦不仅鉴于情态、理解和沉沦,而且鉴于世界的整体现象将无之无化带入光天化日之下。无之无化在此最终敞开为世界的整体。

1.3. 世界的拒绝和无性

此在的无之无化显现于敞开性中,此敞开性自身作为情态、理解和沉沦表明出来。但世界整体的无之无化启示于畏惧,此乃非常的理解的情态。虽然烦是"在世存在"的整体的意义,但是"在世存在"的整体的本原性依然缺乏。此本原性却是走向死亡的存在。"只要此在是的话,在它自身总欠缺什么,即它能是的和能为的。但是'终结'也属此欠缺。'在世存在'的'终结'是死亡。此终结,属于存在之可能,亦即属于生存,限定和规定了此在的每一可能的存在"(SUZ,第233页)。只有在走向死亡的存在中,此在存在的本原性才是可能到达的。①

1.3.1. 死作为无可能的可能性

让我们追忆一下：此在的整体为烦所标明,其首要的环节为自身先行。"但烦的此一结构要素说得极为明晰,在此在中总欠缺某物,即那作为存在可能对它自身而言尚未成为'现实'的。在此在的基本样式的本性中由此有一始终的不完整性。此非整体性意味着存在可能的欠缺"(SUZ,第236页)。虽然烦使"在世存在"的整体性趋入明朗,但是它同时揭示了它遮蔽的非完整

---

① 参照詹姆斯·得姆斯克：《存在、人和死》,弗莱堡1963年版,第14页："一方面,死是有限的人的本性的尺度；另一方面,它是有限显现的存在的尺度。"

性。因为"在世存在"的整体不是作为手前之物,由此,"在世存在"的完整性正好是它的不完整性。①

　　只要此在是的话,那么,它始终欠缺它尚不是的和能是的。"那构成此在'非完整性'的,即那始终的自身先行,既非一集合的欠缺,亦非一尚未可通达的存在,而是尚不,它是每一此在作为那所是的存在者必须存在的"(SUZ,第244页)。不同于世界之内存在者的欠缺,此在的欠缺是尚不,它不是手头之物的缺乏,而是存在的虚无。此种虚无本原地规定了此在的存在。"此在作为自身,必须成为它所不是的,这就是存在"(SUZ,第243页)。但是此在的欠缺从自身出发与终结相关,此终结理解为死亡。"在死亡中,此在既未完结,也未简单地消失,更没有完成或者作为手上之物完全可供支配"(SUZ,第245页)。在此意义上,只要此在有其终结,它就欠缺。相反,只要此在欠缺,它就存在于其终结。由此,此在的终结区别于非此在的终结。"正如只要此在存在的话,它就是它的尚不,此在也始终是它的终结。这与死亡相连所意味的终结绝不意指此在的终结,而是意指这一存在者走向终结的存在"(SUZ,第245页)。在此,这正是意指走向虚无的存在,因为此终结不是一存在者,而是虚无,存在自身在此真正开始。

　　海德格尔把欠缺和走向终结的存在标明为走向死亡的存在,它作为本原的边界规定了世界的整体。于是,作为此在规定的存在之此也将被走向死亡的存在具体化。因此海德格尔将此在的死亡首先区分于动物的死亡,它在术语上把握为完结;然后区分于人的死亡,它可称为往生;此外死亡自身可区分为本真的和非本真的死亡。

　　动物活着并有它的死亡。但动物之死亡只是它生命的终结,因此只能称为完结。如果动物活着的话,它远离死亡;一旦它死亡,它就反离了它的生命。相反,人并不能简单地如动物般完结,但他能够死亡,却不是本真地去死。这种中间现象可称为"往生"。但是此在的死亡却是一要死。"此在从不完结。只有它去要死时,它才能往生"(SUZ,第247页)。在此意义上,要死对于此在来说是本己的。要死又意味着走向死亡的存在,而这却最后必须被解释为走

---

① 对死的整体性,瓦尔特·舒尔次:《近代形而上学的上帝》,(普弗林根1957年版,第44页)强调道:"关于死亡的整个分析具有解释学的意义。它服务于此,即,从此在终结而来看到它的整体性。整体性此一概念是理解《存在与时间》的钥匙。"

向虚无的存在。

作为走向虚无的存在,走向死亡的存在本原地刻画了情态、理解和沉沦,它们各自也是无之无化的样式。

走向死亡的存在在理解中敞开为走向终结的存在,并立于此在面前。此立于目前并非世界内存在者的立于目前,而是此在的立于目前,亦即作为此在的可能性。这却在于,此在自身敞开于自身先行的样式中。

但是,死亡在此却是一非常的可能性,此可能性区别于手前之物和手上之物的可能性。"作为走向死亡的存在,走向可能性的存在却必须这样相关于它自身,即,它在此存在中并为此存在作为可能性敞开出来。我们把这种走向可能性的存在在术语上把握为先行于可能性"(SUZ,第262页)。此先行不是实现可能性的东西,而是使可能性成为可能的东西,凭借于它自身投射于可能性中。作为可能性,走向死亡的存在最后甚至是无可能性。"这种可能性越是无遮蔽地被理解的话,理解越是更纯粹地逼于那可能性,即作为生存的无可能性根本的可能性。作为可能性,死亡给予此在无物去'实现'和无物自身作为现实的可能去存在"(SUZ,第262页)。因此,走向死亡的存在是无可能性,因为它那里没有任何可能性。于是,它归根结底为虚无。

作为此在的可能性,走向死亡的存在是最本真的可能性。对于此在来说,它敞开了它最本真的存在之可能,在此相关于此在的存在。只要此在于走向死亡的存在中只相关于自身的话,那么它将区分于常人并由之反离而去。一旦走向死亡的存在解除了此在和他人的关系的话,那么此在的死亡是毫不关涉的。"死亡并非不加区分地只"属于"自身的此在,相反它要求此在作为个体性的。那在先行中理解的死亡的毫不关涉性使此在于其自身个体化。此个体化是'此'为了生存的敞开的方式"(SUZ,第263页)。虽然此在于它的世界中与其他存在者烦着相遇,但它的存在本原地具有我性。但是此我性却在死亡中被刻画,凭借于无人可能回避他本己的死亡。当然这也可能,死亡作为同此在的事件来看待。因此,此在也可能同时承受他人的死亡并为他人而死。但是这并不意味着,死亡作为一手前之物是可交换的,而是意味着,死亡在根本上保持为毫不关涉的。于是,死亡要求此在告别日常的世界并回溯于它自己最本真的世界。此处不仅相关于此在的个别存在,而且也相关于此在的唯一性存在。

　　作为最本真的和毫不关涉的可能性,走向死亡的存在也是最大的可能性。如此这般,死亡作为欠缺和终结始终立于此在存在的目前。但是,走向终结的存在正是走向虚无的存在,死亡以此将是不可逾越的。"但是先行不是如同非本真的走向死亡的存在回避不可逾越性,而是给予自身为之自由"(SUZ,第264页)。此种自由一方面是从死亡的非本真获得自由,另一方面是为了死亡的本真去自由。如此理解的此在的自由最终意味着生存于无之无化。

　　走向死亡的存在也是一确定的可能性。此可能性"敞开此在作为可能性但正好这样,即它先行地走向可能性而使这一可能性为了自身作为最本真的存在之可能成为可能。此可能性的敞开基于先行的使之可能性"(SUZ,第246页)。但是,走向死亡存在的这一确定的可能性同样本原地是不确定的。"在先行于不确定而确定的死亡中,此在自身表明为了一源于它的此自身而产生的始终的威胁"(SUZ,第265页)。但此威胁首先却出现于畏惧的经验。于是,死亡的确定性基于可能性的使之可能,而死亡的不确定性却源于畏惧的情态。

　　走向死亡的存在以此方式显现为最本真的、毫不关涉的、不可逾越的、确定而不确定的可能性。但是可能性在此究竟意味着什么?它归根到底是无可能性,且最终只是虚无。因此这一可能性只是虚无的可能性,它使此在的存在成为可能。①

　　只要此在立于无可能性的可能性的话,那么,它也位于死亡的被抛性之中。被抛性为畏惧所敞开,它在本性上是虚无的经验。"在死亡前的畏惧是在最本真的、毫无关涉的和不可逾越的存在之可能'前'的畏惧。此何所畏惧是'自身存在'自身。此为何畏惧归根结底是此在的存在之可能"(SUZ,第251页)。此在于死亡的畏惧中经验到,它是而且必须是。海德格尔所谓的"它是而且必须是"是走向死亡的存在。这却正好是走向终结的存在,但此存在立于虚无之中。于是,在死亡前的畏惧中显现了此在的情绪,此情绪实际上为虚无所规定。

　　如果死亡敞开于理解和情态的话,那么它也遮蔽于沉沦。在日常性中,常

---

　　①　参照罗蒂:《海德格尔反对实用主义者》,载《海德格尔的影响》,第6页:"保罗和克尔凯哥尔反对此传统的用法,无非是这样一种试图,即通过一源于虚无的更高力量来创造一真正的自身。"

人如此遮蔽和遗忘了死亡,以至于它只是作为存在者的现象而不是作为存在的虚无被看待。闲谈、好奇和歧义构成了此在的日常存在样式的沉沦,此样式又为试图、安宁和异化所标明。常人始终试图去掩盖死亡,凭借于它说:人最终也有一死,但人首先并未被之触及。此外,常人看到和听到那非本真的死亡。因为在死亡的现象中只关涉他人和无人,而不是我自身,所以,常人在事实上没有关于死亡之烦。因此它安宁于它的日常世界。于是,常人异化于它最本真的、毫不相关的存在之可能。

情态、理解和沉沦构成了烦。就死亡的本真性而言,它表现为此在最本真的、毫不相关的和不可逾越的可能性。就死亡的非本真性而言,它敞开为常人的现象。但是,首先和大多为死亡的非本真性掩盖了其本真性。"在这种沉沦的存在于,显明了从不同寻常性而来的逃亡,亦即在此从本真的走向死亡的存在而来的逃亡"(SUZ,第252页)。

1.3.2. 良心和于无之在

无之无化敞开自身一方面于情态,以及以一非常的方式于畏惧,这里"在世存在"的整体沉没了;另一方面于理解,这里此在通过走向死亡的存在超越了它不可能的可能性。但是此在首先和大多于沉沦之中,亦即在它的非本真性中,而不是在它的本真性中而被把握。那么,怎样才能显示出本真的存在之可能? 此在日常的自身解释乃良心的呼声,它是此在从它的非本真性,亦即从它的丧失性到此的呼唤。"良心的呼声具有此在到其最本真的自身存在之可能的呼吁的特征和具有对最本真的亏负的唤醒的方式"(SUZ,第269页)。良心敞开此在的存在,凭借于呼声给予那本真的自身存在之可能去理解。

在此,谁被良心所呼唤? 良心呼唤那以常人形态的此在到其本真的自身。良心究竟向那被呼唤者呼喊什么? 其回答是:"呼唤并不陈述什么,也不给予什么关于世界事件的消息,亦不叙述什么。至少它追求于在被呼唤者自身敞开一'自身交谈'。对于被呼唤者来说,'无物'被呼喊,而是它被向自身而唤醒,亦即向它最本真的存在之可能"(SUZ,第273页)。呼唤此处所呼唤的,乃此在自身,亦即它的存在之可能和存在之可能性。但是,良心究竟怎样呼唤? 此呼唤的方式只是沉默,因为呼唤并不道出什么。"呼唤缺少任何发声。它根本不首先将自身带向语词,且至少仍然是黑暗地和不确定地存在着。此良心只是且始终以沉默的方式言说"(SUZ,第 273 页)。这消灭了对于一通告的期待,但是它并不包含一神秘的声音。在沉默中,此在的存在回归于自身,凭借于它经验到虚无。

如上所述,此在是那被良心所呼唤的。同此方式,此在也呼唤自身。正如被呼唤者无名一样,于是呼唤者也是不确定的。"呼唤者本身的不确定性和不可确定性并非毫无意义,而是一肯定的标志。它表明,呼唤者唯一发生于向唤醒中,而且它只是所属于此并且它不愿此外去议论"(SUZ,第 275 页)。虽然呼唤者是不确定的,但是它自身仍作为此在而被识别。"此在于良心中呼唤自身"(SUZ,第 275 页)。但是作为呼唤者,此在却立于虚无,只要此在的存在是此并且敞开了它是和它必须是的话。"关于是谁的问题,呼唤者可'世界性地'通过虚无来规定。它是在其非同寻常性中的此在,即作为不在家的本原被抛的'在世存在',亦即那于世界之虚无中的赤裸裸的'这'。对于日常性的常人来说,此呼唤者是不熟悉的,正如一陌生的声音"(SUZ,第 276 页及下页)。那非同寻常性、不在家和不熟悉是虚无的不同样式,此样式最终构成了此在的本原性。

在此范围内,良心的呼唤和敞开相关。就情态而言,它自身表明为虚无,因为此在作为呼唤者和被呼唤者立于它的被抛性的非同寻常性的基础之中。然后就理解而言,它同样敞开为虚无,因为此在通过呼唤将自身投射于它的可能性。如同情态和理解一样,沉沦也是虚无,只要它自身不是敞开而是遮蔽的话。于是,良心将此在从它的非本真性呼唤到它的本真性。但是如果情态、理解和沉沦构成良心的话,那么,良心也基于烦。"良心敞开为烦的呼唤:呼唤者为此在,畏惧地于被抛性(已在于)中为了其存在之可能。被呼唤者同样也是此在,被唤醒而走向它最本真的存在之可能(先行)。此在被唤醒,乃通过由沉沦于常人(已在于被操劳的世界)的呼吁。良心的呼唤,亦即良心自身所拥有的本体论可能性在于:此在于其存在的基础为烦"(SUZ,第 277 页及下页)。因为呼唤是虚无的呼唤,所以同也是'在世存在'整体的呼唤。在此范围内,呼唤来源于烦。

如果良心呼唤的话,那么它究竟在说什么?它只是在说虚无,因为它呼唤着虚无。海德格尔将此虚无标明为亏负。亏负存在在此意味着:"为了一通过不所规定的存在的根据存在,亦即一无性的根据存在"(SUZ,第 283 页)。

于是，亏负存在亦即这种存在，它最终建基于虚无。作为此在的敞开，虚无自身显示于情态、理解和沉沦的样式之中。

首先，亏负存在开启于作为根据之无性的情态。此在并不生存于它的根据之前，而是每每只源于此根据并作为此根据。相应地，根据存在同样是无性自身。但是这绝不意味着非手前之物的存在和非存留，而是意味着一种虚无，它构成了此在的存在，此存在作为被抛性没有任何根据。"此不的不之特性在生成论上规定为：此在自身存在地是作为自身的被抛存在。并非通过它自身，而是源于此根据而释放于自身，以期作为这一个去存在。此在自身在这种范围内不是它存在的根据，当此根据首先源于其本真的投射而产生的话，但是，此在作为自身存在乃此根据的存在。此根据始终只是一存在者的根据，此存在者的存在必须承担这一根据存在"（SUZ，第 284 页及下页）。根据存在意味着，此在同样也是它存在的根据，它不需要建立于一存在者之上，在此意义上，此在于它存在之外没有根据。没有存在之根据，此在的存在被指向虚无。

其次，亏负存在于理解中表明为可能存在的无性。"投射不只是每每作为被抛者为基础存在的无性所规定，而是作为投射自身在根本上是无的。这一规定又绝非意味着'无效果的'或'无价值的'的本体的特性，而是意味着投射的存在之结构的生存的构成。此处所谓的无性属于为了其生存可能性的此在的自由存在"（SUZ，第 285 页）。此可能性既非只是必然的，也非只是现实的，而是可能性的使之可能。那可能性在此使之可能的，归根到底却是虚无。由此获得了自由本原的意义，因为自由即无之无化，它从存在者中获得自由，并借此自由地走向存在自身。

最后，亏负存在于沉沦中显现为非本真的无性。如上所述，无性建基于被抛和投射。"而这是于沉沦中的非本真的此在的无性的可能性的根据，作为沉沦，此在始终是实际性的"（SUZ，第 285 页）。此立于沉沦的无性被遮盖和遗忘，因为此在遮蔽于它的日常性。

因为亏负存在的无性构成了情态、理解和沉沦，所以它也贯穿了作为烦的世界整体。"烦，即此在的存在，因此意味着被抛的投射：一无性的（无）根据之存在。这又意味着：此在作为如此是亏负的，如果亏负的形式的生存的规定另外作为一无性的根据存在还有理由的话"（SUZ，第 285 页）。作为无性，烦统一了"在世存在"的现象，因为它敞开了，"在世存在"鉴于根据存在和鉴于投射同样本原地是无性。

　　在此,良心的呼唤说着亏负存在,凭借于它敞开此在的存在为无性。那通过良心所证实的此在的敞开同时也是决定:沉默的、准备畏惧的自身投射于最本真的亏负存在。"决定是此在的敞开的非常样式"(SUZ,第 297 页)。此在的决定不仅敞开了自身,而且也决定了于世界中存在。这又意味着,于虚无中存在。

　　此在通过良心最后作出了什么决定? 此决定是不确定的,因为决定性立于虚无之中。"此决定正好首先是敞开的投射和每一实际可能性的规定。决定性必然属有无规定性,此无规定性刻画了此在每一实际被抛的存在之可能。对无规定性自身而言,决定性只是作为一决定。但是,那生存的、每次首先在决定中自己规定的决定的无规定性同时拥有其生存的规定性"(SUZ,第 298 页)。此决定性是确定的,只要此在自身于情态中表明,它是和它必须是。同时,此决定性又是不确定的,只要此在自身理解为不可能的可能性。

　　作为确定的不确定性,决定性是无之无化的特别的样式。"决定性可刻画为期待畏惧的、沉默的自身投射于最本真的亏负之存在。此属于此在的存在并意味着:一无性的无之根据存在"(SUZ,第 305 页)。凭借于此在敞开自身,它自身处于其亏负存在并理解它的根据存在。以此方式,此在建基于虚无。

　　如果决定性为于无之在的话,那么它也是走向死亡的存在。"决定性实际上是那所能够的,即作为走向死亡的理解的存在,亦即作为先行于死亡"(SUZ,第 305 页)。走向死亡的存在不是存在的终结,而是走向终结的存在。如果这也是走向虚无的存在的话,那么走向死亡的存在在根本上便是虚无的。"我们将死亡生存论地把握为已刻画的生存的无可能性的可能性,亦即此在归根结底的无性"(SUZ,第 306 页)。因此,那作为先行于死的决定性意味着,此在将它的存在理解为虚无,并且将自身投射于此作为无可能的可能性的虚无。

1.3.3. 时间性作为无性

　　当走向死亡的存在为先行时,此在的本真的存在之可能的证明为决定性。但是,走向死亡的存在又是如何相关于决定性的呢?

　　在先行于死亡中已包含了决定性。"先行不'是'作为随意漂移的姿态,相反必须把握为那在生存的证明的决定性中包含的并因此同时证明的它的本真性的可能性"(SUZ,第 309 页)。同样如此,决定性也包含了先行于死。但是,此两种现象怎样才能合为一体? 海德格尔合乎逻辑地谈论着"先行的决定性",此决定性又为时间性所构成,而时间性最后又显示为无之无化。但这在何种范围内如此意味着?

　　作为先行的决定性,此在的存在也是在自身先行的意义上的走向最本真的非常的存在之可能的存在。如此理解的存在之可能即那让自己走向自身的。"坚持于此非常的可能性并于其中让自身走向自身乃将来的本原现象"(SUZ,第 325 页)。此"走向",如海德格尔对"将来"此概念所解释的,同时是回归,因为先行的决定性承担了此在被抛于其世界,此被抛作为亏负存在意味着无性的被抛的根据。"但是被抛的承担只是如此可能,即将来的此在能够是其最本真的'如它曾所是',亦即'已是'"(SUZ,第 325 页及下页)。走向和回归同时又是在当前化的意义上的当前。"那于情况中的手上之物的决定了的存在,亦即周围的在场的行动的让相遇只有在此一存在者的当前化中才是可能的。只有作为在当前化意义上的当前才有决定性,并如这种决定性所是的,即那由决定性行动地所把握的无错置的让相遇"(SUZ,第 326 页)。在当前中,此在决定自己本真或非本真地去生存。

　　将来、曾是和当前的统一现象表明为时间的时间性,亦即这样,决定性将来地于自身回归地和当前化地将自身带入一情况。"只有当此在规定为时间性,它才能使它自身成为已标明的本真的先行的决定性的整体存在之可能。时间性显明为本真的烦的意义"(SUZ,第 326 页)。因此,时间并非客体的空洞的过程,也非主体的随意漂移的感觉,而是时间性的时间化。

　　时间的时间化在此阐明了在一本原意义上的此在的敞开。当理解首要地基于将来时,情态主要表明于曾是,此外,沉沦在时间上根本在于当前。因此,烦作为"在世存在"的整体本原地也立于时间的时间性。"那先行基于将来。那已存在于却告明为曾是。那存在于则在当前化中成为可能"(SUZ,第 327 页)。时间的时间性于是规定了烦。"时间性使生存,实际性和沉沦的统一成为可能并构成了烦之结构的整体性"(SUZ,第 328 页)。这样,烦在根本上是时间性的。

但是,什么意味着时间自身? 时间时间化。"它不是什么,而是自身时间化"(SUZ,第328页)。时间不属于存在者,而是属于存在。这种时间自身时间化,凭借于它作为将来走向、作为曾是回归和作为当前让相遇。

只要时间时间化的话,那么它是绽出性的。"时间性是那本原的自在自为的'超出自身'"(SUZ,第329页)。时间的时间性既无手前之物的特性,也无手上之物的特性,而是具有生存的存在样式,此生存乃超离自身而去。此处超离自身而去意味着,时间走向自身。但是,此走向绝非远离自身,而是回归自身并且让于敞开之此相遇。于是,此在也同样规定了时间绽出而在。

虽然时间的时间性作为统一现象由将来、曾是和当前构成,但是,本原的和本真的时间性的首要现象却唯有将来。为什么将来在时间中具有决定性的作用? 因为它将来地和曾是地首先激起了当前。这又在于此,此在生存着,凭借于它理解为存在之可能和它的可能性。此可能性是在走向死亡的存在的意义上的无可能性的可能性,而走向死亡的存在表明为先行的决定。但是先行于死却是此在的存在,并走向自身。因此,本原的和本真的时间性的首要现象是将来。

此源于将来绽出的时间也是有限的。此在的时间一方面区分于那无穷者,另一方面区分于那拥有终结并在此终结处停止者。这里,时间是有限的,因为此在的存在是有限的。这又在于,走向死亡的存在不是存在的终结,而是走向终结的存在。

就此获得了时间的意义。"时间在本原上作为时间性的时间化,作为如此,它使烦的结构的构成成为可能。时间性在根本上是绽出的。时间性本原地由将来表明出来。本原的时间是有限的"(SUZ,第331页)。在此,时间性的规定性意味着什么? 它只是意味着无之无化,因为时间的时间性在事实上由无性所规定。"此本原的和本真的将来乃走向自身,走向生存的自身,即作为无性的不可逾越的可能性。此本原的将来的绽出的特性正好在于,将来敞开了存在可能,亦即自身已敞开并作为如此使那无性的一决定的生存的理解成为可能。本原的和本真的走向自身,乃生存于本真的无性的意义"(SUZ,第330页)。时间性在此范围内是无性,当时间性以走向自身的方式时间化时。时间时间化,而不等同于手前之物和手上之物的现象。如果时间时间化的话,那么此在将成为它所不是的。因此,时间性最后敞开为无之无化。但是此种无之无化乃世界的无之无化,因为于无存在的此在在根本上是"在世存在"。此"在世存在"在此归根结底显明为"于无存在",它对世界的拒绝来说是本己的。①

① 在世界经验中的无之无化当然有许多不同标志,但是人们却不能提出这样的问题,即虚无的意义是否是统一的。对于这样的问题可参照维纳·马克思:《要死者》,载乌特·古左尼编:《深思海德格尔》,黑德斯海姆1980年版,第173页:"在此人可以指出一非常可疑之处,即对海德格尔的《存在与时间》而言是否已成功,无性的不同意义合为一体? 如:死亡、被抛的无性即无的根据、投射的无性、沉沦的无性,以及最主要的是畏惧的无性(作为意蕴的丧失),它那方面又作为死亡的畏惧和良心的畏惧及作为独立的现象(《情态》章)。饶有兴趣的是,在《什么是形而上学?》中,只是畏惧(在《存在与时间》的《情态》章的意义上)又被使用为'虚无'的导论。"

2. 历史的剥夺

　　海德格尔思想第二阶段中的"无之无化"主题怎样区分于其第一阶段的？对于论文《论根据的本性》和讲演《什么是形而上学?》的差异，海德格尔说明道：

　　"后者思考虚无，前者称谓本体论的差异"（GA9，第 123 页）。在此，怎样理解虚无和本体论的差异？① 海德格尔对此强调道："虚无乃存在者之不，因此是由存在者而来所经验到的存在。本体论的差异是存在者和存在之间的不。但是，存在作为存在者之不绝非在否定之无意义上的虚无，差异作为存在者和存在之间的不也绝非一知性的分别的构成物"（GA9，第 123 页）。虽然虚无和本体论的差异是不同的，但它们却让思考同一事情。② "那虚无的无化之不和此差异的无化之不虽然不是一样的，但却在这种意义上是同一的，即那在存在者的存在的本性化中同属一体的。此同一性是那值得思考的。这两篇有意分开的著作试图将此同一性带近一个规定，但对此没有胜任"（GA9，第 123 页）。区别于作为畏惧的世界经验的无之无化，本体论的差异的虚无在此表现为命运之反，它对历史性的经验来说是本己的。③

　　凭借于海德格尔思想由其第一阶段的"世界的拒绝"的解释到第二阶段的"历史的剥夺"这一根本主题的过渡，其无之无化的规定也发生了变化：这

---

　　① 本体论的差异不能回溯于性的区分，如果本体论的差异是虚无的话。对于性的差异可参照德利达《性别》11。

　　② 对于本体论的差异和虚无的关系可参照古左尼：《本体论的差异和虚无》，载衮特·内斯克编：《马丁·海德格尔 70 华诞纪念文集》，普弗林恩，第 35—48 页。

　　③ 因为本体论的差异是无之无化于历史中的经验，所以，它不同于畏惧作为无之无化于世界中的经验。这样，本体论的差异不能鉴于此在来解释。对此种解释可参照沃夫尔刚·马克思：《在此在区域本体论视野中的本体论的差异》，载《深思海德格尔》，第 176—252 页。

不再鉴于此在来理解,而是于存在自身的真理的关联中来思考。① 此在为虚无所规定,这在于存在自身在根本上就是虚无。存在作为虚无来相遇,这意味着存在不仅自身去蔽,而且首先自身遮蔽。于是,存在本原地本性化为自身遮蔽。依此,存在的真理乃为了自身遮蔽的林中空地。此遮蔽之发生正好是历史的命运,在此,存在自身派送,凭借于它反离而去。作为遮蔽的历史,形而上学同样是虚无主义的历史,这意味着存在历史的终结。

相应地,海德格尔在他的第二阶段首先追求解释存在自身遮蔽的本原性;然后,他将遮蔽的发生看做是形而上学的历史;最后,他试图克服形而上学。

2.1. 存在自身遮蔽的本原性

2.1.1. 存在的真理

海德格尔在历史的经验中追问真理的本性,因为此本性构成了形而上学的历史。但是,此处真理不再作为陈述的真理,而是作为存在的真理。② 真理的本性在此怎样显现出来? 这将是从正确性到作为"让存在"的生存的自由的步骤。

人们传统地将真理理解为符合,亦即这样,陈述和事情符合。但是,陈述和事情究竟怎样才能符合? 此符合显然立于一陈述和事情间的关系。③ 陈述相关于事情并设想之。于是,陈述表现为设想。"设想的陈述如此说出所说的被陈述的事情,正如它作为自身所是的。此'如此—正如'切中于设想及其所设想的"(GA9,第 184 页)。以此方式,陈述让事情作为对象对立并依照于它。但是,此事情能够走向天光,只有当它显现自身时。这根据海德格尔又设立了前提,即事情立于敞开之中。但是,设想并没有首先创造敞开和敞开性,

---

① 参照瓦尔特·比梅尔:《海德格尔》,汉堡边的兰贝克1973 年版,第 35 页:"如果我们试图切中海德格尔问题的核心的话,此核心使其思想富有生命并让其追寻永不停止,那么,它将是令人吃惊的,即此核心乃双重的。它是追问存在,同时也是追问无蔽。"

② 关于存在于真理关系的详细解释可参照威利·不来斯来德:《存在和真理》,格兰河畔的梅生海姆1965 年版,数处。

③ 关于真理作为符合的分析可参照图根哈特:《海德格尔的真理观念》,载珀格勒编:《海德格尔:其作品解释的透视》,科尼斯坦,第 286—297 页。

而是把它们作为一关联领域来相关和接纳。在设想中的陈述对事情的关系是行为的关系,此行为立于敞开,并持于一作为自身的敞开者。一如此敞开者在形而上学的历史中但被称为"在场者"和"存在者"。据此,行为对存在者是敞开的。只有基于行为的敞开性,陈述才能依照事情,以期成为正确并能重新给予如其所是和为其所是。因此,行为的敞开性必须自身给予一指引,只有依此,陈述的正确性才成为可能。①

那使一正确性可能的基础立于本原性的自由,这却只有通过自身自由给予和自由存在才能经验到。"此为了一约束性的直线的自身自由给予成为可能,唯有当它作为走向一敞开的敞开者的自由存在时。这种自由存在表明了迄今为止尚未把握的自由的本性"(GA9,第 185 页及下页)。此种自由不仅是尚未把握的,而且是不可把握的,因为它被敞开所规定,这在根本上却是空和无。如此理解的自由乃真理的本性,这却正好理解为根据。它在此之所以是正确性的内在可能性的根据,不是因为它属于人的任意性,而是"因为它从唯一的根本性的真理的本原性的本性那里接受了它自身的本性"(GA9,第 187 页)。此本性显现为开放的开放者,它在一开放的行为中作为一开放的存在者。"走向一开放的开放者的自由让每一存在者是其存在者,即如其所是"(GA9,第 188 页)。于是,自由本原地意味着存在者的让存在。

但是,让存在在此绝非意味着放弃和无所谓,而是意味着自身让进入存在者。它又区分于存在者的追求、守护、护理和计划。此处让存在意味着:"自身进入开放者及其开放性,每一存在者进驻其中,仿佛是存在者导致了开放性"(GA9,第 188 页)。此开放者及其开放性正好是虚无,因此让存在自身让进入虚无。但是,这却发生为无蔽性,在此存在者显现出来,为其所是和如其所是。

因为自由是让存在并因此是存在的自由,所以,在此真理作为自由不相关于随意和可做可不做的无约束性的方式,而是相关于存在自身,亦即那其无蔽性中存在。"尽管如此('否定的'和'肯定的'自由),自由首先是让进入于作为其自身的存在者的去蔽之中"(GA9,第 189 页)。从真理作为正确性到自由作为真理的本性,有一条道路导向地方的地方性,海德格尔称之为"无

---

① 关于本原的真理,罗蒂:《海德格尔反对实用主义者》,载《海德格尔的影响》,第 10 页写道:"我这样把握,真理在此意味着那在语言的创造本原行为中所生成的。在此语言中,所有的标准被置于一边。用这些标准的帮助,我们区分了正确的和错误的陈述。"

蔽"。此为本原性的真理,因此它必须为我们敞开于光天化日之下。

2.1.2. 为了自身遮蔽的林中空地

海德格尔将那作为开放的开放性的真理最后称为林中空地。根据他的观点,林中空地并非新物,而是那古之又古的,且隐蔽于无蔽此名中。① 它意味着无蔽性。② "我们必须将此无蔽作为林中空地思考,它首先给予了存在和思想,以及它们的在场和它们的互为"(ZUD,第75页)。在此,林中空地为历史性所经验到的虚无的一形象化的名称,此虚无是存在本原性的真理。在此意义上,它使陈述的真理成为可能,且以此方式,即它使存在和思想共属一体。

这种林中空地始终已被给予,虽然它未曾被思考过。凭借于思想的事情显现出来,林中空地也将能被经验。"此种显现必须发生于光明中。唯有借此,显现者才能表明,亦即显现。但是,光明就它那方面而言基于一敞开和自由,此敞开和自由使光明有时能够照亮。光明游戏于敞开并在此与黑暗相争"(ZSD,第71页)。通过现象学的观看,海德格尔让敞开作为林中空地显现出来。这里,不再是事情,而是事情的规定是值得思考的。③ 此规定是本原性的,因为它从根本上规定了事情的显现、光明和黑暗。

但是,海德格尔理解林中空地为自由之地。在此他利用了一自然界的图像:一林中空地从茂密的森林中突现出来并因此是一森林的"自由"。然而,森林里的林中空地拥有其邻近树林的边界,此树林环绕了林中空地的周边。因此,林中空地是有限的,它不同于天空的敞开。天空没有边界,于是它几乎是无限的。

如此理解的林中空地不能等同于光芒,不管此光芒是自然的、上帝的,还

---

① 关于无蔽,德利达断定它也属于逻各斯中心主义。对此参照较德利达:《文字和差异》,法兰克福1992年版,第424页:"人们可以表明,如说明根据、原则或者中心等一切名称始终只是标明了在场的不变式(观念、原则、目的、能、存在'本质、生存、实体、主体'、无蔽、超越性、意识、上帝、人等)。"

② 对于无蔽性,罗蒂:《海德格尔反对实用主义者》,载《海德格尔的影响》,第12页认为:"我以为,这意味着,那通过新的语言所生的无蔽性是人所创造的,这凭借于人创造语言,亦即这样,无物(既非现实的本性,亦非某种本原的目的设置)规定了此种语言。"

③ 区别于胡塞尔的原则"走向事情本身!",海德格尔追求的是"思想的事情的规定",在此,那唯一的事情能够自身显现。

是理性的。"理性的光芒照亮了敞开。光芒虽然触及到了林中空地,但是,它却如此之少地构成了林中空地,以至于它相反地需要林中空地,以期它能够照亮在林中空地的在场者"(ZSD,第73页)。这怎样去理解?为此,海德格尔将光芒回溯于林中空地:"光芒能够射入林中空地及其敞开,并让光明和黑暗在此相戏。但是,光芒从未首先创造了林中空地,而是彼即光芒将此即林中空地设为前提"(ZSD,第72页)。作为前提,林中空地甚至是更为基础性的:"没有林中空地,也就没有光芒和光明。甚至黑暗也需要林中空地"(ZSD,第74页)。在此意义上,开端并非光芒,亦非黑暗,而是林中空地,在此,光芒和黑暗首先成为可能。

　　根据海德格尔,真理不只是"林中空地",而更准确地说是"为了自身遮蔽的林中空地"。他提出一个问题,那遮蔽的发生,是否"因为那自身遮蔽和遮蔽性属于无蔽,不只是作为一简单的附加,不只是如同光芒的阴影,而是作为无蔽的心灵?"(ZSD,第78页)。事实上,此遮蔽规定了无蔽,因为,遮蔽比无蔽更为本原。① 但是,无蔽在此正好是无之无化的名称,此无之无化构成了真理开端的本性。"假如它是这样的话,那么,林中空地将不只是在场性的林中空地,而是那自身遮蔽的在场性的林中空地,是自身遮蔽的保藏的林中空地"(ZSD,第78页及下页)。作为如此,林中空地敞开自身,凭借于它自身遮蔽。正好于自身遮蔽的保藏中,存在历史中的无之无化能得到经验。

　　林中空地在此怎样同样理解为无蔽和遮蔽?这将是明晰的,如果海德格尔将林中空地作为"让在场"的解释能被注意的话。让在场"在此表明其本己的,即它带入无蔽。让在场意味着:去蔽且带入敞开"(ZSD,第5页)。"让在场"这一用法容易导致误解。如果强调在于在场的话,那么,它将意味着所是(存在者)和在场本身。但是,这只是形而上学的解释方式,正好在此它要被放弃掉。如果相反强调在于让的话,那么,只是让本身显现出来,此外即无。因此,形而上学所想的存在者和它的存在将失去任何意义。"让然后意味着:让进,给予,递给,派送,让属于。于此并借此让,在场进入了那已让进的,这是在场应属的"(ZSD,第40页)。让在此把握为存在,而不是作为存在者。

———————

① 根据博德尔的观点,此遮蔽在古希腊的证据中不是意味着自身遮蔽,而是意味着自身隐瞒。对此可参照博德尔:《古希腊逻过斯和无蔽的用法》,载《概念历史文献》1959年第4期,第82—122页。

但是,让在场等同于让去,它让离席去。让在本性上是虚无,因为它与存在者及其存在毫不相关,它也不是"做"的一种方式。于是让乃自由,亦即一去蔽之地的地方性的自由。在此意义上,让和让去是同一的,于是,让在场和让离席去不再处于一排斥的关系之中。

由上述的阐明已经很清楚,让应该比给予更本原性地去被思考。如果让在此规定为给予的话,那么,它也只是纯粹的给予。"让在场叫做:去蔽,带入敞开。于去蔽中游戏着给予,即那在让在场中给予在场的,亦即那给予存在的"(ZSD,第5页)。在此,它相关于本原的"它有",这区分于"存在是"。"思考存在本身,这要求,让存在作为存在者的根据滑落,为了那在去蔽中遮蔽游戏的给予,即那有。作为这种有的馈赠,存在属于给予"(ZSD,第6页)。这里出现了问题:什么是这个它?什么是这个给予?还有:它和给予是一个什么样的关系?海德格尔指出,它即"它有"给予。这个问题在此应该继续探究。

首先就它而言,它不意味着上帝、世界和人。鉴于语法,它是一无人称主语,正如"它下雨"和"它打雷"的它一样。鉴于本体论,它表明为虚无,而不是作为某种存在者及其存在。以此,它表明为完全空洞但同时充满秘密。其次就给予而言,人们不能用形而上学的思想方式去猜测,把它想为上帝的创造物和人的设立。"它有",特别是在这种用法的意义上,即"它即它有给予",一方面阻止了一种设想,即给予必须回溯到第一原因和根据,另一方面阻止了一种设想,给予自身又解释为某一存在者的根据和原因。因此,它和给予的关系不是不同的事情的关系,更不用说是主体和客体的关系,而是如海德格尔所表达的:"那自身向自身作为的同一"。

在此范围内,这样解释的给予是反离:一给予只给予它的馈赠,但是自身却在这种给予中反离而去。当然,给予的馈赠既非把握为物,亦非把握为一存在者,而是把握为虚无,在此,馈赠遮蔽自身。此地唯有林中空地,它给予了自由,此自由作为馈赠但也同时作为遮蔽和反离者显示出来。

那纯粹的馈赠又为海德格尔解释为"生成"。① "让然后是纯粹的给予,

---

① 关于生成可参照珀格勒:《海德格尔和解释学哲学》,第118页:"存在作为生成:伴随着存在意义的此一规定,海德格尔的思想到达了它的目的。于此生成,时间特意地同时被思考。在时间的光芒中,存在甚至以一遮蔽的方式被理解了"。此外,可参照弗·威·冯·赫尔曼:《进入生成之路》,法兰克福1994年版,数处。

此给予自身应返回解释为那给予的它,这个它应理解为生成"(GA15,第365页)。在此"生成"意味着什么?"生成生成着,以此我们从同一而来并朝同一而去谈论同一"(ZSD,第24页)。此处所说的是什么样的同一?它最终只是虚无。"这里没有它物,向那里生成尚可回溯,由那里生成可被说明"(UZS,第258页)。这之所以如此,是因为生成自身作为虚无生成着。

在此范围内,生成者乃生成,这又与被生成者为同一。严格说来,生成者和被生成者的区分毫无意义。因此,生成的意义完全不同于显现者的在场、世界的创造和人的生产。这样不可能产生如此问题:什么生成自身和什么被生成?于是,生成只是虚无,它意味着存在自身。"论生成生成了一思想的道说的对于存在的属有,且生成于存在'之'词"(GA65,第3页)。

正如让去是让的一种样式,反离是给予的一种样式一样,在此剥夺也是生成的一种样式。"剥夺属于生成自身,通过剥夺,生成并不放弃自身,而是保存它的所有物"(ZSD,第23页)。此生成生成自身,凭借于它剥夺自身。如此这般的剥夺正是虚无的样式,它自身作为存在从存在者中获得了自由。以此,存在的真理保持遮蔽从而没有去蔽,亦即如此,它自身没有生成。然而,这却是生成本原性的意义,因为生成是作为虚无来生成自身的。

通过让与让去、给予与反离、生成与剥夺的解释,为了自身遮蔽的林中空地已经得到了阐明。去蔽和遮蔽绝非两件事情,而是真理本身。相应地,林中空地与自身遮蔽的关系不是一物对它物的关系,而是一物与自身的关系。"遮蔽的林中空地绝非意味着遮蔽的扬弃、免除和转化到无蔽,而是遮蔽(犹豫的拒绝)的没有根据的根据的建基"(GA65,第352页)。自身遮蔽本原地规定了林中空地,因为,它乃无蔽的毫不颤抖和绝不动摇的心灵,这凭借于它贯穿了去蔽的一切。相应地,无蔽不能表达为一空洞的和僵硬的敞开性,相反无蔽必须这样解释为,它适当地环绕了遮蔽性。

2.1.3. 自身遮蔽的本原性

为了自身遮蔽的林中空地在根本上是虚无。因此它不仅意味着真理,而且意味着非真理,只要此非真理鉴于真理的本原性的本性被思考的话。

如上所述,真理的本性作为自由乃让存在,但这同样意味着不让存在。此不让存在现在却显示为非真理。"但是因为真理在根本上是自由,所以历史性的人在存在者的让存在中也能够不让存在者存在,即为其所是和如其所是。存在者然后被遮盖和阻挡了"(GA9,第 191 页)。此不让存在只是无之无化的历史性样式,它让真理自身遮蔽,因此此不让其去蔽。

于是,非真理表明为真理的非本性,此真理在根本上是本性的虚无并作为如此是那不在场。但是此非本性并非是本性的否定,而是那先于本性的本性,亦即真理开端的本性。"对于本性化而言,作为非真理的真理的开端性的非本性之'非',当然指向那存在(不首先是存在者)的真理的尚未经验到的领域"(GA9,第 194 页)。因为那作为开端性的非真理遮蔽自身,所以,它不让自身在历史中被认识。①

在此范围内,真理的非本性是非真理,而且它不是真理的否定,而是与真理同样本原。"非真理不如说是来源于真理的本性"(GA9,第 191 页)。在此关联中,非真理既非人的错误,亦非陈述的不正确,因为错误和不正确不能作为真理的纯粹本性,而且只是存在的非真理的现象。

但是,存在的非真理在此是任何发生的? 非真理首先本原地作为遮蔽显现出来,此遮蔽即让存在自身。"在此在的生成的自由中,存在者整体的遮蔽生成了,而且遮蔽性存在着"(GA9,第 193 页)。此遮蔽性拒绝了无蔽成为去蔽,也不让无蔽作为抢夺,而是为无蔽保存那作为所有物的最为本己的,因此,遮蔽性是非去蔽性并因此是非真理。遮蔽性并非某种附加的东西,而是同样本原地如同真理本身。在去蔽中,非去蔽性得到保存,也表明为真理的非本性或者非真理。"在这种与遮蔽相关中的让存在保存了什么? 它正是整体中的已遮蔽的遮蔽,亦即存在者的遮蔽,这也就是神秘性"(GA9,第 194 页)。此神秘是存在的神秘,因为存在在林中空地的意义上同样也是已遮蔽的遮蔽。在此,虚无最终遮蔽自身。

其次,非真理表明为迷途。"迷途是真理的开端本性的根本的对立本性。迷途自身显现为敞开,此敞开是为了那针对根本性的真理的反抗游戏"(GA9,

① 关于"非"的本原性,比梅尔、阿尔丰塞·德·威冷斯:《海德格尔的著作〈论真理的本性〉》,载《学术会议》3,弗莱堡—慕尼黑,第 497 页及下页写道:"非指出了一与本原的关系,它相应于那本己的原。此本原或本原性自身对于所有熟知的而言是走在前面的,但是这作为自身恰恰没有被看到。在此意义中,非保留了不的意义,但不是一轻视的、否定的不的意义,而是一摧毁了熟知领域的不的意义。"

第 197 页）。但是这种迷途不是人的迷途,而是存在的迷途。"存在反离而去,凭借于它自身敞开于存在者中。如此这般,存在照耀般地以迷途使存在者迷惑。存在者于迷途中生成,在此迷途中,存在者以迷途围绕存在并创造了迷误之地(正如所谓侯爵之地和诗人之地),它是历史的本性之地"(H,第 332 页)。在此范围内,它相关于存在的秘密和人对它的关系。"人的变迁远离神秘走向通常,且由一通常走向另一通常,并错过神秘,这便是迷误"(GA9,第 196 页)。于是,人的错误基于非真理。

虽然去蔽,遮蔽和迷途各不相同,但是它们同样本原地来自作为林中空地的真理的本性。"存在者自身的去蔽在自身同时是存在者整体的遮蔽。在去蔽和遮蔽的同时,存在着迷途。已遮蔽的遮蔽和迷途属于真理的开端性的本性"(GA9,第 197 页)。此本性却是作为让存在的自由,它让存在者自身去蔽或者遮蔽,甚至迷误。但是,作为让存在的自由又源于去蔽、遮蔽和迷途,这些同样是本原性真理的本性的样式。

如果海德格尔在此谈论真理的本性的话,那么,这并不相关于此种或彼种真理,而是相关于本性的真理。"此本性之追问不顾这一切,而只是瞥向那唯一者,亦即那标明每一'真理'作为真理的"(GA9,第 198 页)。据此,真理的本性正好意味着真理的本原的本性。此处值得深思:"追问真理的本性是否同时和首先必须是追问本性的真理"(GA9,第 201 页)。追问真理的本性在此变化为追问本性的真理,因为后一问题是前一问题的本原。"真理本性的追问源于本性的真理的追问"(GA9,第 201 页)。但是,本性的真理是存在的真理或者在其真理中的存在。"真理意味着作为存在基本特性的照耀的保藏。真理本性的追问在下列句子中找到了其答案:真理的本性是本性的真理"(GA9,第 201 页)。如此这般,真理的追问到达了一个完全新的维度。①

此维度是存在的本原性,作为如此,非真理在此显现出来。为什么非真理作为自身遮蔽是最本原的? 因为开端既非光芒也非黑暗,而是在根本上是林中空地,亦即鉴于自身的遮蔽。"开端的光芒乃一光明,但是没有闪光和照射。遮蔽更为光明,穿透已被遮蔽的深处"(GA65,第 353 页)。于是,非真理

---

① 参照比梅尔:《海德格尔》,第 78 页:"我们认为,海德格尔的主导思想是双重的,即追问存在和追问真理。这种双重性特别地在一句话中显现出来:'真理的本性是本性的真理'。"

作为为了自身遮蔽的林中空地是最值得追问的。"追问真理的本性首先能到达所追问的本原性的领域,只有当此追问源于真理的全面本性的先瞥也参与了对于本性显现中的非真理的思索"(GA9,第191页)。非真理是真理的非本性,此真理乃地方的本原的地方性,亦即"为了自身遮蔽的林中空地"。

但是,林中空地是开端一切,因此,非真理比让存在和开放古老。"存在者整体的遮蔽性,本己的非真理,比此种或彼种存在者的敞开性更为古老。它也比让存在自身更为古老,此让存在正在去蔽之地但又已遮蔽地保持着,且自身相关于遮蔽"(GA9,第193页及下页)。只有当有林中空地的话,才可能有自由作为让存在,因为林中空地即虚无,此虚无使存在者整体成为自由。在此范围内,存在者能够在敞开的敞开性中显现出来。借此,非真理作为为了自身遮蔽的林中空地获得了一特别的意义。此意义表明为自身遮蔽的存在的本原性,而此本原性又隐蔽于无蔽的褫夺中。"在所有中最为重要的是清楚地看到,褫夺即无蔽之无相应于丰盈。褫夺不是否定。自然一词所表明的越是强烈的话,那么,此一源泉越是具有威力,由此源泉产生了无蔽中的遮蔽"(GA15,第331页)。在此,自身遮蔽的存在的本原性最终显现为虚无,此虚无虚无化。

2.2. 遮蔽之发生作为形而上学的历史

存在的真理是作为自身遮蔽的林中空地,它在此处以此方式,即它作为一历史发生。此历史正是存在的历史。"存在的真理根本不是和存在不同,而是存在最本己的本性,因此这在于存在的历史,存在是否对于此真理和它自身赠与或拒绝并首先真正地在其历史中带来那无根据的"(GA65,第93页)存在的真理在此表明为它的历史。这里它作出了决定,它自身是否和怎样去蔽和遮蔽。但是,它自身去蔽,凭借于它自身遮蔽。因此,存在的历史不仅是去蔽的发生,而且也是遮蔽的发生。作为如此,存在的历史也是思想的历史,亦即形而上学,它终结于虚无主义。

2.2.1. 存在的历史

存在的历史是存在之历史,不是存在者之历史,因为存在作为其历史显现出来。"历史在此不能把握为一位于其他存在者领域中的存在者领域,相反,它正是鉴于存在自身的本性化"(GA65,第 32 页)。因此,历史区分于历史学。① "作为生成的存在是历史;由此出发,历史的本性必须如此规定,即摆脱变化和发展的设想,摆脱历史学的态度和说明"(GA65,第 494 页)。历史学这里理解为存在者的态度、设想和表达。它是"从当前的计算的推动的视野而来对于过去的确定的说明"(GA65,第 493 页)。在此,存在者被设定为可预定的、生产的和确定的东西。

但是,作为存在的历史,历史是存在的本性化。因此必须注意到,不是存在拥有其历史,而是存在就是其历史。在此范围内必须澄清,"历史"一词有些什么意义。"但是存在绝无这样的历史,如同一个城市或者一个民族所拥有的历史。存在历史的历史性显然由此规定并正是由此规定,即存在如何发生,亦即依照上述的表达,它根据那如何有存在的方式"(ZUD,第 8 页)。如何有存在,是这样一种方式,即存在如何本性化。存在的本性化却本性化于它的真理中,此真理实现为那为了自身遮蔽的林中空地。② "历史性在此把握为一个真理,存在自身的照耀的遮蔽"(GA65,第 61 页)。于是,存在的历史既非上帝的创世历史,也不是绝对精神的世界历史(如黑格尔那里),而只是命运。③

存在的历史之所以是历史性的,"是因为现在存在的本性不只是意味着在场性,而是意味着时空无根据的本性化,并由此是真理的本性化。于是,在一中就此给予了存在之唯一性的知识"(GA65,第 32 页)。只要历史的历史

---

① 关于海德格尔第一阶段对于历史和历史学的区分,可参照大卫·库怎斯·和一:《〈存在与时间〉的历史、历史性和历史学》,载《海德格尔和现代哲学》,第 329—352 页。关于海德格尔第二阶段的历史性经验,可参照珀格勒:《海德格尔晚期作品的"历史性"》,载《海德格尔和解释学哲学》,第 139—170 页。

② 关于海德格尔的本原性真理的历史性的经验,德利达:《文字和差异》,第 441 页评论道:"由此有两种解释、结构、符号和游戏的解释。一种梦想着去破译一个真理和一个本原,此真理和本原对于游戏和符号的次序来说已反离而去,于是,这种解释体验了解释的必然性如同放逐。另一种不再面向本原,而是支持游戏并且意欲超出人和人道主义而去,因为人是本质的名称。在形而上学的和本体—神学全部历史中,亦即在它的整个历史中,此本质已梦想了完全的在场,保证了的根据、本原和游戏的终结。"

③ 对此参照卡尔·罗威特:《世界历史和拯救发生》,载《参与》,法兰克福 1950 年版,第 106—153 页。

性不再是意味着存在者,而是在其真理中的存在的话,那么,它如此到达了存在的本原性,以至于它比自然更加本原,因为自然只能在历史的历史性中获得其意义。此外,历史的历史性比人的生活和体验更为本原。"在此历史的本原概念中首先获得了一领域,在此表明,历史为什么和如何比行为和意志'更多'。甚至'天命'也属于历史而且也穷尽不了它的本性"(GA65,第32页及下页)。这之所以如此,是因为历史作为如此是一切人的历史的根据的无根据。

但是,存在的真理自身去蔽,凭借于自身遮蔽,因此更准确地说,历史是剥夺的历史。"那给予只给予其馈赠,但是自身在此回守并反离而去。我们称这种给予为派送。根据如此所思的给予的意义,那给予的存在即那所派送的"(ZSD,第8页)。存在历史的历史性让自身把握为派送,此派送区分于发生。在此意义上,派送理解为给予,它只是给予其馈赠,但是自身却反离而去。作为如此,历史生成自身,凭借于它自身剥夺。此剥夺正是存在历史中的无之无化。①

但是作为剥夺理解的存在的历史有它在"持于自身"的意义上的"划时代"。"存在的历史叫做存在的命运。在其派送中,派送和派送者伴随其自身的表明而持于自身。古希腊语称此持于自身为划时代。由此就有关于存在历史的划时代的谈论"(ZSD,第9页)。划时代明显地区分于历史学意义上的"时间跨度",由此它是存在历史的持于自身。② 但是存在派送,凭借于它反离而去。此自身反离正好是持于自身。那存在所派送的,是作为存在者性的存在者的存在,此存在于存在的历史中作为存在者的建立根据是能被感知的。那存在持于自身的,是它自身和虚无。

以此方式,存在历史的划时代既非必然亦非偶然,而只是命运般的,于是,它既无根据,亦无原因。"划时代的顺序是通过什么被规定的? 此自由的顺

---

① 对此参照果它特·衮特:《马丁·海德格尔和虚无的世界历史》,载《深思海德格尔》,第80—116页。

② 存在命运的划时代是否能要求其普遍有效性,罗威特认为值得怀疑。对此可参照罗威特:《世界历史和拯救发生》,载《参与》,第112页:"对于东方人来说,他们没有一'划时代的意识'和一在'瞬间'决定的世界历史的激情。他们也不知道存在的历史和存在历史性的生存,因为他们既不知道自己被抛,也不知道他们投射自身和世界。当然,这并不阻碍他们去翻译、深思和变思欧洲思想最后的新近现象。"

序由何到达规定？为什么这一顺序正好是这一顺序？"（ZSD，第55页）。这种问题与划时代毫不相关，因为存在的历史自身建立根据，由此没有另外一个根据。这证明了，存在的历史不仅自身生成，而且也自身剥夺。

如果存在的历史作为剥夺的历史被把握的话，那么它也是存在遗弃的历史。这意味着，存在遗弃了存在者，凭借于它自身反离而去。这又意味着："存在自身遮蔽于存在者的敞开性。存在自身在根本上规定为这一自身反离的遮蔽"（GA65，第111页）。存在的遗弃是通过存在者显现所导致的存在的遮蔽。

在此范围内，存在的遗弃一方面成为了存在之遗弃，另一方面成为了存在者的让显现。"历史性的无根化的内在根据是一根本性的和在存在的本性中建基的根据，即：存在对于存在者来说反离而去，但是它自身在此却让显现为'存在的'，甚至显现为'更存在的'"（GA65，第116页及下页）。在存在的遗弃中，存在自身不再敞开为它自身，而是敞开为存在者的存在，即如此，存在自身理解为最高的和最普遍的存在者。存在自身的反离而去和存在者的显现是存在遗弃历史中的同一发生。"唯有那里存在作为自身遮蔽自持的话，那里才有存在者的出现并看起来支配一切，以及表达为那唯一的针对虚无的界限"（GA65，第255页）。于是，那被存在遗弃的存在者表明为存在者整体的一切，而此整体显现为对立于虚无，同时，存在自身却作为虚无同样区分于存在者，而且被存在者作为无意义的被抛弃。那立于存在遗弃中的存在者然后只是成为了手前之物、手上之物或者是对象。

存在不仅只对存在者而言，而且也对思想而言自身反离而去，因为思想作为存在者的一特别样式属于存在者整体。如果存在对于存在者自身反离而去的话，那么，将出现存在的遗弃。如果思想遗忘存在的话，那么，存在的遗忘将显露出来。虽然海德格尔在他思想的第一阶段追问了存在的遗忘，但是这在那里并没有形成主题，因为畏惧的畏惧化占据主导的观点。只有当存在自身作为其自身去蔽的话，那么，存在遗忘的经验才能作为历史的历史性显明，如它在海德格尔思想的第二阶段所发生的。海德格尔如此解释道："《存在与时间》的基本经验于是为存在的遗忘。但是，遗忘在此在古希腊语意义上叫做：遮蔽和自身遮蔽"（ZSD，第31页）。然而，遮蔽和自身遮蔽并非世界性，而是历史性所解释的经验，此经验鉴于存在的历史来理解，以及作为西方思想的存在的遗忘。

　　存在的遗忘在此意味着,思想在它那方面遗忘了存在,因为它不知道存在和存在者之间的本体论的差异。思想已经思考了存在者自身和存在者的存在,但是它没有思考存在自身。这也就是说,思想在它的历史中遗忘了存在的真理,凭借于不鉴于那为了自身遮蔽的林中空地,而是鉴于那陈述的准确性表达了真理的本原性的本性。

　　存在的遗忘表明为没有思考存在的真理,但是这既不能归结于迄今为止的思想的耽误,也不能归结于人的错误和无能,而只是存在自身的充满神秘的自身遮蔽。如同畏惧是世界的基本经验一样,存在的遗忘乃历史的基本经验,在此,不仅存在的遗弃,而且首先是存在的自身遮蔽聚集了。这里,存在的自身遮蔽最后生成为"存在的遗弃的最终于存在的遗忘中的固定"(GA65,第107页)。

　　如果存在对于存在者和思想来说反离而去的话,那么,它遗弃了存在者整体,此种遗弃也是一种让,但是,它不是让存在,而是让制造,亦即如此,它让制造存在者。于是"存在的遗忘意味着:存在遗弃了存在者,此存在者听让于自身并让自身成为阴谋的对象"(GA65,第111页)。这样,一般存在者的存在性的本性只是阴谋。

　　严格说来,阴谋是制造的统治,此制造从自身制造自身,但是,同时也让被制造。制造虽然众所周知是人的行为,但是它仍基于存在的存在性的解释,此存在性规定为恒定性和在场性。在此关联中,制造源于技术和自然的意义的解释。因为存在者让被制造并且是可制造的,所以它位于计划、计算、设置和保证的统治之下。不是质量而是数量成为了最有意义的并表明为规定,存在者正好立于此规定之下。由此,存在的遗弃遮盖于阴谋之中。这"自身遮蔽于计算、快速和大量的要求的增长的有效之中"(GA65,第120页)。在此范围内,到处存在着"巨大性",而且它成为了最习惯平常的和最确定的。如果存在的遗弃是存在遗忘的根据的话,那么,存在的遗忘另一方面也在阴谋中保持为最决定性的。

　　体验也是这样一种方式,即阴谋以此方式实现它的权力。虽然体验总是存在者的体验,但是,它首先表现为人的经验,于此经验并以此经验,人找到了通往存在者的存在者性的通道,同时,存在者的存在者性在此经验中与人相遇。"'体验'此处意味着阴谋的和自持其中的设想的基本样式,这样它使那充满神秘的,即激动的、刺激的、麻醉的和着魔的对每人而言成为了可通达的公开性"(GA65,第 109 页)。在体验中,自身遮蔽者被消灭了,亦即这样,只有公开性存在着。

作为人的经验,体验始终处于生命的关联之中。因为体验只是如此发生,即它让"存在者作为被设想的并向作为关系中介的自身关涉,而且由此包括于'生命'之中"(GA65,第 129 页)。体验在此始终被体验活动所规定,而体验活动只是人的体验活动,如果他被形而上学理解为理性的生命物的话。在生命的体验中,存在者的存在者性如此被规定,即,存在者作为被体验的和可体验的相关于作为体验的存在者的人。"存在者首先作为存在者的,只有当它在此生命中被包括和被回复包括,亦即被体验并成为体验"(H,第 92 页)。由形而上学的终结而来,体验又返回显现于存在遗忘的历史。于是,体验根据海德格尔不仅是世界性的经验,而且更是历史性的并由此是形而上学的经验。

在体验中,除了形而上学所解释的生命之外,作为形而上学思想方式的设想也显现出来了。设想是这样一种思想方式,即作为设想者对立于作为被设想者的存在者。在此意义上,存在者是可设想的。"可设想首先意味着,通达于意见和计算;然后意味着,可表达于生产和实现中。但是这所有一切是由于这种根据所思考的,即存在者自身是被设想的,而且只有被设想的才是存在者的"(GA65,第 109 页)。然后海德格尔区分了下列设想的方式:"1.'从我们出发'的设想作为一本己的自由的行为。2. 设想的方式为分裂的结合。3. 一般的设想的把握"(E,第 91 页)。作为设想,体验不是新的,鉴于它与存在的关系而是存在历史最古老的方式。这又显明于"西方思想的主导问题:存在者性(存在)和思想(作为设想的把握)"(GA65,第 128 页)。

存在的遗忘自身在阴谋和体验中也被遗忘。这是历史的无困境的困境,因为困境没有被作为自身被认识到。在无困境的困境的时代里,不再有问题,而只有难题。它没有"值得追问的,即那能被追问作为其自身所认为值得的并只是唯一被认为值得的,且由此被照亮了以及提升于真理之中"(GA65,第 109 页)。为什么问题缺少了值得追问的意义?因为思想还没有以适宜那值得追问的方式来涉及那值得追问的。什么是在此那值得追问的? 它只是存在自身,由此既非存在者的存在,亦非存在者自身。在思想规定了存在者的存在者性之后,问题的值得追问性被阴谋和体验所摧毁了。这也就是说,思想尚未思考存在,虽然它始终设想和表达了存在者。

2.2.2. 形而上学

存在的历史不发生于思想的历史之外,而是于其内。思想的历史只是哲学的历史,如果唯有它是历史本身的话。但是,此历史却是形而上学的历史。哲学"是形而上学的使之进行,在形而上学中,哲学走向自身并走向其明确的任务"(GA9,第 122 页)。在此,形而上学解释为存在的历史。

什么是形而上学自身? 它自身理解为第一科学,并区分于其他科学,因为它从事于第一根据和第一原因的研究。但是,形而上学在海德格尔那里并不意味着经院哲学的一个科目,而是全部哲学和它的历史。① 形而上学由此意味着:"存在的思想把于在场者和手前之物的意义上的存在者作为为了向存在超出的出发点和目的,此超出同时又成为了回复于存在者"(GA65,第 423页)。这里不需要对于哲学历史中的形而上学和非形而上学的思想进行区分,而是确定哲学根本上是形而上学性的,只要它追问存在者的存在的话。②

2.2.2.1. 基础问题

海德格尔在此追问:形而上学提出了什么问题? 形而上学的基本问题如是称谓:为什么只是存在者而不倒是虚无存在? 根据海德格尔,这不是一随意的问题,而是所有问题中的第一问题,在这种意义上,即它是最宽广的、最深入的和最本原的问题,因为它切中了存在者的存在,正如下列所见。

首先,此问题是宽广的。它"包括了所有的存在者,亦即不仅只是现在在广义上的手前之物,而且也是以前所是和将要到来的存在者"(E,第 2 页)。它之所以是最宽广的,是因为它到达了存在者的边界,并由此到达了最远的和

---

① 关于海德格尔对形而上学的详细解释可参照格德·海弗勒:《海德格尔的形而上学的概念》,慕尼黑 1974 年版,数处。

② 与海德格尔关于形而上学的表达不同,博德尔代表了另一立场。对此可参照博德尔:《现代的理性结构》,第 322 页:"柏拉图和亚里士多德的问题,即'存在者'一词所标明的,不能被确定为追问存在的意义";另外,博德尔:《为什么"存在者的存在?"》,载《哥尔学会哲学年鉴》1971 年第 78 期,第 111—133 页。

不可逾越的边界。由此边界而来表明了存在者整体,亦即作为世界、灵魂和上帝。这一整体不仅相关于现在,而且也相关于过去和将来。这样,虚无看起来被存在者整体所排除,因为它不是某种存在者。但是,虚无也属于此,只要虚无"是"的话。

其次,此宽广的问题也是最深入的,因为它追问存在者的根据。"为什么只是存在者……?"追问其根据。"为什么,亦即什么是此根据? 存在者来自何种根据? 存在者基于何种根据? 存在者走向何种根据?"(E,第 2 页)。由此,这一问题追寻着存在者的根据,而"追寻根据,叫做:建立根据"(E,第 2 页)。作为存在者的最深处,根据表现为一原初根据,它导致建立;或者为一脱离根据,它拒绝建立;或者甚至作为一没有根据,它只是假给了一建立根据的假象。追问存在者的根据之所以是决定性的,是因为它在此相关于存在和非存在的区分。存在者能够存在,必须存在和允许存在,如果它有一个根据的话。存在者不能够存在,必须不存在,不允许存在,如果它同样没有一个根据的话。追问根据不仅相关于存在和非存在的区分,而且相关于对于存在和非存在的决定,即,什么是必须存在的和什么是必须不存在的。

最后,此问题是最本原的。如果人追问:"为什么只是存在者而倒不是虚无存在?",人不仅相关于存在者整体和存在中的存在者,而且也相关于此追问根据的根据。此根据是一地方的地方性,这里,此问题的跳跃使其本己的根据跳跃。"依照此词的真正的意义,我们称这种自身作为根据使之跳跃的跳跃为本原:自身使根据跳跃"(E,第 5 页)。此问题的本原性在于,它自身说明根据和建立根据。于是,它作为形而上学的问题是一切问题中的最本原的问题。

虽然这一基础问题是最宽广的、最深入的和最本原的,但是它却包含了形而上学思想的本性。它追问:"为什么只是存在者而倒不是虚无存在?",以此它用这种方式思考存在者的存在,即思想从存在者出发,且超出此之外并又回归于此。思想从存在者出发,这意味着,存在自身已消失于视野。思想超出存在者之外,这意味着,思想追寻着存在者的存在。思想复又回归于存在者,这意味着,思想用作为第一根据和原因的存在者性说明存在者的根据。这在事实上是一切形而上学的思想道路。

首先,形而上学从存在者出发。在此范围内,既非存在,也非思想,而是存在者被作为它的出发点。但是,这里意味着什么样的存在者? 它既非这种存在者,也非那种存在者,而是存在者自身,亦即存在者整体。"哲学是形而上学。它思考存在者整体(世界、人、上帝),并鉴于存在,鉴于存在者对于存在的所属"(ZSD,第 61 页)。因为形而上学思考存在者整体,它也同样本原地思考存在者的存在者性。此存在者性意味着存在者的存在和存在者对于存在的所属。①

但是根据海德格尔,形而上学从一开始就误解了存在和存在者的本体论的差异,凭借于它没有区分地思考存在和存在者。虽然形而上学使存在者的存在和存在者对于存在的所属形成了主题,但是存在自身并没形成问题。"它没有追问,因为它只是这样思考存在,凭借于它设想存在者为存在者。它意指存在者整体但是谈论着存在。它称谓存在但意指着作为存在者的存在者。形而上学的陈述从其开端到其终结以一罕见的方式运动于存在者和存在的彻底的混淆之中"(GA9,第 370 页)。但是,存在既非存在者,亦非存在者性,即形而上学所谓的存在,而只是存在自身,这对于形而上学而言却只是一空洞和黑暗的事情。

但是,形而上学不仅从存在者出发,而且超出此而去。这是形而上学的真正意义。它之所以不能立于存在者之中而要超此而去,是因为它不仅能够在存在者整体中思考,而且能够在存在者整体上思考,亦即能够设想。以此它能够为存在者整体追寻第一根据和第一原因。"形而上学以说明根据的设想来思考作为存在者的存在者"(ZSD,第 62 页)。事实上,存在者的存在理解为根据。存在者有一根据,如果此存在者是而不是虚无的话。在此意义上,存在和根据是同一的。

当形而上学超出存在者而去的时候,它也回归于存在者,因为形而上学意义上的根据不是为己的根据,而是存在者的根据。这样一个根据不是虚无,而是最一般和最高的存在者。如果形而上学的思想为了存在者追寻一个根据的话,它必须不离开存在者,而是立于存在者。在此,思想回归于存在者意味着说明根据的实现。"形而上学思想为存在者建立根据。此思想的突出之处在

---

① 关于存在和存在者的区分,罗蒂:《海德格尔反对实用主义者》,载《海德格尔的影响》,第 14 页认为:"存在和存在者的区分是一个整体语言的一个专题报告和在一个语言中的个别表达的许多专题报告。"

于,它从在场者出发,并在在场性中设想在场者,以及从它的根据而来把它作为已被建立根据的表达出来"(ZSD,第62页)。在思想对存在者说明了根据之后,存在者便有了一个根据。作为如此,存在者能够存在,为其所是和如其所是。

2.2.2.2. 本体的—神学的—逻辑的样式

那从存在者出发、且超此而出又向此回归的形而上学环绕着存在者的存在。只要形而上学对存在者不仅以本体论的、神学的而且以逻辑的方式同样本原地把握存在者的话,那么,根据海德格尔,它表明了其本体的、神学的和逻辑的特性。

形而上学首先是本体论,因为它从事于最普遍的存在者的研究。它并不追问此种或彼种存在者,而是追问作为在其普遍性中的存在者。形而上学又是神学,因为它从最高的存在者出发,即上帝。根据形而上学的区分,存在者的整体由世界、灵魂和上帝构成。当世界和灵魂在其普遍性被把握时,上帝敞开为一唯一的最高的存在者。因此鉴于其存在领域,本体论和神学各不相同。

但是,本体论和神学同属一体,只要各自将对方设为前提,由此,形而上学既非只是本体论,亦非神学,而是本体论神学。这有效于形而上学的整个历史。"那依照学院的,从中世纪到近代的过渡中所出现的存在(亦即普遍存在者自身)之科学的称号叫做本体哲学和本体论。但是,西方的形而上学在其古希腊开端处与此称号特别是与本体论和神学并不相连"(ID,第45页)。这却同时在于,形而上学逻辑地解释存在者的存在,而且形而上学在根本上就是逻辑学。正是在此,本体论和神学同属一体,因为逻辑解释存在者整体的根据。此存在者或者是本体论的最一般存在者,或者是神学的最高的存在者。

形而上学之所以在此也是逻辑学,是因为存在作为说明根据的思想表达于哲学的历史。① 存在不是先行给予了思想,而是被思想所想出、所设立和所生产。由此,那必须去存在的,是那要被思考的。而那要被思考的,却正是已被思考的,即思想。"存在表明为思想。这意味着,存在者的存在去蔽为那自

---

① 关于海德格尔逻辑的解释可参照瓦尔特·布若克:《海德格尔和逻辑学》,载《海德格尔,其作品解释的透视》,第298—304页。

身建立根据和说明根据的根据"(ID,第 48 页)。此根据却是在聚集的让显现的意义上的逻各斯。这里,存在为思想所规定,亦即如此,思想作为存在自身说明根据和建立根据,于是,思想为其所是和如其所是。但是,建立根据是逻辑学的本己的任务。逻辑学是"这样一种思想,即,它到处由作为根据(逻各斯)的存在来为存在者自身的整体建立和说明根据"(ID,第 50 页)。与此相应,逻辑学不仅是关于思想的思想,而且也是关于存在者存在的思想,正如黑格尔的"逻辑学"所表达的。只有在"逻辑学"中,存在者的根据才说了出来。

如上所述,逻辑学作为下列的根据,即形而上学同时是本体论和神学。这之所以可能,是因为形而上学作为说明根据已将存在者的存在作为根据设为前提了。"形而上学思考存在者自身,亦即一般的存在者。形而上学思考存在者自身,亦即整体的存在者。形而上学思考的存在者的存在既是最一般的,亦即到处有效的建立根据的统一体,又是整体性的,亦即超乎一切最高的统一体。于是,存在者的存在被作为建立根据的根据被先行思考了。于是,所有形而上学归根到底完全是建立根据。此建立根据由根据给予了说明,并在根据前进行谈论,而且最终将根据设定于言谈之前"(ID,第 49 页)。虽然最普遍的和最高的存在者各不相同,但是两者的存在却表明为一:根据。此根据自身说明和建立根据。逻辑学却道明了根据。"但是本体论和神学是'逻辑',在此范围内,他们为存在者自身建立根据和为存在者整体说明根据。它们给予作为存在者根据的存在一理由。它们在逻各斯前进行谈论并由此在一确定意义上是合乎逻各斯的,亦即是逻各斯的逻辑学。与此相应,它们更准确地称为本体逻辑学和神学逻辑学。如果更为合乎事实和更清楚地思考形而上学的话,那么,它们叫着:本体—神学—逻辑学"(ID,第 50 页)。虽然本体论、神学和逻辑学是形而上学的不同学科,每一个都同时把握了它者。作为这样的统一体,形而上学是本体—神学—逻辑学。

因为根据的建立,形而上学不仅是本体论,而且也是神学和逻辑学。这意味着,本体论、神学和逻辑学必须在形而上学中走向一起,这样,每一个能够在它者中具体化。这里姑且不论,它是否相关于最普遍和最高的存在者,存在者的根据也必须被追寻,只要形而上学谈论着存在者的存在的话。于是,本体论和神学自身就是逻辑学,凭借于它们对根据逻辑地思考和陈述。当本体论和神学走向逻辑学时,它们也相互走向对方。存在者的存在作为根据必须根本性地思考。这成为可能,只有当根据设想为第一根据和第一事情(原因)的话。但是第一根据和原因只是上帝。于是,形而上学不仅作为本体论走向一般的存在者,而且也作为神学走向最高的存在者—上帝。这也是为此的原因,即"上帝降临于哲学"。

作为说明根据,形而上学的本体的—神学的—逻辑的本性样式立于那一的统一性,这统一性对于根据来说是本己的。"此一的统一性是这样一种方式,即后者以其方式为前者说明根据,而前者以其方式为后者说明根据"(ID,第52页)。什么样的存在者是前者和后者? 其答案叫做:那为前的是一般存在者自身;那为后的是最高的存在者自身。前者和后者处于一交互关系中,凭借于此为彼说明根据或者相反。作为根据,存在将最普遍的和最高的存在者聚集于自身。这种聚集和统一正好是逻各斯。"存在本性化为在根据意义上和在让显现意义上的逻各斯。此同一逻各斯作为聚集是一。此一却有两重性:一方面是一的一化,它具有到处第一且最普遍的意义,另一方面是一的一化,它具有最高(宙斯)的意义"(ID,第62页)。逻各斯鉴于最普遍性和最高性统一了存在者整体。"形而上学合乎于存在作为逻各斯并依此在其主要特征上到处都是逻辑学"(ID,第62页)。逻辑学思考最普遍和最高的的存在者,所以它是本体论神学。

凭借于形而上学自身表达为本体—神学—逻辑学,已经发生了思想与存在的分离。这规定了西方的历史。

为了清楚地说明形而上学中的思想和存在的分离,首先必须本原地经验到存在和思想的关系。存在和思想本原地同属一体,虽然各自相互区分。存在和思想的统一表明为自然和逻各斯的统一。

古希腊用自然一词追问存在者自身和存在者整体。"自然是存在自身,借助于此,存在者才能可被观察并存留"(E,第11页)。存在者必须回溯到自然,因为自然使存在者成为可能。自然究竟意味着什么? 它不是作为物质之物的运动过程的自然界,而是"上升的存留。与变化相对,它表现为恒定性,即作为恒定的在场性。这又在与现象相对时表明为显现,即作为敞开的在场性"(E,第96页)。这必须理解为与离席性相区分。自然是这种在场性,它不仅作为恒定的与变化相对,而且作为敞开的与现象相对,由此它是恒定的和敞开的在场性。

作为如此,自然自身去蔽。它从遮蔽性中涌现出来并作为无蔽性发生。此无蔽性正是恒定和敞开的在场性。但是,遮蔽性却比无蔽性更为本原。只有当自然首先自身遮蔽,它才能然后自身去蔽。同时,自然自身去蔽,却凭借于它自身遮蔽。这里,海德格尔始终追忆赫拉克利特:自然喜爱自身遮蔽(《残篇》,第123页)。对此,海德格尔说道:"存在是那自身遮蔽的去蔽,亦即在开端意义上的自然"(GA9,第301页)。如此理解的自然不仅是无蔽性,而且也同样是遮蔽性。

正如"自然"一样,"逻各斯"也是存在的名字。逻各斯本原地不是意味着谈论和言说,而是在聚集意义上的采集。"这意味着,一者放于它者,并入一体,简而言之,聚集。在此同时,已显露出一者反对它者"(E,第95页)。逻各斯本原地是聚集的整体。"逻各斯意味着:1. 它具有恒定性和存留;2. 它本性化为合一于存在者,存在者的合一亦即聚集;3. 所有发生的,亦即走向存在的,依照此恒定的合一立于此;它是那存留者"(E,第98页)。在海德格尔意义上所谓存在作为存在者的聚集而发生。于是存在者的整体显现出来。只是在此,聚集的逻各斯敞开为存在。

因为自然和逻各斯两者都意味着存在,所以没有存在和思想的对立,它们都统一于存在自身。这就是说,那必须去存在的,是那给予去思考的。正如在赫拉克利特那里不仅自然,而且逻各斯是存在一样,在巴门尼德那里思想和存在也是同一的。[1] "思想和思想为之发生的是同一的。思想为存在而发生。存在只本性化为显现,并进入无蔽,如果无蔽发生的话,如果自身敞开发生的话"(E,第106页)。在此关联中,思想和存在是同一的。[2] 这种同一性必须回溯于此,即存在自身去蔽和自身敞开。与其相应的思想"不是另外已规定了的人的能力,而是一种发生的能力,那里,人作为存在者发生地于历史中进入、显现,亦即(在词意上)自身走向存在"(E,第108页)。因为思想属于存在,所以它使人成为可能立于存在。只是在这种意义上,思想才能理解为人的能力。

---

[1] 对于赫拉克利特和巴门尼德的解释可参照克劳斯·赫德:《赫拉克利特,巴门尼德与哲学和科学的开端》,柏林1980年版,数处。

[2] 关于海德格尔对于巴门尼德的解释可参照乔治·威克:《海德格尔对于巴门尼德的"存在"语言的复原》,载《海德格尔和现代哲学》,第201—221页。

　　虽然思想和存在同属一体是本原性的,但是存在和思想的区分也是本原性的。假如存在和思想之间不存在区分的话,那么,它们的同属一体也是不可想象的。然而,形而上学并不知道存在和思想的同属一体和区分。它们让存在和思想首先分离然后综合。

　　于是,存在和思想的分离在形而上学历史中是起决定性作用的。根据形而上学,思想不是如现象和变化一样立于存在之中,而是立于存在之外。"思想与存在相立,亦即存在被思想所设想并由此如同一对象与之对立"(E,第89页)。思想和存在的关系是一对立的关系。

　　存在和思想的对立显现为这样一个过程,在此过程中,自然变成理念,逻各斯变成陈述。同时,真理从作为存在的无蔽的去蔽成为了陈述的正确性。

　　在形而上学的历史中,存在不再意味着自然,而是观念。"对于存在(自然)来说,'观念'一词最终作为决定性的和主导性的名称"(E,第137页)。观念承受了存在规定的意义并规定了整个形而上学的历史,即从柏拉图始的开端到随黑格尔止的终结。①

　　"观念"在此究竟意味着什么?"观念一词意味着在可见中那所见的,某物所提供的外观。那所被提供的,总是每一所遇之物的外观。一物的外观是这样一种东西,即,如我们所说的,物在那里向我们呈现,自身前设并作为如此站立于我们目前。同时,物在那里并作为某物在场化,亦即古希腊意义上的是。这种站立即由自身升起的恒定性,亦即自然的恒定性"(E,第138页)。观念亦即立于作为自然的存在的经验中,因为此上升的存留必须作为显现和站立于光芒中来经验。但是,显现中的显现者只表明了它的外观,即观念,因此它是"作为上升的显现的存在的本性的一必然的结果"(E,第139页)。当观念作为存在的规定进入前景时,自然便逐渐地退到后面。在此范围内,存在的规定由"自然"变成了"观念"。"不是自然标明为观念,而是观念作为存在唯一的和尺度般的解释突现出来,是决定性的"(E,第139页)。作为观念的存在上升为真正的存在者,而一般意义上的存在者却下降为真正的非存在者。这里,不仅产生了存在和存在者的区分,而且产生了在形而上学意义上的存在

————————

　　① 对此可比较罗蒂:《海德格尔反对实用主义者》,载《海德格尔的影响》,第1页:"海德格尔思想中的一个戏剧性的观点在于他的论断,从柏拉图知识的设想到尼采并因此到所谓的实用主义的立场通有一条直接的道路。"

和虚无的区分。

于是,观念理解为真正的存在者,为样本和原本,它区分于那作为摹本和复本的真正非存在者。但是,最高的观念却是善的观念。善不能理解为道德的意义,而是理解为"尺度自身,它首先给予了存在一种可能,自身作为观念和样本"(E,第150页)。作为如此,善完成了存在的规定,因为它是最高的观念。

凭借于自然变成观念,自然的真理,即作为在上升的存留中本性化的无蔽的去蔽也变成了符合,变成了作为设想的思想的正确性。"因为真正的存在者是观念,而这又是样本,所以,所有存在者的敞开走向观念,与原本一致,和样本相合,依观念而定"(E,第141页)。真理不再是自然的无蔽,而是正确性,即设想必须正确模仿作为原本和样本的观念。

当自然变为观念时,逻各斯也变成了陈述。存在和思想在逻各斯里本原地同属一体,因为存在敞开为聚集并走向陈述。"存在者的敞开发生于作为聚集的逻各斯。聚集本原地自身完成于语言"(E,第141页)。这里已经存在着危险,即,逻各斯不再相关于存在,而是相关于陈述。"语言作为已说的和所说的以及可再说的,每次都保藏了敞开的存在者。所说可被模仿着说和继续地说"(E,第141页)。作为陈述的逻各斯与存在相离,而只是一存在者,并让陈述成为一人的行为的现象。

如果逻各斯理解为陈述的话,那么,它将是这样一种的真理的地方,即在正确性意义上,亦即在正确和错误陈述对立的意义上。逻各斯不再是存在,而是关于某物的陈述。于是,真理不再是存在的无蔽,而是屈服于逻辑学。"凭借于真理成为陈述的特性,它不只是移置了其地方,而且也改变了其本性"(E,第142页)。逻各斯的改变表明为存在的遗弃和朝向于存在者的统治。虽然逻各斯不再是存在自身,但是它仍相关于存在,凭借于它规定了存在。在此,存在的真理落入逻辑学的尺度之下。

逻各斯现在是关于某物的陈述。所陈述之物是那作为陈述的基础的,亦即存在者的存在。"在陈述中,此基础可用不同的方式表达出来:作为如此特性的,作为如此大小的,作为如此相关的。特性、大小和相关是存在的规定"(E,第142页)。这种存在的规定源于逻各斯,即在这种意义上,它陈述作为如此这般的某物。因此,它称为范畴。于是,逻辑学实行它对存在的权力,也就是这样,它将存在和非存在设立于一排斥的关系中,这是矛盾律的真正意义。某物不能存在,如果它自相矛盾的话;某物能够存在,如果它不是自相矛盾的话。虽然逻各斯由陈述而来规定了存在,逻各斯自身却表明为一手前之物。"此手前之物因此是某种手边的东西,是可被操作的,以期获得并保证那作为正确性的真理。于是,显而易见,真理获得的操作可把握为工具,而此工具能被用一正确的方式举手之劳地去做"(E,第143页)。逻辑学对准了存在者,并且首先作为一手上之物。

但是由自然到观念,由逻各斯到陈述的变化并非从外在而是内在而来。这里的内在历史性地是存在的真理。"每次的变化都导向此,即,就观念和陈述来看,真理的本原性本性,无蔽已变成了正确性。无蔽亦即那内在,这也就是在本原意义上的自然和逻各斯的主导的关系"(第144页及下页)。这种变化之所以已说明原因地立于存在的真理中,是因为存在在形而上学的历史中不仅自身去蔽,而且也自身同样遮蔽。从自然到观念,从逻各斯到陈述的变化是真理的去蔽和遮蔽的历史。

在自然到观念,从逻各斯到陈述的变化中,存在和思想的分离已经完成。据此,真理不再可能是无蔽,而只是正确,此正确意味着思想和存在的符合。存在和思想的分离发展得如此之远,以至于存在和思想不仅分裂,而且最终对立。"在存在和思想的对立的规定那里,我们移动于一流行的图式。存在是客观的、客观性,思想是主观的、主观性。思想和存在的关系因此是主观和客观的关系"(E,第104页)。主观和客观是一"概念机器",它支配了和解决了形而上学的问题。在主观和客观的关系中,此两者自身已被确定,即主体(思想)作为规定者和客体(存在)作为被规定者。①

存在和思想的分离最终基于存在的剥夺自身。"存在的反离只是如此存有,即,那自身反离者每次同时并正好处于一显现中。此发生凭借于,存在者自身以一新的方式显现,据此它向设想挤进并向设想迎面挤进。存在者显现为对象。存在显现为对象的对象性。对象的对象性、客观的客观性获得了与主观的主观性的交互关系"(SVG,第99页)。存在反离而去,凭借于存在者

---

① 关于海德格尔对于主体的观点可参照赫它·那格·多卡尔编:《主体之死》,慕尼黑1987年版,数处。

显现出来。思想作为设想者和存在作为被设想者只是存在者的不同样式,而不是存在的样式。

但是,就形而上学中的存在和思想的关系而言,它在此具体地表达为根据和说明根据。这表达于根据律之中。它叫着:无没有根据。这也就是说;所有的存在者拥有根据。为了理解根据律,人们必须首先阐明存在作为根据,然后阐明思想作为说明根据且最后阐明这两者的关系。

首先,根据律关于存在说了什么? 在根据律中,它不仅相关于存在者和它的存在,而且也相关于存在自身。"根据的根据律说:每一存在者有一根据。此律是存在者的陈述。但是,我们经验存在者作为存在者,只有当我们注意到,为其所是和如其所是"(SVG,第 204 页)。于是,根据律不是要求思考存在者,而是要求思考存在作为根据。"存在是根据性的,有根据的。此句'存在是有根据的'说得完全不同于陈述:存在者有一根据。'存在是根据性的'绝不意味着:'存在者有一根据',而是道出:存在于自身本性化为建立根据的"(SVG,第 90 页)。不是存在"有"一根据,而是存在"是"此根据,在此是决定性的。但是,形而上学没有看到此区分,因为它将存在思考为存在者,此存在者有一根据。

其次,根据律关于思想说了什么? 形而上学的思想的任务是说明根据和建立根据。思想为了它的陈述要求说明根据,否则,其正确性是不可靠的。但是鉴于陈述的说明和建立根据本性回溯至此,即,人的思想已为他的此在说明了根据和建立了根据。形而上学的思想从在近处的根据经过在后面的根据到第一和最后的根据,追寻着存在者的存在,此存在意味着根据。于是,说明根据和建立根据构成了作为设想方式的思想。"此设想及其所设想的,亦即在其对立中的对象,必须是一说明了根据的。但是对象的对立构成了这种方式,如同对象自身那样站立,亦即是"(SVG,第 46 页及下页)。思想和存在的关系是设想和所设想的关系。在此,不仅设想,而且所设想的必须被建立根据,因为这只是相关于根据的设想和表达。

最后,存在和思想的什么样的关系包含于根据律中? 如果存在被认为是根据的话,人们必须顾及到它与思想的关系,此思想理解为说明根据和建立根据。思想在此作为根据的说明。但是首先必须看做:"根据是一要去归还的"(SVG,第 193 页)。根据的归还之所以可能,是因为已经被给予。它由何而被给予？海德格尔的回答叫做：它由人而被给予。他相应地继续思考："根据必须向何归还？回答是：向人归还。人以判断设想的方式规定了作为对象的对象"（SVG，第194页及下页）。于是，根据必须在说明根据和建立根据的过程中回溯于说明根据者和建立根据者，并由此回溯于思考的人。"根据是这样的一种东西，它必须送交给设想的和思考的人"（SVG，第47页）。

但是，那思考的人在形而上学的历史中，特别是在它最后的时代被设立为自我。只要在此存在作为根据送交于并归还于设想的自我的话，那么，根据将被自我所规定，此自我自身说明根据和建立根据。由此，在形而上学的眼光里，自我是存在者中的最存在者并由此是存在。于是，自我获得了它的绝对意义。"思想成为了我思。我思成为了：我本原地统一，我思考统一性（先行）"（GA65，第198页）。依此，自我成为了所思的规定，亦即如此，设想规定了所设想的。

但是如果存在自身说明根据和建立根据的话，那么，它依照海德格尔不仅是根据，而且是无根据。"存在于本性中'是'：根据：由此，存在不可能首先有一个它应该说明根据的根据。依照如此，根据离开了存在。根据从存在掉落。在根据从存在掉落的意义上，存在'是'无根据。只要存在自身是自身建立根据的，那么，它自身是没有根据的"（SVG，第93页）。存在自身即根据，它从它那方面而言不需要如何其他的根据。凭借于存在自身的说明根据和建立根据，在一般意义上的根据从存在掉落。"存在作为存在没有根据。根据，亦即一自身建立根据的根据由存在离开并掉落。存在：无根据"（SVG，第185页）。作为掉落的根据，存在是无根据的。如此理解的存在是虚无，因为它没有根据并由此立于虚无。作为如此，存在拒绝了任何说明根据和建立根据，因为建立根据自身已带来了危险，即，存在自身改变意义为存在者。

根据海德格尔，那立于虚无的存在在此是游戏，因为游戏是虚无的游戏。"根据属于存在者的存在，由此也属于游戏。游戏的本性于是在根据、理性、规则、游戏规则、计算的视野中到处被规定为自由和必然的辩证法"（SVG，第186页）。游戏自身没有任何根据，也不需要任何说明根据和建立根据，由此它游戏于无根据中。"存在作为建立根据者没有任何根据，作为那种无根据的游戏游戏着。此游戏作为命运给我们传递了存在和根据。问题在于，我们是否和我们怎样倾听此游戏律，一起游戏，将我们自身加入此游戏"（SVG，第

188 页）。在此,人不再作为说明根据者和建立根据者是一规定者,而是被它那方面理解为无根据的游戏所规定。于是,作为说明根据和建立根据的形而上学的思想已变得毫无意义。

2. 2. 2. 3. 追问虚无

那刻画为本体—神学—逻辑学的形而上学始终环绕着存在和思想的关系。就存在而言,它在此表明为根据。就思想而言,它这里敞开为说明根据和建立根据。这已经十分清晰:思想为作为根据的存在说明根据和建立根据。

虽然形而上学思考了存在者及其存在,但是却遗忘了存在自身。由此,如果用海德格尔的著名术语来说的话,形而上学的历史作为自身遮蔽的发生是"存在遗忘"的历史。此历史同样是存在和存在者之间本体论的差异。但是,在海德格尔意义上的存在既非存在者,亦非存在者的存在,而是虚无,正如它被形而上学拒绝了那样。

这样,形而上学既没有思考存在,也没有思考虚无。"这并不外在地作为一附带现象,而是依照其追问存在者问题的每一宽度、深度和本原性,形成了追问虚无,反之亦然"(E,第 18 页)。为了追问存在者,虚无的追问没有被追问。此没有思考虚无绝非毫无意义,而是决定性的,因为这同样意味着没有思考存在并意味着形而上学历史中的存在的遗忘。

在此必须探究形而上学的基础问题。"究竟从何而来,存在者到处具有优越性,并为了自身要求那一'是',而那非存在者,那作为存在自身如此理解的虚无却被遗忘? 究竟从何而来,它和存在是真正的虚无,但虚无却真正地不本性化?"(GA9,第 382 页)。虚无没被思考,不能归于人的缺点和他思想的无能,而是源于存在自身的自身遮蔽,此自身遮蔽规定了形而上学的历史的历史性。

如上所述,形而上学既没思考存在,也没思考虚无,也没思考存在的真理,亦即那为了自身遮蔽的林中空地。与此相应,它是存在遗忘的历史,由此也是本体论差异的遗忘的历史。以此方式,形而上学并没把存在自身说出来,因为它没有把存在在它的真理中,真理没有作为无蔽,而无蔽又没有在它的遮蔽中予以思考。那自身遮蔽的真理同样是无之无化。凭借于形而上学没有思考无之无化,它自身表明为那鉴于思想,亦即鉴于存在的遗忘的无之无化。

2.2.3. 虚无主义

如果形而上学作为存在遗忘的历史走向其终结的化,那么,它将成为虚无主义的历史,因为在存在的遗忘中那遮蔽存在的无之无化表明为虚无主义。通过虚无主义经验,海德格尔进行了一场和尼采的激烈的讨论。对于尼采而言,虚无主义也是西方形而上学的结果,但是,他的虚无主义的解释在根本点上区分于海德格尔。他这样理解形而上学,否定而论,它作为迄今所有价值的去值,肯定而言,它作为所有价值的重估。但是,对海德格尔而言,尼采的形而上学自身是虚无主义的终结并由此立于虚无主义的历史之中,因为海德格尔在虚无主义中所经验的,是无之无化,此鉴于思想发生为存在的遗忘。在此范围内,虚无主义意味着:首先,一切皆无;其次,存在者整体也无;最后,存在自身亦无,亦即:存在的真理为无。①

尼采是怎样经验虚无主义的? 根据海德格尔,尼采的虚无主义既非一历史的现象,亦非一形而上学的理论,而是形而上学的历史的本性,如果在此它相关于存在的真理和人的规定的话。凭借于历史是形而上学的历史,它也是虚无主义的历史。“尼采自身形而上学地解释西方历史的过程,这亦即作为虚无主义的出现和展开”(H,第 206 页)。如此理解的虚无主义即历史本身。“如果思考其本性的话,虚无主义不如说是西方历史的基本运动”(H,第 214页)。在此意义上,虚无主义规定了存在的历史。

但是什么叫做尼采的“虚无主义”? 它意味着:“没有目的;没有对于‘为什么’的回答”②。目的和“为什么”意味着那作为存在者的存在的根据。如果没有目的和对于“为什么”的回答的话,那么,作为存在者的存在的根据离去了。于是,存在在历史中没有根据,它作为如此没有根据。

在尼采的经验中,虚无表明于此,即“最高的价值自身去值了”。但是,西方的最高价值理解为上帝。于是,尼采铸造了一句话语:“上帝死了”。在此,它不相关于无神论,而是相关于历史的本性,此历史没有规定而发生。“‘上

---

① 关于海德格尔与尼采的关系可参照恩斯特·贝勒:《德利达—尼采,尼采—德利达》,慕尼黑 1988 年版,数处。另外可参照艾卡特·黑夫特里西:《海德格尔思想中的尼采》,载《透视》,第 331—349 页。

② 《尼采著作》,批评版,柏林 1967 年版及以后,第 8 卷第 2 册,第 14 页。

帝死了'。这也就是说:'基督教的上帝'已失去了它凌驾于存在者和人的规定的权力。'基督教的上帝'也是下列的主导设想,即'超验'本身和它不同的解释,'观念'和'规范','原则'和'规则','目的'和'价值'。这些都设为'超出'存在者之上,以期为了存在者整体给予一个目的,一个次序,和简而言之,'给予一个意义'"(NII,第33页)。虽然超验有不同的意义,但是,它在根本上相关于在其真理中的存在。

只要上帝标明为超验的话,那么,感性将与之对立。上帝死了,合乎逻辑地导向超验的降低。"超验的弃置也消灭了赤裸裸的感性以及两者的区分"(H,第205页)。由此"上帝死了"这句话是虚无的扩散。"虚无在此意味着:一超验的和规定的世界的离席"(H,第213页)。此超验的世界展开为形而上学的历史。"如果我们称感性的世界为广义的物理世界的话,正如在康德那里所发生的那样,那么,超验的世界是形而上学的世界"(H,第212页)。上帝死了,意味着,形而上学的世界是虚无主义的。

那最高的价值自身去值,亦即上帝死了,似乎是西方历史的没落。"但是,对于尼采而言,虚无主义绝不是沉沦的现象,而是西方历史的基本过程,同时并首先是这一历史的规律性"(H,第219页)。在此范围内,虚无主义是历史的历史性,并理解为存在和根据。"尼采将虚无主义思考为西方历史的'内在逻辑'"(H,第219页)。此"内在逻辑"是一存在的名称,这一存在作为虚无以虚无主义的形态历史性地虚无化。

如上所述,尼采的虚无主义一方面意味着最高价值的去值,另一方面意味着所有价值的重估。他称后者为完全的和肯定的虚无主义,前者为不完全的和否定的虚无主义。虚无主义这一名字总是歧义的,"在此范围内,它一方面标明迄今最高价值的赤裸裸的去值,另一方面但同时意味着与去值无条件的对立运动"(H,第220页)。这里必须澄清,不完全的和否定的虚无主义与完全的和肯定的虚无主义之间有何区分。

在最高的价值自身去值之后,新的价值设立必须实现。当然,鉴于迄今的价值而言,它是所有价值的重估。这里必须认识到,对新的价值设立并不来源于对迄今价值的否定,而是后者产生于前者。"因为根据尼采在此肯定中没有调解,也没有与迄今价值的平衡,所以,在此肯定中的无条件的否定属于新的价值设立"(H,第219页)。为了新的价值设立与迄今的价值鲜明地区分,并作为其对立运动来说明根据,尼采称所有价值的重估(如迄今价值的去值)为虚无主义,"亦即作为这种虚无主义,通过它,去值成为了一新的和唯一的决定性的价值设立"(H,第119页及下页)。那从去值到重估的变化是虚无主义从不完全的到完全的发展。

为什么在尼采那里虚无主义作为那去值的是不完全的,而作为那重估是完全的?"不完全的虚无主义虽然用另外一种价值代替迄今的价值,但是,它始终还占有一古老的位置,它作为超验的观念的领域仿佛被保留着。但是,全面的虚无主义甚至必须将这一价值位置自身,即作为领域的超验消灭掉,并依此另外设立价值和重估"(H,第221页)。虽然那不完全的价值消灭了那旧的价值,但是仍存有一位置,新的价值可取而代之。事实上,新旧价值各不相同,但是他们始终立于一相同的价值位置:超验的位置。这并不在于,此种或彼种价值被消灭掉,而是在于,价值位置本身(亦即超验的领域)要取消掉。在这种意义上,虚无主义是完全的,在此,它相关于价值本身。"价值设立需要一新的原则,亦即,价值设立的出发点和停留处。价值设立需要另外的领域。原则不可能再是那成为无生命的超验的世界"(H,第222页)。这种虚无主义敞开了存在的一新的维度,它自身理解为生命。

但是,那去值和重估的区分不仅鉴于那不完全的和完全的,而且也同样鉴于那否定的和肯定的虚无主义。"但是只要尼采将其自身的思想,即作为'新的价值设立的原则'的权力意志的学说在虚无主义的真正的完成的意义上把握的话,那么,他把虚无主义不再只是否定地理解为最高价值的去值,而是同时肯定地理解为虚无主义的克服,因为那现在明确经验的现实的现实性,权力意志成为了一新的价值设立的本原和尺度"(H,第245页及下页)。当否定的虚无主义还继续坚持着虚无主义时,肯定的虚无主义却试图克服虚无主义。

虽然虚无主义有多种意义,但是它只与"价值"一词相关。此词具有丰富的意义。"最高的目的、根据和存在者的原则、观念和超验、上帝和诸神,所有一切都从开始就把握成价值"(H,第222页)。但是,价值的本性却是视点。"作为视点,它被观看和为此观看所设立。此观看是这样一种方式,即它观看,只要它已经观看了的话。它已经观看了,凭借于它自身设想了并由此设立了被观看自身"(H,第223页及下页)。视点在根本上被观看所规定,此观看具体化为对此的预见和望见的样式中,即那必然被期待的。

作为视点,价值是一条件,它同时规定了保持和上升。根据尼采,这是生活的基本特征,因为生命始终追寻着保持和上升。"凭借于它为生命设立了视点,生命在它本性中表明为价值设立者"(H,第 225 页)。作为如此,生命的本性是权力意志。"权力意志、变化、生命和广义的存在在尼采的语言中是同一的"(H,第 226 页)。当意志追求某物时,权力则是统治和暴力的实行。"'追求权力'的意志由此明晰地是走向权力的追求"(H,第 228 页)。只要权力意志是生命的本性的话,将很清楚:"价值是它自身由权力意志所设立的条件自身"(H,第 227 页)。事实上,这是新的原则。"但是权力意志作为新的价值设立的原则在其和迄今的价值的关系的意义上同时也是所有迄今价值的重估的原则"(H,第 227 页)。尼采将作为权力意志的视点的价值理解为存在者的存在和现实的现实性,这些则是形而上学的主题。

但是,尼采的形而上学不仅是虚无主义的继续,而且也是虚无主义的克服,只要它自身不仅否定地,而且也肯定地理解的话。"事实上,如果虚无主义只是理解为最高价值的去值,和权力意志作为价值的重估的原则从最高价值的重新设立的话,那么权力意志的形而上学将是虚无主义的克服。但是,在虚无主义的克服中,价值思想将提升为原则"(H,第 254 页及下页)。在去值和重估之后,新的价值设立实现了,且虚无主义由此而被克服,因为,存在自身规定为权力意志。通过如此,存在的真理敞开出来,它自身遮蔽于虚无主义的历史,亦即于存在遗忘的历史。

在此出现了一个问题:虚无主义通过尼采的权力意志真正地被克服了吗?这里关键在于:尼采是否看清了虚无主义的本性。海德格尔的判断是:"尼采尚未认识到虚无主义的本性,正如他前面的形而上学没有认识到一样"(H,第260 页)。为什么他没有认识到虚无主义的本性?因为他还没有注意到存在自身和存在在其真理之中,只要存在者的存在作为价值以"权力意志"的名义是规定性的。"如果存在者的存在盖上了价值的图章和由此它的本性也被烙上价值的印记的话,那么,在这样的时代里,于此形而上学之中,亦即始终于存在者自身的真理之中,每一通往存在经验的道路自身磨灭了"(H,第 254 页)。根据尼采的虚无主义的解释,存在还没有让进入存在,因为价值阻碍了、替代了、甚至消灭了存在自身。"如果价值不让存在作为存在的话,即作为存在自身所是的,那么,所谓的克服首先只是虚无主义的完成"(H,第 255 页)。在此完成中,虚无主义走向其终结。

这对海德格尔已清楚,尼采的虚无主义自身是形而上学的。"此指示阐明了西方形而上学的一站,这也许是终点站,因为形而上学的另外的可能性在此范围内不再可见,如果形而上学通过尼采以一确定的方式自身剥夺了其自身的本性可能性的话"(H,第 205 页)。在这种意义上,尼采的虚无主义是形而上学的终结,亦即其可能性的穷尽。与此相应,形而上学从尼采的虚无主义中找不到任何可能性了。

海德格尔的虚无主义的经验在此是怎样区分于尼采的? 海德格尔首先不知道否定的和肯定的虚无主义的差异,因为这两者仍位于形而上学之中。但是,海德格尔对尼采所思的肯定的虚无主义将更根本地思考。由此虚无主义的本性必须突出出来。海德格尔只是将此本性理解为"虚无作为存在者的存在的真理的面纱"(NII,第 42 页)。对他而言,这不相关于价值的去值和重估,而是相关于存在自身。虚无主义在此是鉴于思想的无之无化,亦即以其历史的形态。

这里必须确定,海德格尔的虚无不是陈述的虚无,而是存在的虚无。在陈述的意义上,虚无只是否定。"虚无在此不是意味一个别存在者的特别否定,而是意味所有存在者,即存在者整体的无条件的和全面的否定。但是,虚无作为所有'对象性'的'否定'就它那方面而言'是'没有可能的对象的"(NII,第51 页)。那么,什么意味着这种虚无? "来源于否定和说不的虚无只是一纯粹的思想的构成物,即那抽象中的最抽象物。虚无只不过是'没有'并由此是无意义的,而且也因为如此是不值得注意和考虑的"(NII,第 52 页)。通过如此,虚无主义自身只是幻象。但是这绝非意味着,虚无作为虚无主义的本性毫无意义,而是意味着,陈述的否定不可能把握虚无的本性。

让我们设定,虚无理解为存在者整体的否定,那么,它还必须把握为一存在者的样式,亦即作为其对立面。"即使我们只是说,虚无'是'虚无的话,那么我们谈论'于'它也仿佛一'是',并使之成为一存在者。我们宣布了给它那应从它那剥夺的东西"(NII,第 51 页)。这是关于虚无陈述的悖论,虚无存在者的否定只是允许存在者和非存在者,而不是允许了存在自身。没有存在者,它不可能表达虚无。

但是,形而上学的虚无主义只是意指存在者的虚无,而不是存在的虚无。

"虚无主义(即存在自身为无)对于形而上学的思想来说,始终是而且仅仅是:存在者自身为无。因此,形而上学自身阻碍了通往虚无主义的必需的经验的通道"(NII,第361页)。不只是全部形而上学,而且尼采的形而上学也没有经验到虚无主义的本性,因为价值在他那里被设立为存在者。存在作为虚无尚未显现出来。

但是,根据海德格尔,只有作为存在的虚无才是虚无主义的本性。所以,首先是一切,其次是存在者整体,最后是那于其真理之中的存在皆为虚无。"虚无主义这一名字说,在它所称谓的一切之中,虚无是根本性的。虚无主义意味着:一切各面均无。此一切意指着存在者整体。但是在各方面立于此存在者,只是当它作为存在者被经验的话。虚无主义然后意味着:存在者自身的整体为虚无。但是存在者为其所是和如其所是,只是源于存在。如果设定所有的'是'立于存在的话,那么,虚无主义的本性在于此,即存在自身为无。存在自身只是存在于其真理之中,此种真理属于存在"(H,第261页)。同样于此,虚无主义的本性能够被经验到。

虚无主义现在意味着存在自身为无,而不是存在者自身为无。形而上学以及尼采的形而上学没有认识到虚无主义的本性,因为他们把虚无作为存在者的虚无来思考。尽管如此,形而上学和尼采的形而上学自身是虚无主义,因为存在在此剥夺自身,亦即这样,它遮蔽自身。这种剥夺对海德格尔而言是虚无主义的独特的经验。

由虚无主义的经验已提出了这样的问题:究竟从何而来,存在自身真正为虚无而虚无真正没有本性化?

首先:为什么存在为无? 因为存在既非作为存在者,亦非作为存在者的存在,而是作为自身本性化,即作为虚无本性化。存在的真理敞开自身,凭借于自身遮蔽。这发生为存在历史的遮蔽之发生。"这种历史,亦即虚无主义的本性,是存在自身的命运。从其本性和从其特性来思考的话,是存在于其无蔽中的允诺,亦即如此,它正是作为这种允诺自身遮蔽,并在缺席中同时导致了它的放过"(NII,第369页)。于是存在为无,因为它在它的历史中反离而去。

其次:为什么虚无没有本性化? 因为思想没有思考并因此遗忘了作为虚无的存在。"思想不停地被一个事件所袭击,即:存在者在西方思想的历史中虽然从一开始已鉴于存在被思考过,但是,存在的真理却没有被思考,不仅它作为可能的经验拒绝了思想,而且西方思想自身以形而上学的形态同样不自觉地掩盖了这一拒绝自身的事件"(H,第 208 页)。虚无在这种范围内不本性化,当在历史中一个存在的遗忘统治着。

作为无之无化,虚无主义是形而上学的本性,此形而上学发生为剥夺的历史。这一历史是存在遗忘的历史,亦即鉴于存在的思想。因此虚无主义的本性是以思想样式的无之无化。①

2.3. 克服形而上学

那为了自身遮蔽的林中空地作为真理,这自身已是形而上学的克服,因为存在历史的思想在此不再思考形而上学,而是思考形而上学的本性。此本性却立于真理之中,而真理不再敞开为正确性,而是敞开为"为了自身遮蔽的林中空地"。虽然形而上学遗忘了作为虚无的存在,但是,形而上学的本性在存在历史的思想中却显现为无之无化。因此海德格尔在形而上学历史中的存在遗忘的经验是形而上学的克服。此思想完成了"于它决定性的步骤中一个追问的转变,此步骤从作为正确性的真理导向生存的自由并从此导向作为遮蔽和迷途的真理。此转变属于形而上学的克服"(GA9,第 202 页)。此步骤正是从形而上学到形而上学的本性。

只要在克服形而上学中相关于形而上学的本性的话,那么,形而上学在存在历史的思想中不再看成一个学科。"克服首先不是意指哲学'构成'中一个学科的挤走"(VUA,第 67 页)。它不如说是存在者每种观念的、原因的和超验的和辩证的说明的克服。这里,它相关于整个西方的历史及其历史性,此历史性发生为存在的真理。

因此形而上学的克服是它的过去。"过去这里是说,消失并上升于曾有之中"(VUA,第 67 页)。因此,"曾有"绝非同样意味着一般所理解的"过

① 关于与虚无主义作为西方存在的历史的对照,可参照衮特:《马丁·海德格尔和虚无的世界历史》,载《深思海德格尔》,第 81 页:"那里有这样的说法,即虚无主义是西方民众的命运的一基本过程。为什么只是西方的? 人们必须追问一下。在印度哲学中的佛教的涅槃的设想中,所谓高级文化的形而上学的虚无主义已以一种强度表达出来,这在西方是很少能够达到的。中国的道家思想也应在此关联内被指出。"

去"。曾有不是某种一去不复返的东西。于是,形而上学消失于它的当前。"过去不是排除,而是包括这些,亦即:形而上学现在首先开始了其于存在者中无条件的统治和作为此存在者于现实的和对象的无真理的形态中的统治"(VUA,第67页)。形而上学的当前在此成为了形而上学的终结。① "由开端之早来经验的话,形而上学却是在这种意义上同时消失了,即它消失于它的终结中"(VUA,第67页)。对此,形而上学的克服给予了回答。②

形而上学进入了其终结。但是它的克服意味着从它的"第一开端"到它的"另一开端"的过渡。③

2.3.1. 第一开端

为什么海德格尔完成了一个形而上学的"第一开端"的更本原的重复? 一个关于其历史的思索? 和一个与其终结的争论? 为了回答这个问题,有必要事先陈述清楚,在海德格尔意义上的"开端"意味着什么?

"开端"在此理解为思想的开端。它是这种东西,即思想与之开端的。但是思想开端于存在,因为思想的开端总是存在。"开端是作为生成的存在自身,存在者自身的真理的本原的遮蔽的统治。存在作为生成是开端"(GA65,第58页)。存在及其真理因此首先是开端自身。

为什么这一开端是开端性的? 因为它自身建立根据,而不需要其他的说明根据和建立根据。此自身建立根据的开端是先行把握的和不可逾越的。同样由于其唯一性,开端是可以重复的。但是重复在此不只是过去的复制,而是接受开端的开端性。

然而,第一开端的历史是形而上学的历史,因为形而上学是存在的历史和真理的历史。真理表明为"为了自身遮蔽的林中空地"。它自身去蔽,凭借于自身遮蔽,在此,本原性的真理理解为非真理。于是,真理的历史不仅是生成

---

① 对此可参照马塞尔·弗·弗里斯可和他人编:《海德格尔关于哲学终结的命题》,波恩1989年版,数处。

② 对此可参照沃尔夫刚·威尔西:《后现代和后形而上学》,载《哲学年鉴》1985年第92期,第116—122页。

③ 对此可参照罗蒂:《克服形而上学:海德格尔和杜威》,载《深思海德格尔》,第253—274页。

的历史,而且同样也是剥夺的历史。因此,形而上学的历史也同样是虚无主义的历史。"第一开端经验和设立了存在者的真理,但是没有追问真理自身,因为其中的无蔽,存在者作为存在者必然性地超出一切,因为无蔽也吞没了虚无,并把它作为'无意义'而反对纳入自身,或者甚至将它消灭掉了"(GA65,第179页)。虚无主义揭示了虚无作为第一开端的本性,此开端发生为存在的遗忘。

同样以此方式,虚无主义导致了第一开端的终结,如果对它作为形而上学而言不存在任何可能性的话。"形而上学已经走向终结,不是因为它太过分、太不苛刻、太夸张地追问了存在者的存在者性,而是因为它根据那与此问题的第一开端的降落从不可能追问此从根本上追寻的问题,而且最终落入了此'本体论'的'更新'之无能的困境之中"(GA65,第173页)。只要形而上学只是追问存在者,而不是追问存在自身的话,那么,它将走向终结,因为存在者的追问已经回答了,但是作为虚无的存在的追问却尚未提出。

第一开端现在已经过其历史并完成了其终结。①"终结"一词在此意味着什么?"终结"一词的古老意义如同"地方"所意味的。"哲学的终结是这样一个地方,那里,其历史的整体在其最外在的可能性处聚集了。作为完成的终结意指这一聚集"(ZSD,第63页)。此终结既非必然性的,亦非现实性的终结,而是可能性的终结。"作为完成的终结是在其最外在可能性处的聚集"(ZSD,第63页)。如果形而上学已将自身实现为虚无主义的历史的话,那么,它最外在的可能性已被实现,因为它不可能让存在作为虚无来思考。同时,它找到了其最后的可能性,凭借于哲学消融于技术化的科学之中。但是,除了思想最后的可能性之外,还存在最初的可能性吗?海德格尔看清了这最初的可能性,亦即在开端性那里。此开端性在第一开端处还是遮蔽的。

因为最初的可能性遮蔽于第一开端中,所以,最初可能的思想的样式是"回归"。

存在历史的思想从何处开始其回归?它源于形而上学及其最后的可能性而上升。"思想的任务将是放弃迄今为止关于思想的事情的规定的思考"

---

① 对于海德格尔的存在的历史,衮特相反看得十分怀疑。对此可参照衮特:《马丁·海德格尔和世界历史的虚无》,载《深思海德格尔》,第80页:"海德格尔在他的哲学作品中给我们所叙述的,是世界时间的传说,它开端于黄金时代而终结于铁的时代。"

（ZSD,第80页）。但是,放弃绝非只是形而上学的否定和拒绝。"另一开端与第一开端的争论不可能意味着去证明,那主导问题的迄今的历史并因此'形而上学'是一错误"（GA65,第188页）。形而上学是历史的历史性,它敞开为林中空地。因此形而上学的克服是关于形而上学的回忆。

现在,那走出形而上学的"回归"又走向何处? 此步骤从形而上学回归于形而上学的本性。"存在者和存在的差异是一领域,于其中,形而上学,即西方思想能够在其本性的整体中为其所是。于是,回归从形而上学移向形而上学的本性"（ID,第41页）。此本性是在第一开端中的开端性。它表明为要去思考的,亦即作为那在已思考中尚未思考的。与此相应,回归是走向已思的回归,那里,未思的作为要思的存留着。

那在第一开端中已思的是存在者的存在。因为存在自身理解为存在者的根据,所以,作为存在历史的形而上学是说明根据和建立根据的历史。所以就形而上学的已思而言,它不相关于历史的重建,而是相关于历史的历史性的经验。"思想退回于它的事情即存在面前,于是将已思的带向对面,在此,我们可以瞥见历史的整体,亦即鉴于那构成此整体思想的源泉,凭借于此源泉为思想整体预备好了一居留的领域"（ID,第40页）。于是,从历史的整体性中获得了所思的根本性的意义。

但是,那未思的是存在自身,即存在和存在者的差异,或者存在的真理。"回归从未思,即从差异自身出发,进入那要思的。这是差异的遗忘。此处要思考的遗忘是由遮蔽而来所思考的差异自身的遮蔽,此种遮蔽从它那方面而言已开端性地反离而去"（ID,第40页及下页）。此未思自身即存在的遗忘,它构成了历史性的经验。它意味着存在的遗忘,存在和存在者之间区差异的遗忘。但是这并不归于人的过错,而是归于存在的反离,因为作为林中空地的真理自身去蔽,凭借于它自身的遮蔽。

那要思的在此是已思中未思的,亦即存在的真理,它是值得思考的。"回归指向那迄今略过的领域,由此领域而来,真理的本性首先成为值得思考的"（ID,第39页）。那值得思考的,思想必须敬重,凭借于它自身由其来规定,并由其获得规定。如果思想思考那值得思考的话,那么,它将开端性地思考,并从第一开端走向另一开端。

2.3.2. 另一开端

另一开端不能理解为外在性的,而是内在性的。此内在性是思想和存在的内在关系。"那思想的另一开端如此被称,并非因为它与随意的另外的迄今为止的哲学相较是不同的形式,而是因为它必须是唯一的另一,这是从它与唯一的一个和第一开端的关系而来的"(GA65,第 5 页)。通过这样,另一思想的开端具有另外一种与存在的关系,亦即这样,它另外地思考存在。①

因为这种思想和存在的关系差异性,第一开端和另一开端具有不同的基本情绪。"第一开端的基本情绪是惊讶,即存在者是,人自身是存在者地、且存在者地于他所不是的之中"(GA65,第 46 页)。与此不同,另一开端的基本情绪是关于存在遗弃于存在的遗忘中的惊慌,其中,存在作为虚无由思想反离而去。这已经很清楚,第一开端惊讶丁存在者,而另一开端惊慌于作为虚无的存在。这又可以回溯到那,即存在作为虚无在惊慌的基本情绪中规定了另一开端的思想,正如存在者的存在在惊讶的基本情绪中规定了第一开端的思想一样。

由于这种不同的基本情绪,那不同的追问对于开端的不同的样式是具有特征的。思想的变化是从"主导问题(什么是存在者? 追问存在者性、存在)到基础问题:什么是'存在'的真理? 存在和'存在'虽然同一但又根本相异)"(GA65,第 171 页)。主导问题追问存在,但是基础问题追问"存在"。一方面,存在和"存在"是相同的,因为它们是那唯一的一,即思想的事情,凭借于它们规定了思想。另一方面,存在和"存在"在根本性上是不同的,因为存在是存在者的存在,而"存在"是存在自身,亦即作为虚无自身。

于是,另一开端不再追问存在者的存在,而是追问作为虚无的存在,亦即那以思想的遗忘存在的形态而出现的无之无化。源于形而上学历史中的存在遗忘的经验,另一开端追问存在之真理的遗忘。"另一开端经验存在的真理并追问真理的存在,为了这样首先建立存在的本性化并让存在者作为真的产生于那本原的真理"(GA65,第 179 页)。虽然第一开端已追问了真理,但是,

---

① 在另一开端,本体论必须消失,因此本体论的可能性是不可能的。关于一本体论的可能性可参照雷勒·威尔:《海德格尔的本体论问题和一本体论的可能性》,载《海德格尔的影响》,第 23—45 页。

真理不是存在的真理,而是存在者的真理。于是,那唯一的和本原的真理处于
遮蔽之中。但是正是它必须在另一开端被经验和被追问。

另一开端的思想另外地思考存在,如果它开端地和更本原地思考存在的
话。在此,它绝非相关于一更本原的方法的运用,而是相关于一更本原的思想
的事情的敞开。这却既非存在者,亦非存在者的存在,而是在其本原性真理中
的存在自身。而这又绝非是陈述和事情符合意义上的正确性,而是为了自身
遮蔽的林中空地,它同时又表明为非真理。林中空地不是存在者及其存在,而
是无之无化。如果另一开端的思想思考无之无化的话,那么,它将是本原性
的。"但是,只要和一旦哲学回溯于其开端性的本性(于另一开端),而且存在
的真理的追问成为建立根据的中心的话,那么,哲学的无根据将会显现出来。
此哲学必须回到此开端,以期将那裂缝和那超己而去、那陌生的和那始终非常
的带向其思索的自由之中"(GA65,第 41 页)。只有当存在本原的真理理解
为一"无之无化"的话,哲学的无根据和思索的自由才能显现出来,而且另一
开端的思想才能达到它的本原。由此,"另一开端"的特别性将被理解。

另一开端的思想在此是一否定的思想。但是,此否定不能误解为只是驳
回,和在一般意义上的清除、贬低或者分解,以及另一开端中断第一开端,而不
如说是"那种拒绝的方式,它由于知道和承认那唯一性而拒绝了依然同行,此
唯一性是这种的唯一性,即那在其终结处要求另一开端的"(GA65,第 178
页)。如果否定在此作为虚无在存在历史的思想中虚无化的话,那么,它将比
设想的陈述的"不"甚至比"是"更为深刻。它是本原性的,"凭借于它显露出
第一开端及其开端性的历史并将此被显露出的回置于开端的领地,即那里,它
储存了一切,这一切现在和将来也还超过那以前在它的后果中产生的和成为
历史结算的对象"(GA65,第 179 页)。作为消解的否定是思想的建筑,此建筑
为将来的存在作出准备。

在此否定中已完成了思想的分离,"它已长久不再迷误于哲学的方向(观
念主义和现实主义等)之间或者甚至于'世界观'的态度之间。此过渡将存在
的上升及其于此在中建立的真理分离于存在者的所有出现和感知"(GA65,第
177 页)。此分离是存在与存在者的分离,且表达为本体论的差异。因此,分
离又是区分:不仅是存在和存在者的差异,而且也是另一开端与第一开端的区
分。对于海德格尔而言,除此区分,最后还有一决定,亦即决定"历史或者历

史的丧失,这就是说,从属于存在或者遗弃于非存在者"(GA65,第 100 页)。此决定在此是本原的,因为那本原的存在的真理自身是那要决定的。

另一开端的思想已作出了决定,亦即不再思考存在者的存在,而是思考作为虚无的存在。因为存在者的存在已经毫无意义,所以,另一开端的思想绝非如同第一开端的思想是形而上学的,亦非是反对形而上学的,而是简单地不再是形而上学。"在另一开端的领域,没有'本体论'和'形而上学'。之所以没有本体论,是因为主导问题不再是尺度和范围给予的。之所以没有'形而上学',是因为它根本不再从作为手前之物和意识到的对象的存在者(观念主义)出发并向另一存在者移去"(GA65,第 59 页)。在此范围内,思想也不是系统性的,但是,它有自身的结构和严格:"其结合构成的自由。这里,一者适应于它者,这源于对于命令的追问的从属的雇佣性"(GA65,第 65 页)。那在此命令思想的,是那唯一的和本原性的存在的真理,此真理自身敞开为那为了自身遮蔽的林中空地。林中空地的自由拥有其安排,它"支配"了另一开端的思想。

虽然另一开端比第一开端更本原地思考存在,但是,它如同第一开端一样也是历史性的,凭借于它绝不含有那与历史的分离。与此相应,另一"开端"的思想也是存在历史的思想。"开端性绝非新的,因为这新的只是易逝的和昔日的。开端也不是'永恒的',因为它正是不从历史中被排除"(GA65,第 55 页)。但是,另外的开端有一另外的历史的领域。"伴随着对于由第一开端的终结到另一开端的过渡的准备的开始,人们不只是进入了一尚未曾是的"时代",而是进入了历史中一完全它样的领域"(GA65,第 227 页)。另一开端属于历史的领域,那里,真理的地方性是林中空地。①

因为这种存在历史的特性,另一开端的思想追忆着第一开端。"另一开端的哲学在本性上是历史性的,而且在这一方面现在必须也出现一对于第一开端的历史的追忆的更本原性的样式"(GA65,第 359 页)。这是一个重复。在此,另一开端思考第一开端中的开端性。在此范围内,产生了另一开端和第一开端之间的争论,但是,它绝非导致于两个开端的对立运动。"另一开端源

---

① 关于另一开端的区分,可参照博德尔:《在"另一开端"中的不同》,载《维纳·马克思纪念文集》,汉堡 1976 年版,第 3—35 页。

于新的本原性帮助第一开端达到它的历史的真理并以此达到它尚未表达的自身的另一特性,这只是在思想的历史性的对话中才能富有成果"(GA65,第187页)。虽然第一开端和另一开端思考那同一的,但是它们却不同地思考。与此相应,另一开端一方面不能简单地扬弃和拒绝第一开端,另一方面也不能重复和继续言说第一开端的思想。唯有思想的历史性的对话能从另一开端导向第一开端。这是从第一开端到另一开端唯一的过渡。

2.3.3. 思想的过渡

从第一开端到另一开端完成了一思想的过渡,因为第一开端发生为曾有,而另一开端保持为将来。"'体系'的时代已经过去。从存在的真理而来建筑存在者的本性结构的时代尚未到来。其间,哲学在向另一开端过渡时必须提供一根本性的:纲要,亦即那存在的真理的时间游戏之空间的建立的敞开"(GA65,第5页)。这一地方是那为了自身遮蔽的林中空地自身。与此相应,过渡中的思想的任务是建立的敞开。

因为存在历史的思想立于过渡中,所以,第一开端和另一开端的关系是传递和交互传递。[①] 传递是"历史性本性的传递并因此是一首先过渡的架桥,它飞跃于一首先要决定的岸边"(GA65,第169页)。因为传递不是单方面的,而是双方面的,所以,它又是交互传递。"传递首先是第一开端的传递,因此,这第一开端将另一开端带入游戏,而且从此交互游戏而生长了跳跃的准备"(GA65,第9页)。用此传递和交互传递,思想游戏于它的过渡之中。

那在思想的过渡中被传递的,是存在的真理的追问。"由于那根本性的思想的一简单的冲击,存在之真理的发生必须被从第一开端移植于另一开端,于是在传递中,存在的另一完全不同的歌声开始响起"(GA65,第8页及下页)。第一开端将存在的真理传递给另一开端,因为它已经思考了真理。另一开端也将存在的真理传递给第一开端,因为它试图从现在开始开端地思考存在的真理。

传递和交互传递是跳跃的准备,"只是通过这跳跃,一开端,特别是另一开端作为始终被第一开端超过者,能够去开端"(GA65,第228页及下页)。每

---

① 参照博德尔:《现代的暮影》,载《哲学评论》1991年第38期,第275—285页。

一传递在根本上是思想的开端,只要每一思想开端于存在的话。因此,传递自身已经是为了跳跃的起跳。

首先,跳跃却是思想的跳跃。然后,思想的跳跃是最本己的和最远的。在此范围内,跳跃表明为冒险。"跳跃是首先挤进存在历史的领域的冒险"(GA65,第227页)。为什么?因为它不是跳跃于存在者,而是跳跃于作为虚无的存在。"跳跃是开端思想先行中最为冒险的,它将流行的一切置于身后,不直接从存在者处期待任何东西,而是首先跳跃出那在作为生成的存在的完全的本性化中对于存在的从属性"(GA65,第227页)。此生成绝非是存在者,而是无之无化,因为它作为虚无同样自身剥夺。

借此,思想的跳跃自身同时是真理的建立,因为它跳跃于作为虚无的存在且又跳跃于此。这却是为了自身遮蔽的林中空地,那里,根据作为无根据建立了自身。但这又是时间游戏空间,那里,存在和非存在、大地和世界相互争端。

如上所述,林中空地是本原的地方的地方性,因此它在本性上是根据。作为如此,它不意味着去何,而是意味着那作为归属的于何。与此相应,它既不意味着形而上学意义上的第一根据和原因,亦即存在者的存在必须回溯之处,也非一个根据,此根据需要一个原初的根据,也非一个事情,此事情有一个原初的事情。林中空地表明为在虚无意义上的根据,因为它是空无之地。

那么,根据怎样建立?海德格尔的回答最初看起来仿佛是同一反复。他只是说:根据建立根据。这意味着:虚无建立根据;更进一步地说,什么被建立根据,也同样是虚无。但是,这种虚无却是林中空地,它显现为地方的唯一的本原的地方性。同时,那理解为虚无的根据让被达到和接受。与此相应,建立根据意味着:"A. 让作为建立根据的根据本性化。B. 在此根据之上建筑,将一些东西带向根据"(GA65,第307页)。于是,建立根据在此意味着:进入虚无。

如果根据自身建立根据的话,那么,它在此范围内是无根据,因为它没有其他任何根据和允许有任何其他的根据。无根据因此意味着根据的离去。根据遮蔽自身,亦即以拒绝根据的方式。"但是拒绝绝非毫无意义,而是没有完成的和让空着的一特别的和本原的样式,于是,它也是一敞开的特别的方式"(GA65,第379页)。因此,拒绝不简单地是退却和离开,而是一空无的敞开,那里发生了本原性的林中空地。但是,它自身显现,却凭借于它自身拒绝。如此这般,即无根据是根据的本原性的本性化。"那为了自身遮蔽的林中空地作为本原的和统一的本性是根据的无根据。作为如此,那个此本性化了"(GA65,第350页)。于是,那无根据的无根据性显现为在虚无意义上的空无。

凭借于作为林中空地的无根据是空无和虚无,它也成为时空。与此相应,林中空地理解为时空。"真理以及根据的本性时空般地反构自身"(GA65,第308页)。如此这般的时空是时间化和空间化。"作为根据首先的本性化的无根据建立根据(让根据作为根据本性化),并以时间化和空间化的方式"(GA65,第383页)。但是,它在此区分于一般意义上的时间和空间。"时间化和空间化不能由流行的空间和时间的设想来把握,而是这种设想必须相反地依据其来源从那首要根本性的时间化和空间化来获得其规定"(GA65,第383页)。与此相应,空间不是客观的,正如时间也不是主观的,因为时间和空间首先产生于时空,它最终要从作为林中空地的真理的本性化来理解。

因此时空在根本上是时间游戏之空间,凭借于它统一了时间化和空间化。在此,时间化和空间化表明为出神和入迷,而这两者又是源于林中空地。"入迷是聚集的无根据的围住。出神是围住的无根据的聚集"(GA65,第385页)。此聚集正是林中空地的自身遮蔽。在此范围内,时间和空间的规定性已被获得。"空间是围住的入迷的无根据。时间是聚集的出神的无根据"(GA65,第385页)。于是,时空成为了出神入迷的聚集的围住,它作为无根据建立根据。在这种意义上,时间游戏之空间是林中空地的样式。

作为时间化和空间化,时空本原地是"瞬间之地"。于是,时空的根本性的意义是瞬间,它构成了永恒。"永恒不是持续存留,而是那种,亦即它能够在瞬间中反离而去,以期将来可以轮回。那能够轮回者,不是作为同样,而是作为崭新变化的、唯一的唯一者,即存在,以至于它在此敞开中首先不能看成为那同一"(GA65,第371页)。如此理解的瞬间是存在自身,它生成自身,凭借于它自身剥夺。但是,那在瞬间中发生的,正是虚无。因此,"瞬间之地"是空无的地方性,亦即林中空地。

如此这般,瞬间之地成为了争端之地,这也就是存在和非存在的争端。在海德格尔的历史性的经验中,此争端却敞开为大地和世界的斗争。

世界自身既非一手前之物,亦非一对象,而是如海德格尔所表达的那样,它世界化。如此意味的世界是一历史性的世界,它区分于"在世存在"的世界。"哪里我们历史的根本性的决定作出了,并被我们所接受、遗弃、误解和重新追问的话,哪里世界便世界化"(H,第30页)。这种世界化的世界正是历史并自身敞开。"凭借于一个世界自身的敞开,万物得到其缓急、远近和广狭"(H,第30页)。于是发生了时空,亦即时间化和空间化。"进入空间在此有两层意思:敞开的自由的自由给予和将这种自由置于它们的系列之中"(H,第30页)。这样一种敞开的自由正是空无和虚无,它们从存在者的整体中获得了自由。但是这却是作为去蔽的林中空地。

大地在此既非物性的,亦非质料性的,而是本原意义上的自然。与此相应,大地不能理解到自然界那里去,而是要从历史性来而把握。"在大地上走向大地,历史性的人们在世界中建立了其居住"(H,第31页及下页)。大地历史性地是"出现的保藏",和那"在本性上自身关闭的"(H,第33页)。海德格尔同时补允道:"但是,大地的自身关闭绝非单一的、僵化的和遮盖的存留,相反,它自身展开于一素朴的方式和形态的不可穷尽的丰富性中"(H,第33页)。作为一自身遮蔽者,大地是林中空地的自身遮蔽,于是,大地表明为聚集和它的聚集物。

世界和大地在根本上相互不同但又不可分离,因为世界是大地性的,而大地是世界性的。世界建基于大地,而大地通过世界的敞开而"伸出"。"大地不能缺少世界的敞开,它自身应该作为大地显现于它自身遮蔽的已获自由的涌来之中。世界也不能从大地滑掉,它应该作为一切根本性的命运的存在的宽广和道路自身建立于一已作出决定的"(H,第35页)。以此方式,世界和大地统一于林中空地之中,那里,去蔽和遮蔽同属一体。

但是,这种世界和大地的统一不是空洞的一体,而是一特别的争端。"世界在它于大地上的安宁中追求将大地提升。它作为自身敞开的不允许任何遮蔽者。但是,大地却趋向于作为那保藏的且每次将世界纳入并保持于自身"(H,第34页)。争端在此不是不和与争执,而是在生成意义上的本原的游戏。正是因为世界和大地的争端在此作为林中空地和自身遮蔽之间,存在和非存在之间而被解决,所以,它是原初的争端。"在真理的本性中,那对立者,即那在真理的本性中立于林中空地和遮蔽之间的,应该用遮蔽的拒绝来命名。它是那本原性争端中的相互抗争"(H,第40页及下页)。凭借于大地和世界的争端是原初的争端并是本原性的,它创立了真理,正如它在艺术中所发生的那样。它使人的历史中的一切"争端"成为可能。

概而言之,那为了自身遮蔽的林中空地因此是地方的本原的地方性,那里,无根据的根据、时空、世界与大地的争端聚集于一起。林中空地自身去蔽,凭借于它自身遮蔽。这又意味着,存在本性化,凭借于虚无虚无化。"存在在它的真理中越是本原性地被经验到的话,虚无作为根据边缘的无根据将越是深邃"(GA65,第325页)。人们可以认为,存在就是虚无,因为存在自身本原地表明为虚无。这不是存在者的否定,而是存在的拒绝,这却理解为最高的馈赠。

在此意义上,形而上学的克服一方面意味着存在遗忘的经验,在此存在的遗忘中,作为虚无的存在没有被思考;另一方面是真理的建立,在此,作为为了自身遮蔽的林中空地的虚无和空无显现于光天之下。此两者完成于存在历史的思想中。

于是,海德格尔的思想从世界的拒绝导向历史的剥夺。但是,无之无化必须更本原地被经验到,只要那为了自身遮蔽的林中空地是宁静的地方性的话。那里,不仅历史的剥夺,而且语言的沉默也是要去被思考的。

3. 语言的沉默

在世界的拒绝和历史的剥夺之后,语言的沉默在此立于视野之中。为什么海德格尔的思想是"通往语言的途中"?

当海德格尔思索世界的世界性和历史的历史性时,语言的语言性已扮演了一个关键的角色,虽然它自身尚未作为自身成为主题。正如海德格尔所说明的:"因为关于语言和存在的思索从一开始就规定了我的思想道路,所以,此一讨论尽可能地处于背景之中"(UZS,第93页)。在此范围内,语言在第一阶段只是显现为言谈,它揭示了世界的意义;在第二阶段作为创立,它建立了历史的真理。但是,语言必须作为语言走向语言,凭借于它自身理解为思想的事情的规定。"只有哪里有语言,哪里才有世界",海德格尔如此认为。而且:"只有哪里有世界,哪里才有历史"(GA4,第38页)。在世界的世界性和历史的历史性被解释之后,语言的语言性在此也必须显现出来,只要世界性的和历史性的林中空地是宁静的地方性的话,而此宁静本原性地道说的话。因此,海德格尔的思想是通往语言的途中。①

3.1. 源于沉默的语言

3.1.1. 自身言说的语言

为了向语言的形而上学的观点明确地告别,海德格尔的语言性经验首先

---

① 对此可参照汉斯·亚格:《海德格尔和语言》,伯尔尼—慕尼黑1971年版,数处;另外,威廉·安子:《语言在海德格尔处的地位》,载《海德格尔:其作品解释的透视》,第305—320页。

要求这样一个区分:谁在说话?①

一方面,神在说话。缪斯向吟唱的诗人说话,诗人只是倾听了并复述了缪斯所说的话语。在基督教的意义上,语言的话语也同样有神性的起源。约翰福音的序言的开头即给予了这样的证实:"太初有道"(《约翰福音》,1.1)此外,近代的"古典"阶段(例如,在荷尔多林那里)也强调,人的神性是语言之声的本原。

另一方面,人也在说话。当语言的神性本原的论断只是源于间接性的推断时,语言的人性本原却基于直接把握的事实。"语言在言说中表明为一在人中出现的现象"(UZS,第203页)。假使没有人的话,语言自身将不再可能。于是,一非人的语言是不可思议的和不可言说的。

但是,如果人在说话的话,那么,语言只是一存在者,它最后且属于人的此在。于是,语言陈述思想,当思想思考了存在之后。在此意义上,语言仍立于存在者的整体之中。语言在此与其他存在者的区分之处,只是人的发声。

在此范围内,语言理解为舌头和嘴巴的样式。"语言在言说中表明为言说工具的活动,为如下:嘴巴、嘴唇、'牙齿的园圃'、舌头、咽喉"(UZS,第244页)。不仅在西方的,而且也在东方的语言中,语言自身被把握为人的声音,因为,声音是语言直接的现象。石头无语,动物只能吼叫,只有人言说,而且是用他的声音。

虽然语言属于人的声音,但是根据海德格尔,这绝非证明了:人在说话。对人而言,关键在于追问:人的声音怎样获得其规定? 在此,它不相关于人的声音的科学的、技术的和语音的解释,而是相关于倾听"宁静的排钟",此排钟不是作为人的声音在说话。作为发声,人的声音最终源于宁静的排钟。我们在此不能忘记:"语言的发声对它相应的规定已等待了长久,因为语音的、关于发声的声响的和生理学的说明,不能从宁静的排钟而来经验语言的来源,也不能经验那以此带来的发声的规定"(UZS,第252页)。宁静的排钟在此正是意味着一规定,而人的声音正立于此规定之下。

只要声音在本原上不是从人类学来思考的话,那么,口语的不同性亦应如

---

① 对此可参照保尔·利科尔:《解释学的任务》,载《海德格尔和现代哲学》,第141—160页。

此看待。因此,人的身体和嘴唇不能只是设想为物理的现象,而是为历史和世界的产物,但历史和世界在它们那方面又必须是被语言所铸造的。于是,在人的声音中,不只是人单独在扮演,而是大地、天空和神一起在扮演。因此,口语的不同性同样是人的此在的世界性的、历史性的和语言性的特征。

如果不是人,而是语言开端性地说话的话,那么,人和语言的关系必须重新被思考。区别于形而上学的理解,语言向人给予了其可能性,作为人去存在。人说话,因此必须相应地回溯于:语言在说话。"要死者的言说基于那与语言言说的关系"(UZS,第31页)。

因为既非神,亦非人,而是语言在说话,所以对海德格尔而言是必须的:"我们想追思语言自身而且也只是它。语言自身是:语言且此外即无"(UZS,第12页)。在此,"语言在说话"意味着什么? 这句话本身已经是一指引,即,语言本性扮演于语言自身中。于是,它绝非是一"同一反复",而是从非语言性回溯到语言的语言性,亦即这样,它自由给予了其自身的本性,凭借于它消除了它自身的所有假象。

但是,这却发生为自身言说的语言和神性的和人的语言的区分。通过如此也消除了下列的设想:它将语言解释为技术的工具。"语言是语言。这句话没有将我们带向其他东西,那里,语言建立了根据。它也没有向我们说出,语言自身是否也是其他东西的根据。这句话:语言是语言,让我们飘浮于一无根据之上,只要我们持留于它所说的"(UZS,第13页)。无根据在此让那自身言说的语言自由,并让它停留于其开端性的自由之中,那里,既非神,亦非人作为其主人,而是唯有它自身言说。这却并非语言的贫困,而是它的富有,因为它居于它的王国,并赠与了那倾听的人们以其世界和命运。如果我们现在让我们陷入一无根据的话,那么"我们并没有坠入一空虚。我们降落于一高处。其高度敞开了一深度。此两者穿越了一地方性,在那里我们想变得熟悉,以期为人的本性寻找到一居留"(UZS,第13页)。正是在此地方性中,语言的神秘可被经验。

同样源于此经验,诺瓦利斯说道:"正是语言的本性,即,它自身只是关照着自身,无人知晓。因此,它是一个如此奇妙和丰硕的神秘,以至于当一人只是为了说话而说话时,他正好说出了最美妙的和最创造性的真理"①。在此范

────────────

① 《诺瓦利斯书信和作品》,柏林1943年版,卷3、11。

围内,语言只是独白。但是,根据海德格尔,这却指向了"语言的神秘:它唯有与自身言说"(UZS,第241页)。但是,这种神秘却始终无人知道,只要语言还理解为简单的表达工具的话。与之相反,语言经验为独白却是通向其本性的唯一通道。

那自身言说的语言是纯粹的,因为克服了其非纯粹性以及工具性的理解。"纯粹语言"一词具有与纯粹理性的相似之处,正如康德所理解的那样:"纯粹理性在事实上只是从事于自身,而且不可能有其他的事业"①。纯粹语言和纯粹理性只是关照和从事于自身。但是,正是在此,海德格尔打开了理性和语言之间的一个"最小的间隙",然而它却十分难以跨越,因为理性是人的自然的禀赋,但是,依据海德格尔,语言却绝不能认为是人的能力。现在,不是理性,而是语言规定了人的本性。因此,人不再是理性的动物,而是语言的动物。于是,纯粹语言不仅区分于非纯粹的语言,它被作为人的工具在使用,而且也区分于纯粹的理性,它在根本性上是形而上学的思想。

但是,什么是这个纯粹的语言? 它只是诗意的语言。② 不过,纯粹语言每次都完成为纯粹已被言说的。"纯粹已被言说的是那种,那里,那已被言说所特有的言说的完成,就它那方面而言是一开端。纯粹的已被言说是诗歌"(UZS,第16页)。诗意语言在此既非言谈,它敞开了世界的意义,亦非创立,它建立了历史的真理,而是语言的保藏,它让那自身言说的语言道说。在此范围内,技术的语言已被排除,它只是诗意语言的对立面。但是,诗意语言又如何相关于日常语言? "实际上,诗作从不是日常语言的较高样式。相反,日常言谈不如说是一被遗忘并被耗尽的诗歌,由此不再享有任何呼唤"(UZS,第31页)。在此意义上,语言在本原上是诗意的并由此是诗作。日常语言和技术语言只是语言诗意本性的遗忘和扭曲,并因此是不纯粹的语言,但是它却必须回归于其纯粹的本性。

---

① 康德:《纯粹理性批判》,B708。

② 关于诗意语言,德利达:《性别》,第89页强调道:"但是它是诗歌而不是诗作的基调,因为海德格尔有规律地将诗歌,即始终没被言说的,处于沉默之中的,区分于诗作,它源于诗歌并自身道说和言说。诗歌是所写作的和所朗诵的诗作的沉默的源泉,当然人们必须从此诗作出发,如果人们要讨论此地方,源泉依据诗歌的话。"诗歌和诗作的区分在海德格尔的思想中没有任何意义,因为这两者在字源学上都源于"创作",此"创作"道说存在的真理的口授。真理才是最本原的。

3.1.2. 道说作为宁静

在区分了自身言说的语言之后，海德格尔在此也区分言说自身。语言的本性同样完成了于此言说中，而不是在形而上学所理解的那作为陈述某物的言说中。亚里士多德已经这样把握了言说：亦即在文字、声音、灵魂和事情的关系领域中。对此海德格尔说明到，亚里士多德的观点使语言的经典的结构明晰化了，"在此结构中，语言作为言说遮蔽地存在着。文字表现了声音。声音表现了灵魂的遭遇，这种遭遇表现了它相遇的事情"（UZS，第 245 页）。语言在此表明为那在陈述意义上的言说，它陈述了那在思想中亦即灵魂中的已思考的存在亦即事情。

不仅亚里士多德在形而上学历史的开端处，而且威廉·洪堡在其终结处也将语言的言说看成陈述，虽然他从另外一个视角看待陈述：它自身不是一作品，而是一活动。"语言是人的精神和对象之间的中间世界"（US，第 21 页）。当亚里士多德客观地思考语言时，洪堡主观地思考它。于是，语言的言说是精神的任务，它在形而上学的最后时代是设立和生产。

如果言说在陈述的意义上被把握的话，那么，它还没有成为语言性的言说。在陈述中，还不是语言，而是存在、事情、思想和精神在言说。对于海德格尔关于语言的思考而言，关键在于将语言作为语言带向语言。因此，海德格尔不是去揭示：语言如何陈述？而是去揭示：语言如何言说？

如上所述，言说是人的声音的发声的活动，且只是作为一转瞬即逝的现象。那长存的只是那已被言说的。作为如此，它也是语言的完成，正如语言首先在那已被言说中真正开始一样。因此，那已被言说的是言说的聚集，那里，语言的本性得到保藏。只要那已被言说的把握为语言的聚集的话，那么，语言的结构也立于其中，此结构为言说，言说者，已被言说的，未被言说的和已劝说的所构成。其中，没有一个是孤立的因素，相反，每一都处于与其他的关系之中。

但是，语言的结构只是首先在它的言说中找到其面临。作为人的声音的发声，言说却是一个活动，它每次都以不同的方式实现了自身：或者是独白，或者是对话。

在言说中，言说者，亦即人同时在言说。但是，言说者在此不是言说的主人,相反被言说所规定。① "言说者不如说是在言说中拥有其在场。去哪里? 去那里,它与那相言说的,它伴那而居留的,亦即它每每相关的"(UZS,第 250 页)。在此,言说是一关系,言说者和物与世界在其中可以"逗留"。在此意义上,言说者属于言说,凭借于他必须倾听言说。于是,言说者不是随意和任意地言说,而是对应于语言所言说的。人作为言说者而生存,并作为言说者而是人。

只要人在此想要言说的话,那么,他已经言说了。但是,不是这种或者那种已被言说的,而只是那纯粹言说的自身聚集于它们的聚集中。因此,人们必须准确地经验道:"那已被言说的可被消失,但是,也可以长久地被要求为一劝说的"(UZS,第 251 页)。那在工具意义上的陈述的已被言说只是某物的表达,因此那已被陈述的在时间的流程中如同已被使用的工具会走向消失。与此相反,作为纯粹的已被言说,诗意的语言立于聚集之中,那里。它不再过去,而是曾有并成为永恒。已被言说的在此是否消失或长存,关键在于:它自身最后是否是被语言自身所言说的。如果已被言说的具有那自身言说的语言的来源的话,那么,它将拥有它的将来。谁在此拥有它的将来的话,那么,它却会走来并长存。在此范围内,那已被言说的语言保存为传统的语言。"传统不只是继续给予,它是那本原的保存和那已被言说的语言的新的可能性的守护"(US,第 27 页)。这种传统保藏了那已被言说的并成为聚集。

只是因为那已被言说的是语言的保藏,所以,其中也遮蔽了那尚未言说的。"那已被言说的以多种方式源于那尚未言说的,它或者是一还没有被言说的,或者那必须不被言说的,亦即在这种意义上,它对言说已隐瞒了"(UZS,第 251 页)。这里不是谈论这样一种尚未言说的,它在某时也能被说出来,于是,已被言说和尚未言说被分离来思考。海德格尔意义上的尚未言说相反意味着这种,即它自身作为不可言说的沉默于已被言说之中。那尚未言说的在此范围内与已被言说的有什么关系? 此尚未言说的同时是那已被言说的本原,凭借于前者给予了后者的可能性去被言说。于是,正是在此已被言说中敞开了那尚未言说自身。那已被言说的越是大声的话,那么,那尚未言说的越是

_____

①　对此可参照比梅尔:《海德格尔处的语言和诗作》,载《人和世界》1969 年第 2 期,第 513 页:"在真正的言说中,只是发生了生成的敞开,但是,这对言说者而言却是遮蔽的。"

宁静。为什么那尚未言说的在此对言说隐瞒？因为它最终是语言的本性，即作为无之无化沉默着。

凭借着语言自身作为那尚未言说的和已被言说的向言说劝说，那已被言说的在根本上是已经劝说的。但是，已经劝说的是那劝说，它作为语言的本性同时是人的规定，在此，那言说者可能去居住，如果他倾听那已被言说的和其中自身遮蔽的尚未言说的话。

以此方式，言说、言说者、已被言说的、尚未言说的和已经劝说的构成了语言本性的结构，海德格尔称此结构为"图样"。"此图样是语言本性的描画，一个显现的结构，其中，言说者及其言说、那已被言说的及其那源于已经劝说的而尚未言说的被规定了"（UZS，第252页）。作为语言本性的描画，图样规定了语言结构中的不同的因素，因为它是一关系，其中，语言的因素能够相互相关。关系在此是语言的本性自身。

因为语言自身敞开为言说，所以言说自身对海德格尔而言在语言本性的结构中具有特别重要的意义。与此相应，言说在此要被区分：在它那里可相关于一陈述，也可相关于一道说。"道说和言说不是一样的。一个人可能言说，且无休止地言说，但是一切却没有被道说出。相反，有人沉默，他没有言说，但是在没有言说中道说许多"（UZS，第252页）。言说在本原上是道说，而陈述正是源于此且作为它的衍生样式。"每一陈述都是道说。但是，并非每一道说必然是在逻辑学句子意义上的陈述"（GA79，第162页）。言说可以成为道说，如果它将在那已被言说中遮蔽的尚未言说的带向语言的话。①

为了将此道说具体化，它下列的特性将得到解释：作为语言的本性，道说首先获得其语言性的规定性，其次是其世界性的，最后是其历史性的。但是，所有这些规定性道说出了那在"不道说"意义上的无之无化。

鉴于其语言性的规定性，道说在此是宁静的排钟。"语言言说为宁静的排钟"（UZS，第30页）。道说道说出，凭借于它使宁静。宁静使宁静，凭借于

---

① 关于在海德格尔那里的言说和道说，德利达：《论精神》，第146页评论道："人们必须走的道路是从'言谈'到'道说'，从'道说'到'诗作'，从'诗作'到'歌唱'，到颂歌，到'歌声'，到'齐唱'的和谐，从'齐唱'到赞歌。我不想就此开列出一贯性的顺序，我也不想认为，它必然要始终又回溯到另外一个意义上去。"在海德格尔那里，道说是最本原的，因此它不再可能回溯到另外一个什么东西上去了。

它鸣奏。以此方式,宁静的排钟将那尚未言说的和那已被言说的聚集为一。

与此相应,宁静绝非无声,不动和停止划为一体,这些就其自身而言且居于一安宁之中。"安宁的本性立于此,即它使宁静,严格地思考的话,作为宁静的使宁静,安宁比一切运动更加运动,比一切激动更加激动"(UZS,第29页)。凭借于宁静将不安带向安宁,于是,它在此成为了最高的运动。但是,它有什么权力去使宁静?以那尚未言说的已经劝说的,它将一些保藏于安宁之中。然而,宁静是这样使宁静,即它呼唤。呼唤在此是那源于尚未言说的已被言说的。"那在自身聚集的呼唤,那在呼唤中聚集于自身的,是作为排钟的奏鸣"(UZS,第30页)。呼唤的本性便是聚集和已被聚集的,根据海德格尔,它是世界和物之间的"区分"。"此区分两重性地使宁静。它使宁静,凭借于它让万物居于世界的恩惠。它使宁静,凭借于它让世界满足于万物"(UZS,第29页)。区分在此最终只是语言的本性自身,因此,它能够分别和同时使世界和万物宁静。

但是,宁静的排钟道说出,凭借于它不道说。此道说的不道说在此马上追忆到语言和本性的关系。这里,不道说和道说的区分吻合于语言的本性和本性的语言的区分。如下所示。

一方面,宁静的排钟敞开为不道说,此不道说属于语言的本性。"许多人都赞成,语言的本性正好拒绝走向语言,亦即这种语言,在此,我们将语言变成了陈述。如果语言处处在这种意义上拒绝了其本性的话,那么,这种拒绝属于语言的本性"(UZS,第186页)。因为语言自身作为那尚未言说的且同样源于此而言说,所以,语言的拒绝最终是语言本性的拒绝。因此,陈述不能道说出语言的本性,正如它也强烈试图过的。"对此神秘缺少道,亦即缺少那种道说。它能够将语言的本性带向语言"(UZS,第236页)。但是,拒绝在此理解为"隐瞒"。其中正好显现出那存在的令人惊奇的,亦即属于道的。语言的拒绝在陈述的面前所反离而去的,是不道说的道说的保藏,亦即宁静的排钟。

另一方面,宁静的排钟显现为不道说的道说,凭借于它在已被言说中言说出那尚未言说的。"我们称无声呼唤的聚集为宁静的排钟。作为聚集,道说推动了世界关系。此为本性的语言"(UZS,第215页)。但是,此语言言说出语言本性的拒绝,而语言本性自身只是沉默着。

如上所述,本性的语言与语言的本性相区分,凭借于它在已被言说中说出那尚未言说者。在这种意义上,语言言说其本性,而其本性是不可言说的。然后,我们不再允许说:"语言的本性是本性的语言,因为,'语言'一词在第二种用法中意味着不同的。甚至是这样一种,其中语言的本性的拒绝言说着。与此相应,语言的本性以其最本己的方式还是带向语言"(UZS,第 186 页)。陈述遮蔽了在拒绝意义上的语言的本性,不同于此,作为不道说之道说的宁静的排钟将语言带向语言。因此这里最根本的是,本性的语言将语言的本性不是作为陈述,而是作为道说带向语言,因为陈述不可能道说出那不道说。

如果本性的语言在此是不道说之道说的话,那么,"本性"在已说的用法中意味着什么?"我们将'本性'听成动词,本性化正如在场和离席一样"(UZS,第 201 页)。这里我们必须追忆本体论的差异:存在区分于存在者的存在,因此它自身不是存在者。就本性自身而言,它自身敞开出来不是在存在者的意义上,而是在存在亦即虚无的意义上。但是,语言又将怎样相关于本性?"语言属于此本性化者,为那推动一切者所有且作为其最本己的。此推动一切者推动着,凭借于言说着"(UZS,第 201 页)。"本性的语言"的用法在此具有两层意思。一方面语言属于此本性化者,意味它推动一切。另一方面此本性化者又属于语言,凭借于它言说着。因此,语言和作为不道说之道说的本性是同一的。

只要语言的本性作为本性的语言在此被带向道说的话,那么,虚无就在语言中虚无化,因为本性在此理解为存在,它同样被思考为虚无化的虚无。于是,作为无之无化的语言也同样是自身建立根据的根据,它没有根据并因此作为无根据存在着。

如果语言自身被思考为根据和无根据的话,那么便出现了问题:语言和存在,思想的关系怎样被把握? 语言最终甚至是存在和思想的根据吗?

形而上学已经这样表达了存在,思想和语言的关系,即,语言陈述了那已思考的存在,当思想思考了存在之后。此一图式成为可能,如果存在作为存在者,思想作为设想和语言由陈述而来被规定的话。在此,设想和陈述吻合于存在者的领域,且自身仿佛理解为存在者。

与此相应,存在是根据,而思想和语言给予说明根据。在形而上学的历史中,存在解释为存在者的根据,而思想和语言也属于存在者,如海德格尔所指出的:"语言和思想建立根据于存在,因为两者是存在者,而存在却拥有根据的特性。语言和思想建立根据于存在,没有存在,它们将是虚无"(GA79,第167页)。依据形而上学,思想和语言在此各自理解为存在者,而不是虚无,因为虚无是不可思议和不可言说。此外,思想必须成为存在者的思想,语言必须成为存在者的语言,因为人们既不能思考也不能言说虚无。基于这种理由,语言作为思想的陈述始终是存在者并且为存在和思想所规定。

此作为陈述理解的语言在形而上学的意义上只是存在和思想的"符号"。"如果人们将语言作为某物的表达和作为某物的符号来设想的话,那么便产生出:存在是语言,只要存在被语言说出来的话。思想是语言,只要思想在语言中表达自身的话"(GA79,第166页)。这意味着,存在和思想没有从语言那里得到规定,相反,语言作为那说出的存在和思想正如某一存在者生存着。在这种情况下,语言自身限制于成为存在和思想的工具。

但是,此自身言说的语言不是某一被标明之物的符号,而是不道说之道说。与此相应,语言显现为无根据,它不需要为了自身要求何种根据。虽然它生成于无根据之中,但是它自身建立根据。正是因为它是那自身建立根据的根据,所以,存在和思想也于其中建立根据。但是,在什么意义上,语言是存在和思想并同时是这两者的关系的根据?

语言是存在的根据,①这在此不是意味着,存在可被解释为人的产品,因为语言自身不是人的,而是语言性的。它也同样不是意味着,语言作为一存在者建立了另外的存在者。它不如说是这样所想的,即,它自身作为存在建立根据,它在如此范围内作为虚无虚无化。②

语言与存在的关系同样可以具体化为道和万物的关系,只要道作为语言和万物作为存在被理解的话。

在形而上学的历史中,万物和道虽然相互分离但又处于一关联之中,亦即处于存在和思想的关系之中。"道不是万物,不是存在者。相反,我们理解了万物,如果道为此使用的话"(UZS,第193页)。道在此绝非在一般意义上的

---

① 对于语言和存在的关系,伽达默尔有另外的看法。对此可参照伽达默尔:《真理和方法》,图宾根1986年版,第450页:"能被理解的存在,是语言。"语言在此是被理解的存在。在此范围内,伽达默尔的解释学哲学不能经验到语言的本原性的维度。

② 与此不同,罗蒂标明"存在为语言的对象"。对此可参照罗蒂:《海德格尔反对实用主义者》,载《海德格尔的影响》,第13页。

物,但是它却服务于物,于是,物能够被理解并表达出来。在此范围内,物和道都是存在者,它们只是在存在者的整体中相互区分。

但是,如果道规定为语言的本性的话,那么,它将是在虚无意义上的存在,凭借于它道说出那不道说。与此相应,绝非"是"道,而是"有"道。"道:那给予者。这究竟是什么? 依据诗意的经验和依据思想最古老的传统,这样的道给予:存在。因此,我们必须思考地在那种'那给予的它'中追寻道作为给予者自身,但是绝不作为被给予者"(UZS,第 193 页)。在此,海德格尔的语言经验不仅揭示了:道属于"有",而不是"是",而且首先揭示了:"有"正好立于道之中,因为道作为给予者,而不是作为被给予者,给予了那所是的。作为给予者,道最终是在虚无意义上的存在,因为道给予存在,凭借于它自身反离而去。①

就"有"在此而言,它需要一解释。只要它,即道给予的话,那么,"它"作为那道尚未知晓的根据,便在道中完全消失,因为道就是"它",这个它就是那给予自身。于是,海德格尔的思索和形而上学关于语言的思想中间打开了一个微小的间隙,但是,前者在此告别了后者。

如果它,即道,有的话,那么,道自身在此便是关系。道之外,概无关系,此关系将道和万物联在一起。相反,道自身表现为关系,因为在道中有万物。但是,道不仅给予了万物,而且为所有的关系给予了其支点。

万物和道的关系,亦即以存在和道说的关系的形态,依据海德格尔具体化于逻各斯中。"这种关系如此震惊地侵袭了思想,以至于它通知于一唯一的语词中。它叫做:逻各斯。此语词在一词中同时说出了存在和道说的名字"(UZS,第 185 页)。对于海德格尔而言,聚集和它的聚集物同时统一于逻各斯中,因此,逻各斯称作"关系"。虽然存在和道说所为不同,但是它们却是同一的,凭借于它们构成了一关系。但是,此关系遮蔽自身,因为道说道说出虚无,而且因为存在虚无化。"道说和存在、道和万物相互从属,且以一遮蔽的不被

---

① 关于"有",德利达:《如何不言说:否定》,维也纳 1989 年版,第 130 页评论道:"'有时间','有存在',1962 年的《时间与存在》如此说道。这不相关于一优先权或者一逻辑设想的翻转,因此这也不相关于一论断,即馈赠先于存在。相反,它相关于,馈赠的思想敞开了一空间,在那里,存在和时间给予自身并给予自身去思想。"不是馈赠的思想,而是存在和时间敞开了一空间,那里此两者给予自身,如果它们可把握为林中空地的话。

注意的和不可想象的方式"（USZ,第237页）。这个意义上,此关系本身也不是存在者,而不如说是虚无。

只要道自身是与万物的关系的话,那么,无物存在,如果语词缺席。海德格尔看到语言的诗意的经验在格奥尔格那里表达为:"道缺乏之处,将无物存在"①。依据海德格尔,"存在"在此不是作为虚拟式,而是作为命令式来使用的。因此,此诗行不仅意味着:物可能不存在;物必须不存在,而且甚至首先意味着:物允许不存在,只要它,亦即道没有的话。"无物存在,当那里道,亦即名字没有的话。此道使万物首先获得了其存在"（UZS,第164页）。没有此道,万物将不可思议和不可言说,因为后者能够为前者命名。

虽然诗作和思想具有同一的语言经验,但是这种经验却是各自不同的。这在此对于思想而言是必须的:一"存在"给予自身,当那里道破碎了。与此相应,不再是道的"缺乏",而是"破碎"对于海德格尔是决定性的。"破碎在此意味着:发声的道回归于无声,即去那里,从那里它曾被给予:于宁静的排钟,它作为道说将世界的四元的地区推向其近处"（UZS,第216页）。存在正是自身生成于破碎的道中,此道处于从陈述到道说的途中。因此,道的破碎绝非无语,而是不道说之道说。此正是宁静的排钟,它本原地推动了万物,亦即这样,那已被言说的回归于尚未言说的,在此,它却作为已经劝说的向万物劝说,然后,万物才能作为万物存在。

但是,语言不仅是存在的根据,也同样是思想的根据。思想自身不是作为自在之物,而是作为存在的思想。但是,只有在语言的道中才有存在,于是,语言在此也是思想的根据。海德格尔强调道,人不是首先思考然后言说,也不是同时思考和言说,只要思想作为内在的语言和相反语言作为外在的思想来看待的话,而是语言言说,而人对应于它,亦即思考和言说。因此,语言作为存在给予思想去思考。但是,语言自身是不道说之道说,亦即无根据的根据,思想最终立于此。"思想的无根据是语言的本性。语言的本性是道说。道说是暗示的指引的到达的领域"（GA79,第175页）。这样,思想从语言处接收到了其元素,并能够成为思想。

如果语言是存在和思想的根据的话,那么,它也是它们关系的根据。在

---

① 格奥尔格:《新王国》,杜塞尔多夫—慕尼黑1964年版,第134页。

此,海德格尔也追忆起巴门尼德。巴门尼德说:存在和思想是同一的。什么是这句话中尚未言说的? 海德格尔说明道:"思想和存在走向同一去并源于同一来而同属一体"(ID,第14页)。同一性在此解释为同属一体:"如果我们依据习惯来思考同属一体的话,那么,此词的重音已表明,同属由一体亦即由它们的统一来规定"(ID,第16页)。但是,此句中尚未言说的却有另外一个重音。"不过,同属一体也可以思考为同属一体。这也就是说:一体在此将被同属所规定"(ID,第6页)。这里,存在和思想走向同一而同属一体并相互同属。但是,此同一是生成,亦即为语言所特有的。在语言中,存在和思想被统一了。在此,我们还必须追忆:"逻各斯本原性地不是作为思想一词,更不是作为存在一词。在古希腊的早期,逻各斯一词不如说是作为言谈,而它的动词形式是作为谈论"(GA79,第159页及下页)。言谈及其谈论一词是在语言规定性中的语言。事实上,语言比存在和思想更为本原,因为它是这两者关系的支柱。作为如此,它也是存在和思想的领域。"道说是那在使到达意义上的伸展。对此的提示只能使我们还遥远地预知对于作为道说的语言的本性。此领域是一地方性,在那里,思想和存在同属一体"(GA79,第168页)。这又意味着,存在和思想倾听语言,凭借于这两者让语言来规定。

因为语言在此作为不道说之道说并是存在和思想的根据,它也同样是人的本性的根据,因为人的本性被存在和思想所规定。只要人是要死者的话,那么,人的本性作为此在便是生和死之间的存在。但是,如果语言作为虚无虚无化的话,那么,将导致语言和死亡的关联吗?"死亡和语言的关系闪现出来,但是却尚未思考。不过它可以给我们一个暗示,并以此方式,即,语言的本性是如何与我们自身相关的并如此又如何与自身相关的。此相关是为了这种情况,即死亡与那和我们相关者同属一体"(UZS,第215页)。语言自身言说并持于自身,但是作为在那已被言说中的那尚未言说中的对我们已经劝说。以此方式,死亡居于自身,但是与我们相关。①

海德格尔在其思想中是如何刻画死亡的? 死亡首先是世界性的,它解释为此在的规定,这个此在作为"走向死亡的存在"生存于世界之中;死亡在第

---

①　对于存在和死亡,路德维希·维特根斯坦指出,人在此拥有一冲力去撞击语言的边界。对此可参照《路德维希·维特根斯坦和维也纳学派:谈话》,弗里德里希·外斯曼记录,法兰克福1967年版,数处。

二阶段中其次是历史性的,它在形而上学的历史中被经验为不仅是上帝之死,而且也是人之死,此人被标明为理性的动物;最后,死亡在此海德格尔的第三阶段是语言性的,在此,它在根本上是要死者的死亡。①

依据海德格尔,正如语言一样,死亡在此也是虚无,它在它那方面而言意味着存在的真理。② "死亡是存在自身之真理的最高群山,它在自身保藏了存在本性的遮蔽性并聚集了其本性的保藏"(GA79,第56页)。海德格尔是怎样得到这一估价的? 因为死亡在根本上是无可能性的可能性,并自身理解为无之无化。③ 在此意义上,死亡是最高的可能性,它聚集了存在的真理。作为聚集,死亡又是遮蔽和保藏,这被称为林中空地。正是在林中空地中,语言找到了其最本原性的地方性。于是,死亡和语言的关系将变得明晰。一方面,死亡不是把握为人的,而是为语言性的。只要死亡道说其不道说的话,那么,它将那已被言说的作为命运送给了要死者,他借此能够存留于世界中。另一方面,语言作为不道说敞开了死亡的神秘,如果它回归于宁静的地方的话。于是,语言和死亡的本原性的地方表明为同一:林中空地,亦即虚无。④

通过解释了语言作为存在、思想和要死者的根据,"本性的语言"中的本性已作为虚无显现出来。但是,究竟什么是"本性的语言"中的的语言呢? 作为宁静的排钟,语言在此是不道说之道说。然而"不道说之道说"中的道说又意味着什么呢?

虽然此道说有不同的名字,例如:呼唤、命名、叫做和暗示,但是,它们最后都相关于同一东西,即指示。道说叫做:"指、显现、让看和让听"(UZS,第252

---

① 关于死亡在海德格尔不同阶段的区分,可参照博德尔:《何种死亡的要死者?》,载《智慧,哲学著作》,第二卷,1988年版,第38—48页。

② 关于死亡和虚无的关系,可参照维纳·马克思:《要死者》,载《深思海德格尔》,第165页:"死亡在它和虚无和存在的关系中却是借助于'骨灰盒'这一形象来被规定的,于是,它依据海德格尔是借助于这种基本特征,即无蔽的基本特征,此无蔽'促成'了一切存在。"

③ 关于虚无和死亡的主题,可参照鲁道夫·柏林格:《虚无和死亡》,法兰克福1954年版,数处。

④ 维纳·马克思对此论断有不同观点。对此可参照维纳·马克思:《要死者》,载《深思海德格尔》,第175页:"如果最高的遮蔽聚集于死亡的话,那么,它与其他的遮蔽的样式相对是'最高的'。于是,道说也许也是遮蔽。此道说作为'宁静的排钟'的'游戏'是一源泉,无声的语词和发声的语言即源于此(《语言》,第30页;《语言的本性》,第208、214页及下页),它也被聚集于作为'聚集的保藏'的死亡的神秘之中。"

页）。那所显现的,那给予去看和去听的,用形而上学的概念来说就是存在者。但是,指示在此作为显现,作为让看和让听所意味的,不是存在者及其存在,而是作为虚无的存在。此指示因此是让,在此首先却是不让。

在此,指示区分于符号,虽然此两者处于一紧密的关联之中。"指示不基于某种符号,相反,所有的符号源于一指示。在指示的范围内和为了指示的目的,符号能够成为一符号"(USZ,第 254 页)。作为让显现,指示让尚未言说的成为已被言说的,并为那所是的设立了一个符号。于是,依据海德格尔,指示是符号的本原,而不是相反。

在形而上学的历史中,道说由指示的意义变成了设立符号的意义。指示和被指示的关系改变为在符号和被标号的之间通过约定所形成的关系。但是,在此变迁中显现了什么东西? 只要指示和被指示的关系是让存在的话,而且只要符号和被标号的的关系是吻合于存在者之间的关系的话,那么,这一变迁是存在到存在者的变迁。这正是其理由,为何指示遮蔽自身,而符号相反显现出来。"符号从指示者到标号者的变化基于真理本性的变迁"(UZS,第 245页)。这种变迁如此发生,即真理的本性不再解释为遮蔽的去蔽,而是解释为关于事情判断的正确性。但是,这种变迁却本原地立于语言之中,此语言从道说改变成陈述,因为道说和指示是同一的,而陈述却走向了符号。从指示到符号的变迁绝非人的错误,而是回溯于语言中的无之无化,它作为道说沉默于陈述之中。

为了将道说中的无之无化带向语言,符号必须回溯到指示的本性,此本性在根本上是让显现。"依据其本原的本性,指示正好不需要符号,这也就是说,指示不仅只是符号的运用,相反,指示作为让显现首先使符号的创立和使用成为可能"(GA79,第 171 页)。指示的本性因此是在让看和让听的意义上的让显现,与此相应,它也是"让标号",亦即这样,它指示了相应的图画和相应的文字。

只要语言言说的话,那么,它的言说是在指示意义上,而不是符号意义上的道说。凭借于道说作为指示是语言的本性,它规定了语言的结构。"道说源于曾经已被言说的和迄今尚未言说的道,此道贯穿了语言本性的图样。语言言说,凭借于它作为指示,伸延于在场的一切领域并由其中让在场者各显现和不显现"(UZS,第 255 页)。作为指示,道说同时是存在之让和存在之不让。

在此,语言作为"指示"怎样被刻画? 它正是林中空地,是地方的本原的地方性,其中,存在着自由的自由性。"它使在场者自由到其各自的在场,使离席者去掉自由到其各自的离席。道贯穿了和支配了林中空地的自由,此林中空地追寻所有的显现,遗弃一切不显现,每一在场和离席必须到林中空地自身显现进去和自身道说进去"(UZS,第257页)。指示在此最后只是由林中空地来理解。

为了把握林中空地在海德格尔的第三阶段所意味的,有必要在此再次追忆他对"无蔽"一词解释。此词在他的第一阶段表明为世界的敞开和发现,在他第二阶段的历史性的样式中是命运反离的地方。但是,海德格尔现在认为林中空地是这样一个地方,它属于宁静的排钟。于是,无蔽获得了其语言性的特征。

何处林中空地可被经验为一地方性? 它不是此地和彼地,而是地方性自身。但是,林中空地却是一尚未知晓熟悉者,因为它遮蔽于其无蔽中。"这一尚未知晓的熟悉者,亦即那在其激动不安中的道说的指示,对一切在场和离席来说,就是那早晨之早。伴随此早晨,白天和黑夜的可能的交替首先开始了:最早的且同时为最古的"(UZS,第258页)。如果为了保持海德格尔的这一图像的话,那么,这一早晨是西方的早晨,因此,早晨之早乃西方历史之早及其开端之早,此开端却敞开于语言之中。虽然林中空地在此语言性地形成了主题,但是,它却聚集了并统一了其世界性的、历史性的和语言性的维度。于是,它不是许多之中的一个地方性,而是地方的地方性。它是世界性的,因为它自身揭示为地方性的自由,此自由既非允许理解为光芒,亦非为黑暗,而是为地方,此地方作为一地盘,允许了光芒、黑暗和它们的游戏。它也同样是历史性的,因为它同时是最早的和最古的。作为如此,它派送自身,凭借于它自身反离而去。它最后是语言性的,亦即这样,它是宁静的地方。其心灵是宁静,并沉默于道说中。林中空地在世界性、历史性和语言性方面所敞开的,实际上只是无之无化。

如果林中空地在此是在语言性意义上的无之无化的话,那么,它如何表达了它与在场者和离席者的关系? "它有林中空地的自由,在场者能在此林中空地中存在,离席者能由此林中空地而离去并在其反离中保持其存在"(UZS,第258页)。林中空地在本性上是让和不让。于是,它让在场者到其在场中去,让离席者到其离席中去。但是,让和不让在本原上是道说的样式。以此方式,道说通知在场者到其在场去,离席者到其离席去。但是,如果在场和离席走向其各自的本己的话,那么,生成将生成自身,剥夺也将剥夺自身。生成和剥夺在此理解为道说及其不道说。

作为指示,道说却不来自"何处",也不走向"何处",相反,它立于林中空地的地方性之中。因为此林中空地在本性上是无之无化,所以,它也是无根据。"生成通过道说所表明的,绝非某原因的作用,亦非一根据的结果。那所带来的自身,亦即生成,比一切影响,制作和建立根据更是存在的"(UZS,第258页)。但是,那在林中空地中自身生成和剥夺的,不是存在者,而是在虚无意义上的存在,因此道说和生成的关系既不能与建立根据和被建立根据之间的关系,也不能与形而上学意义上的原因和结果的设想去比较。林中空地中的关系只是道说之让,它自身关联并给予了关系的支点。此道说道说,但是它不陈述如同存在者似的东西。在此意义上,道说也是林中空地之让。

道说首先已鉴于其语言性的规定性解释为宁静的排钟。现在,它鉴于其世界性的规定性思考为遥远的亲近。

为什么语言也理解为世界性的?"因为道从不设想某物,而是意指某物,亦即某物,它指示般地居于其可道说的广袤之中"(G,第44页)。语言的世界性的意义立于其指示。此指示指示了那作为宁静的地方性的林中空地,在那里可能"去瞥见,道作为语言的本性是且如何回跃到亲近的本性"(UZS,第214页)。宁静的地方性敞开了一地带,此地带不能由一地平线,而是由那广袤和光明的时间游戏空间来思考,在此,遥远和亲近同样本原性地存在着。指示保持遥远和走向亲近构成了世界的世界性。

地带和地平线在此区分如下。地平线从它所划定的视野出发向对象迎面走来,因此这相关于我们观看者,但地带化,即地带的本性,却居于自身,当它向我们迎面走来时。地平线是人的,因为它来源于那投射的人的投射。相反,地带作为世界是语言的本性,因为它自身敞开。尽管这样,地平线必须本原地从地带化来思考。"地平线不过是地带化朝向我们设想的一面。作为地平线,地带化环绕我们并向我们自身显现"(G,第48页)。

此地带不仅是广袤,而且也是逗留。"仿佛无物生成,地带将一切聚集于一切,且将所有相互聚集于在己安宁的逗留。地带是走向在逗留中继续安宁的聚集的归藏"（G，第 39 页及下页）。逗留的本性是聚集，于是逗留聚集于宁静的地方性，亦即林中空地。凭借于逗留回归于宁静，它也基于其自身。但是，生成所生成的，海德格尔称之为物。

但是，地带和物的关系在此既非因果关联，也非一超验的和地平线的关系，因此它也不能本体和本体论地来把握。此地带规定了万物。如此这般，万物在地带中不是特别地向人迎面而来，相反，它反离而去，也就是到那里去，即它所来的地方。于是，万物逗留于那作为广袤所理解的地带。万物"不仅不再与我们对立，而且根本不再立着"（G，第 40 页）。它之所以不再立着，是因为它不再是对象，相反，它处于此，凭借于它基于自身。"它安宁于回归于它自身所属的广袤的逗留"（G，第 41 页）。此安宁是所有运动的发源地和支配处。因为此地带是安宁，所以，它让万物在其广袤中逗留。

在广袤中同时存在着远和近。① 但是，它们都各自区分于后者，亦即那在形而上学的历史中被作为物体的距离所设想的，也就是那在空间和时间之中的。"对于计算的设想而言，时间和空间显现为近和远的测量的参数，此近和远是作为距离的状态"（UZS，第 209 页）。于是，距离定居于时间和空间之中，在此，这两个要素被理解为存在者，它或者是在三维度的意义上，它或者是在一维度的意义上。

但是，近和远本原地与时间和空间无关，因为此两者是世界的世界化的方式，并作为如此意味着邻居的邻居性。"此在邻居性中存在的近和远决不居于空间和时间，只要此两者显现为参数的话"（UZS，第 210 页）。为什么？ 一短的和长的距离对邻居性不是决定性的。相反，这决定于，邻居是否相互居住于近处。但是，那遥远的亲近是宁静的地方性的聚集，此地方性给予了时间游戏的空间并使邻居性成为可能。遥远中的亲近则被称作相互对立超出，并意味着相互生成。在此，"在万物中，其一为了其他敞开，并敞开于其自身遮蔽中。于是，其一朝其他伸延过去，其一将自身转让于其他，这样，一切存留于自身。其一转向其他它且作为在此之上守卫的和守护的，在此之上作为遮蔽的"（UZS，第 211 页）。邻居性的本性因此立于世界的世界化，此世界化作为

---

① 关于在海德格尔整个思想中的亲近的主题化，可参照艾米·可特林：《亲近—马丁·海德格尔的思想》，普弗林恩 1987 年版，数处。

生成自身生成,并作为剥夺自身剥夺,在此,邻居自身相互生成。

这里,亲近的意义不同于海德格尔思想的第一和第二阶段的有关解释。当亲近在第一阶段作为"在世存在"的"在"阐明之后,它在第二阶段则理解为历史性的居住。但是,亲近在此第三阶段则语言性地说明为世界的世界化。

亲近自身如何亲近?遥远自身如何遥远?此两者只是发生于道说之中。因为道说作为命名呼唤着,所以,那被呼唤的逗留于近和远。但是,呼唤同时是呼唤而来和呼唤而去。当那呼唤而来亲近于亲近时,那呼唤而去则去远了遥远。"那呼唤而来呼唤到一近处。但是,呼唤仍然并不从遥远处抢走被呼唤者,在此遥远处,被呼唤者通过呼唤而去且保持其中。呼唤呼唤于自身并因此始终是去和来。来:进入在场;去:进入离席"(UZS,第 21 页)。在此,在场和离席成为了亲近和遥远的样式,它最终不过是命名而已。

但是,命名呼唤而来和呼唤而去,凭借于它指示。在此,指示在本性上是让显现。"命名是道说,亦即指示。它敞开了:某物作为如是和如何在它的在场性可被经验和可被保持。命名敞开,去蔽。命名是那让经验的指示"(GA4,第 188 页)。作为让显现,指示同样本原地是去蔽和遮蔽。此遮蔽自身去蔽,因为它亲近;但它也自身遮蔽,因为它同时去远。但是,此指示自身去蔽,凭借于它自身遮蔽,所以,亲近同样是遥远。

亲近和遥远的关系在此聚集为遥远的亲近。"亲近是近的本性。亲近走近遥远亦即作为遥远。亲近保持了遥远。遥远存在着,且本性化使亲近于其亲近之中。以如此方式亲近着,亲近遮蔽自身并依据其方式保持为最亲近的"(VUA,第 170 页)。那遥远的亲近依此不是距离的消除,而是保持遥远和走向亲近,正如赫拉克利特所说的:"走向亲近"(《残篇》,第 122 页)。

在这种情况中,保持遥远和走向亲近是神秘至极的"间距"。只有凭借此间距,地带化才可能照明和遮蔽,走近和去远。作为如此,这种间距是运动。"亲近的本性化不是距离,而是世界四元的地带的相互对立超出的运动"(UZS,第 211 页)。这也是世界的赠与。道说"叫做指示:让显现,照亮和遮蔽的自由给予,即作为我们所说的世界的赠与。此照亮的和遮蔽的,遮住面纱的世界的赠与是道说中的本性化"(UZS,第 200 页)。因为世界自身是一王国,所以,它能够将自身赠与人。

在其语言性的和世界性的规定性之后,道说最后历史性地是反离的派送。

"历史性基于地带化和基于这种,即那作为地带化自身所生成的,此地带化将自身派送给人,并使他在其本性中地带化"(G,第57页)。语言作为世界的生成同样是历史的命运。"每一本己的语言因此是命运的,因为它通过道说的运动分配和派送给人"(UZS,第264页)。历史作为反离的命运在此明显地区分于此在的历史,这在本性上是时间性的,同时也区分于存在历史的,只要这是形而上学的。

因为语言自身是历史性的,所以,没有历史的语言是绝不可能的。"没有这种形态的自然性语言,即,它是一无命运的、自在的已有的人的自然的语言。每种语言都是历史性的,甚至那里,即人们不知道在近代欧洲意义上的历史的地方"(UZS,第264页)。所谓的自然性语言之所以是历史性语言的一种形态,是因为那赤裸裸的"人的自然"要历史性去思考。人"从自然而来"是拥有语言能力的,在此意味着,语言作为命运已派送给人。

与此相应,历史的历史性立于命运之中。这意味着什么?"带向一条道路,这在我们的语言叫做:派送。派送首先将人带向一条去蔽的道路上。我们称每种聚集的派送为命运"(VUA,第28页)。语言首先将人带向一条道路,而此道路正是语言自身。这乃其原因,为何充满神秘的老子之"道"同样本原地意味着"语词"和"道路"。对此,海德格尔特别注意到了:"一切皆路"(UZS,第198页)。

但是,如果与海德格尔一起思考的话,那么,命运敞开于天地神人的"声音"之中。"苍天鸣响。它是命运的一种声音。另外的一种声音是大地。它也鸣响"(GA4,第166页)。大地如何相关于苍天?"大地的鸣响只是苍天的回声。在回响之中,大地以其自身的回合回应苍天"(GA4,第166页)。上帝言说并存在于其已经言说的道中。它"是命运的一种声音"(GA4,第169页)。但是,要死者的声音也属于命运,他倾听并回应上帝的声音。"那向不死者仰望的呼唤是已被召唤的呼唤。它在'诗人使命'中接受歌声的规定"(GA4,第169页)。天地人神的声音一起构成了命运的派送。那么,这四种声音如何相互关联?"在此四种声音中,命运聚集了整个非有限的关系"(GA4,第170页)。此非有限不是无穷无尽,而是扬弃了其有限的存在。于是,此四种声音作为人的规定才能同属一体。

然而,命运派送,凭借于其自身反离而去。以此方式,它是一宁静的样式。

"非有限关系作为一统一的整体的显现拒绝自身。因此我们几乎不可能从其整体倾听'命运的声音'"(GA4,第178页)。不是人无能倾听并听从命运的声音,而是此声音就它那方面而言自身沉默。由此原因,此声音将可能被一无命运的陈述所遮蔽,于是那非同寻常者出现于命运之中。"此非同寻常者环绕地球。现在,命运直接触及到此世界中的人们,不是首先通过其声音的鸣响。命运无声地相关于人,此乃宁静的谜一般的形态"(GA4,第178页)。但是,正是在其反离中,命运将自身派送给人。

道说中的无之无化首先表明为语言性的:它言说,凭借于它自身沉默;然后为世界性的,那里,它自身亲近,凭借于它自身去远;最后是历史性的:在此它派送自身,凭借于它反离而去。它在此每次所道说的,正是不道说。于是,道说中的无之无化使自身完整了。

3. 1. 3. 语言和四元

这已经明晰可见:语言言说,凭借于它道说。在此却必须形成主题:它言说了什么?事先用海德格尔的话来说,语言说出了"四元"。但是,这却并非只是语言性的,而是世界性和历史性所规定的语言,或者是语言性的和历史性的世界。

四元告别了形而上学历史所理解的世界概念。"它所称谓的既非世俗化所设想的自然和历史的宇宙,亦非神学所设想的创造物,亦非只是在场者的整体"(UZS,第23页及下页)。在场者的整体、创造物和自然与历史的宇宙是在各自不同的时代的不同的世界,并自身表达为存在的历史。但是,世界在此只是被设想为存在者整体。然而,海德格尔思想中作为四元的世界却不再意味着存在者,也不意味着存在者的存在,而是存在自身,因此是处于虚无化中的虚无。

在此所谓的四元又区分于"在世存在"中的世界和在"大地和世界"意义上的世界。"在世存在"的世界在它那方面而言是世界性的,只要它是此在的世界的话。"大地和世界"的世界是历史性的,因为它与大地的争端在本性上是存在历史的真理的本原。但是,四元却是一语言的世界,如果它是被语言所指示的话。

在此四元生成自身,凭借于语言呼唤万物和它的世界。"那已被命名的万物,因此也是已被呼唤的,聚集于自身亦即于天地神人。此四者是一本原的统一的相互。万物让四者的四元逗留于自身。此聚集让逗留是物的物化。我们称在物之物化中的天地人神的逗留的统一的四元为世界"(UZS,第 22 页)。在四元中,世界世界化,物物化。以此方式,四元是天地人神的统一。

在此,什么叫做"大地"? "大地是那建筑的承担、亲近的成果、保护的水域和岩石、植物和动物"(VUA,第 170 页)。什么意味着苍天? "苍天是太阳的道路和月亮的运转,星辰的光辉,年度的季节,白昼的光影和黑夜的明暗,天气的晴雨,天空的流云和湛蓝的幽深"(VUA,第 171 页)。这里的大地和苍天既非在对象意义上的自然界,亦非在自身去蔽和遮蔽意义上的自然,相反。它们作为语言的存在属于四元。

那么,海德格尔是怎样理解"诸神"的? "诸神是神性的暗示的信使。由神性遮蔽的存在而来,神显现于它的本性之中。此本性在每一与在场者比较时反离了此神"(VUA,第 171 页)。诸神在此不再是最高的存在者,同样它也不是最后的上帝,此上帝"与已有的,特别是基督教的上帝是完全不同的"(GA65,第 403 页),因为它作为生成生成于历史之中。诸神在此是语言的存在。① 于是,海德格尔关于神的言谈既非古希腊的诸神,亦非基督教的上帝,而是这样一种诸神,它们显现于语言之中。②

"要死者"在此是海德格尔对于人的规定。"他们称为要死者,因为它们能够死亡。要死意味着:能够以死为死。只有人要死。动物只是完结。它们不能拥有死亡,不管此死亡是在前还是在后"(VUA,第 171 页)。作为要死者,人自身告别了理性的动物,这一理性的动物在形而上学的历史中承担了人的规定。以其理性,人和神区分于动物和植物,后两者是没有理性的。人又在何处区分于神? 这只是在于其要死性。人首先看起来是一要死者。但是"理性的动物必须首先成为要死者"(VUA,第 171 页)。人必须开端性地接受另

---

① 与此不同,德利达的上帝是不可规定的。对此可参照德利达:《如何不言说:否定》,第 14 页:"每当我说:X 不是此,亦非比,亦非此和彼的对立面,X 与它们毫无共同之处,和它们相反,它是绝对异质的和不可通约的,我都最终想开始谈论上帝,以此名字或者以另外的名字。"

② 在此关联中,海德格尔强调道:"唯有一神能拯救我们"。对此可参照 1966 年 9 月 23 日明镜周刊与海德格尔的谈话,载《明镜》1976 年 5 月 31 日,第 193—219 页。

外一规定。①

作为要死者,人不是从那不死性,而是从那死亡而来被规定了。"此要死者能够使要死成为走向死亡的漫游。于死亡中,聚集了存在最高的遮蔽性。死亡已逾越了所有的要死"(UZS,第 23 页)。"存在的遮蔽性"是此处的话题,只要当死亡理解为虚无的话。死亡的神秘在此最终是语言性的,因为它本原性地保藏于语言之中。那走向死亡的存在却是要死。不过,这种死亡对于人而言不是必然的,也不是现实的,而始终只是可能的。要死者使死亡成为死亡,只要他经验到无可能性的可能性,亦即无之无化的话。

天地人神聚集于四元之中,凭借于各自游戏于镜子的游戏之中。但是,此镜子之游戏区分于"在世存在"的整体,也区分于"大地和世界"的争端。尽管这样,在存在历史的经验之中,镜子之游戏已被先行标明,当海德格尔给存在一词打叉时,借此,他完全消灭掉了主体客体关系的设想。打叉的符号"当然不可能只是擦掉的否定的符号。相反,它表明了四元的四个地带和它们于打叉之地的聚集"(GA9,第 411 页)。打叉的地方性同样也是林中空地的地方性,那里,镜子之游戏在游戏着。凭借于林中空地在其自由中给予了光明和黑暗,镜子之游戏首先才可能。

但是,镜子之游戏是这样游戏,正如镜子反照一般。"四者的每一个以它自身的方式反照其他的本性。在此,每一个依据其方式回照到其在四者的纯真中的自身"(VUA,第 172 页)。在镜子之游戏中,四元的四者同时游戏且相互传递游戏。只是因为同戏和传戏的特性,游戏自身不是为了各自自身,也不只是为了它者,而是为了相互的交互生成。同样如此,镜子之游戏不再表明为不同对象的关系,而是为统一,在那里生成自身生成。

正如镜子之游戏是生成一样,它也同样是剥夺。"四者的每一个在其生成中不如说是为了其自身剥夺了。这一生成的剥夺是四元的镜子之游戏"(VUA,第 172 页)。镜子之游戏始终是同戏和传戏,与此相应,四者中没有如何一个能够固定于自身。在生成中,四者的每一个正好剥夺自身,凭借于它们自身使之生成和相互生成。

以此方式,镜子的游戏在本性上是世界的世界化,亦即海德格尔现在所理

---

① 对此可参照维纳·马克思:《要死者》,载《深思海德格尔》,第160—175 页。

解的"世界之游戏"。"我们称天地人神的纯真的生成的镜子之游戏为世界"（VUA,第172页）。作为镜子之游戏的世界区分于绝对自我的设立,也区分于原因和结果的关系。作为镜子之游戏,世界没有任何原因和第一根据,因为游戏自身即自身建立根据的根据和无根据。因此,世界的不可解释性不可归结于人的理性的限制,而是归结于思想的事情的规定的不可规定性,此规定作为虚无虚无化。

只要世界作为镜子之游戏游戏的话,那么,如海德格尔所说的,它是环斗和微环,且作为圆环自身聚集。"世界的环斗的镜子之游戏的聚集的本性是微环。在反射的游戏的圆环的微环中,四者偎依于它们的统一中但又于各自的本性中。因此,它们温柔地、顺从地、世界化地配合世界"（VUA,第173页）。世界之所以同时是圆环和它的微环,是因为它自身聚集并显现为此聚集。此圆环绝非是一封闭的圆圈,而是自身生成和剥夺的存在,对它而言,开端也是终结。与此相应,微环不意味着否定意义上的微小,而首先是聚集的聚集物。于是,世界作为圆环和微环最终基于林中空地。只是在此地方性中,四者才可能温柔和顺从。

但是,圆环的微环的环斗同样本原地是脱环,因为四元不仅建立联系,而且也去掉联系。"世界化的世界的镜子之游戏作为圆环的微环将统一的四者脱环到其自身的温柔和其本性的微环中去"（VUA,第173页）。此脱环在根本上是使宁静,它让四者的每一位处于其安宁之中。

如上所述,四元是镜子之游戏,它作为物物化,作为世界世界化。但是,这两者在此处于什么样的关系? 这里,语言也同样表现为所有关系的关系,凭借于它呼唤物和世界。"正如那命名万物的呼唤呼唤而来和呼唤而去一样,那命名世界的道说也在自身呼唤而来和呼唤而去。此道说相信万物拥有世界并同时将万物守藏于世界的光芒之中。世界给予万物其本性。万物显现了世界,世界给予了万物"（UZS,第24页）。于是,语言不仅呼唤万物,而且也呼唤世界,只要万物和世界最后相互同属的话,因为万物和世界不是并列相排。"它们相互贯穿。在此,这两者横渡了一中间。在此中间里,它们是统一的。作为如此统一的,它们是内在的。此两者的中间是内在性"（UZS,第24页）。这在于,四元作为镜子的游戏游戏着。在此范围内,万物和世界同时游戏和相互传递游戏。于是,万物和世界相互统一。正是在此统一性中生成了内在性。

"此内在性不意味着区分的融合和消解。内在性意指那陌生者的同属一体，异己的存在和羞怯的要求"（GA4，第 196 页）。虽然万物和世界在内在性中自身剥夺，但是，它们同样本原地生成自身。与此相应，万物和世界存留于其自身，在此自身中，它们同属一体。

同样凭借于它在同属一体中存于自身，此内在性本性化为区分。"此区分是此维度，在此范围内，它将世界和万物推度到其本性中去。此推度首先敞开了世界和万物的相互分离和相互走向"（UZS，第 25 页）。与本体论的差异，亦即存在自身区分于存在者完全不同，此处的区分是世界和万物的区分。此外，此区分不相关于不同的存在者之间的关系，而是相关于一切关系的关系，此关系不是作为地平线，而是作为维度为了万物和世界而敞开。海德格尔又将此维度理解成作为宁静的地方性的林中空地，在此，镜子之游戏游戏着。

因为在此宁静的地方性是不道说之道说，所以，语言让内在性和区分到来。"本原性的呼唤召唤世界和万物的内在性到来，此呼唤是真正的召唤"（UZS，第 28 页）。万物和世界的区分是语言的区分自身，在此，存在和虚无、让和不让、生成和剥夺自身区分。作为区分，语言的本性却在此，即它使世界和万物宁静。

如果区分把握为语言的区分的话，那么，它如何相关于历史的本体论的差异？海德格尔给予了一提示："从此区分回到本体论的差异。由此又回到存在的遗忘"（GA79，第 22 页）。本体论的差异显现为历史的无之无化，它作为本原性的真理自身去蔽，凭借于它自身遮蔽。于是，本体论的差异的遗忘是形而上学思想的本性，它不仅遗忘了和掩盖了遮蔽之发生，而且自身即表明为此遮蔽的发生。如果区分回到本体论的差异的话，那么，这不意味着，区分的历史性的经验比区分的语言性的经验更为本原性，而是意味着，万物和世界的区分或者语言自身的区分在事实上是道说中的无之无化。

3.2. 技术构架中的信息语言

海德格尔的语言经验只纯粹涉及道说中的无之无化。但是，陈述却每每陈述了某物关于某物，它不知道道说中的无之无化，而是遮盖了它和伪装了它。作为道说的遮盖和伪装，陈述并不是不与无之无化毫不相关。它也属于无之无化,凭借于它源于道说中的无之无化。

那在陈述意义上的言说,在形而上学的历史中形成了主题,亦即鉴于陈述的真理。但是根据海德格尔,陈述的最后形态不是理解为形而上学的历史的判断,而是理解为技术当代的信息,此信息已不再可能道说那不道说。

信息语言敞开于"构架"或者是于技术之本性。由此必须追问:

首先,什么是技术?

其次,什么是构架?

最后,什么是信息?

3.2.1. 技术

为了理解技术,人们必须阐明技术和技术之本性的区别。此两者并非是一样的。在技术之本性中,它最终相关于存在自身。相反,众所周知的技术只是设备的多样性,由此属于存在者的领域。技术之本性和技术之间的关系可借助于本体论的差异来解释。于是,技术之本性根本不是技术的。①

但是,这种区分在形而上学的思想中并没有显现出来。在此,技术之本性借助于一般的设想看起来已被人熟知:"其一是说:技术是目的之工具。其二是说:技术是人的行为"(VUA,第10页)。此两个规定同属一体,只要当技术设立目的并设立工具为其实现。在此,技术之本性不是鉴于存在,而是鉴于存在者来设想的,此存在者又将区分为根据和那被建立根据的。②

然而,什么东西遮蔽于技术之本性的标明之中? 依据海德格尔,它可以"称为技术的工具性的和人类学的规定"(VUA,第10页)。在此意义上,它们建基于形而上学特别是其最后时代的思想方式,它将人估价为主体并将存在者估价为客体。这里已被设定了:人将技术作为服务于他的东西来控制。"技术的统治越是向人威胁去滑脱的话,控制的意志将越是紧迫"(VUA,第11页)。这是技术的悖论之当前。

在此姑且不计,技术是一种什么样的工具,已出现了一个问题:它在根本

---

① 对此可参照哈罗德·阿德曼:《海德格尔对于科学技术的批判》,载《海德格尔和现代哲学》,第35—50页。

② 关于技术和形而上学的关系可参照比梅尔:《海德格尔处的形而上学和技术》,载《海德格尔关于哲学终结的论题》,第75—88页。

上可把握为一工具吗? 此外:什么是工具自身? 工具始终理解为目的的中介。"哪里目的被追求,中介被使用和工具存在着的话,哪里就有原因性和因果性"(VUA,第11页)。在其工具性中,技术被那导致原因所规定。凭借于原因成为主题,思想到达了存在问题的领域,因为形而上学从事于第一根据和原因。依据海德格尔,原因在此作为存在者的存在,而结果理解为存在者。由此,原因与中介和结果的关系同样理解为存在与存在者的关系。

但是,说明原因却是思想的任务,因为它说明根据并追寻根据。自亚里士多德以来,形而上学已知晓原因的四种样式:1. 质料;2. 形式;3. 目的;4. 效果。"作为工具所设想的技术将显现出来,如果我们将此工具性回溯到四个方面的因果性上去的话"(VUA,第12页)。当原因显明的话,那么,中介和作用也将清楚。因此,海德格尔的思索在此从工具性推移到原因上去。

因果性看起来是某种自明的东西。但是,它在事实上包括了一黑暗性。于是,人们必须追问:"为什么只有四个原因? 在这所谓的四个的关联的当中,'原因'到底叫做什么? 四个原因的原因特性由何自身规定得如此统一,以至于它们同属一体?"(VUA,第12页)。在此,海德格尔同时追问原因的原因性。形而上学从来没有提出这种问题,因为此问题属于思想根据的无根据。但是,思想却必须进入此无根据中,并且显明,技术的规定作为目的的工具是否是没有道理的。

在形而上学的历史中,原因可被把握成产生者。"导致效果在此意味着:达到结果和成果"(VUA,第12页)。因此,原因在根本上是由成果的视野所规定的。原因在此是这样一种存在者,它产生了另外的存在者。但是,那原因在本原性地所意味的,不能从作用和产生而来明晰化。相反,它是这种,"那导致另外的。这四种原因是导致的在于自身的同属一体的方式"(VUA,第12页)。依据海德格尔,原因因此要回溯到"导致"上去。

此导致不能道德地理解为错误,也不能理解为作用的一种样式。它在此最终只是让显现。"导致的四种方式将某物带向显现,让某物出现到在场。这种方式让某物到那里去并让它这样开始,即到它完满的面临。导致拥有这种让开始到来临中的特征。在这种让开始的意义上,导致是让使之开始"(VUA,第14页)。在此范围内,原因的本原的意义正是让使之开始,它区分于使转动。这种让转动只是意味着在因果性整体中的次要原因的一种样式。

作为如此,让使之开始同样也是让在场。正是在此,原因的四种方式的集体游戏在游戏着。"它们让那尚未在场者到达到在场中去,然后。它们被一带来所彻底支配。此带来将在场者带到一显明中去"(VUA,第14页及下页)。在此,这种带来同样意味着带出来。此带出来"并非只是手工的制造,也非只是艺术的诗作的去显现和带向画面。作为从自身而来而上升的自然也是一种带出来,也是一种诗作。自然甚至是在最高意义上的诗作"(VUA,第15页)。如此理解的带出来最终显现为让存在。虽然让使之开始的四种方式是不同的,但是,带出来却将它们统一起来了。它们"于是游戏于带出来之中。通过带出来,自然的生物、手工的和艺术的制作显现出来"(VUA,第15页)。因此,艺术和自然在带出来中同属一体,凭借于这两者被让进入存在。

因为带出来让在场者使之开始,它自身看起来是存在者或者是存在者的存在。但是依据海德格尔,它既非此,亦非彼,而是存在自身,亦即,存在于其真理之中。"带出来出自遮蔽来到无蔽。只有当遮蔽来到无蔽时,带出来才能自身生成。此来到基于和跃动于我们所说的去蔽之中"(VUA,第15页)。此带出来于是本原地是去蔽,它不是意味着正确性,而是意味着无蔽性。凭借于它将在场者带向其在场,它唯一地显现为让。此让却是无之无化,因为它不是存在者的存在,而是存在之让且同时是存在之不让。

于是,海德格尔关于技术本性的思想回溯到去蔽。"因为那种带出来基于去蔽。但是,它自身聚集于让使之开始(因果性)的四种方式且彻底支配了它。目的和中介亦即工具属于这一领域"(VUA,第16页)。这不仅意味着,技术作为中介服务于那作为目的的去蔽,而且意味着,技术的本性自身是那去蔽的决定性的方式。"它是去蔽亦即真理的领域"(VUA,第16页)。与此相应,技术的本性逗留于本原的地方性,在此,遮蔽走向无蔽。

为了经验此地方性,海德格尔让思考古希腊语的技艺,它给予了现代意义上的技术其名字。众所周知,技艺既是手工活动和能力,也是美的艺术的名字。"技艺从属那带出来,从属诗作。它是某种诗意的"(VUA,第16页)。此外,海德格尔海强调,技艺一词也是广义上的认识的名字,此认识作为显现在本性上是去蔽。技艺"敞开了这样的东西,即那自身尚未带出来的和没有摆出来的,那因此能够一会儿这样,一会儿那样外显或者消失"(VUA,第17页)。技艺在此不是意味着制作,而是在去蔽意义上的知道。据此,技术的本性不再属于人,而是属于本原的真理。于是,它必须从人类学的和工具性的解释中摆脱出来。

只要技术的本性在此理解为去蔽的话,那么,它不仅相关于以前的手工的技术,而且也相关于现代的技术。区别于手工的技术,现代的技术却消灭了带出来,并取而代之显现为挑战且同时显现为采掘。"在现代技术中存在的去蔽是一采掘,它提出无理要求,要自然输出能源。此能源自身能够被采掘并被储存"(VUA,第18页)。以此方式,现代的技术不再是让存在,而是对存在的挑战和采掘。去蔽在此向存在挑战,凭借于它采掘。"它采掘,凭借于它开启并摆出来"(VUA,第19页)。但是,去蔽并不流失于不确定之中,相反,它成为了控制和保障。"对它自身而言,去蔽敞开了自身本己的多面衔接的通道,凭借于它对其控制。控制自身在它那方面而言到处被保障了"(VUA,第20页)。控制和保障却是设定的方式。正是在此,去蔽作为现代技术的本性显现为设定和"构架"。

3.2.2. 构架

如果设定在此是现代技术的本性甚至最终是存在的话,那么,它将如何区分于形而上学历史中的存在? 存在在第一时代显现为在场,第二时代为给予,第三时代为设立,在此,这种历史性的规定以其方式每每显示了那所是的。[①] 但是,设定却发生于现代。"设定在此是说:挑战,要求,逼向自身设定。此设定发生为服役之中。在服役的命令之中,此服役是针对人的"(GA79,第27页)。亦即针对作为被设定的和自身被挑战的人。

以此方式,构成者被设定所设定了。"它到处被定做了去站立于一位置,亦即去站立,以期自身对于另外的定做是可定做的。如此被定做的拥有它自身的定位,我们称它为构成者"(VUA,第20页)。这不同于库存之物,此库存正是意味着存在者。据此,它也不是一物、一对象,或者在存在中的存在者。"构架的普遍的定做让一切在场者只是作为构成者的构成块来在场"(GA79,第46页)。构成者是这样一种方式,在此遇到了技术世界。

因为人设定了构成者,所以,产生了一问题:这对人是如何可能的? 其答

---

① 对此可参照博德尔:《现代的理性结构》,"结语"。

案如下:只有当人进入此构成者时,他才能完成设定。因此,人比其他存在者更本原地属于定做的构成者。此外,人甚至比其他存在者更本原地属于真理开端的领域。"凭借于人从属于技术,他参加了作为去蔽的一种方式的定做"(VUA,第22页)。同样在此,无蔽要求人。"如果人以其方式在无蔽之中敞开在场者的话,那么,他只是对应于无蔽的劝说,即使在他违反这种劝说的地方"(VUA,第22页)。这种要求展开为两面:一方面,人作为定做的构成者被挑战了;另一方面,他自身被督促去设定。如果对应于无蔽的劝说的话,那么,设定在此不只是要鉴于人,而且也要鉴于无蔽来思考。"每种挑战将人聚集于定做之中。此聚集者将人集中于此,去定做那作为构成者的现实"(VUA,第23页)。以此方式,技术规定了人的本性,因为它是现代形态的存在。

但是,那在本性上设定构成者的,不是人,而是定做。"构成者借助于一自身的设定而存在。我们称这种设定为定做"(GA79,第26页)。这却是采掘。海德格尔又将此发展为"挑战"。在此,定做本原地不意味人的阴谋,而是去蔽。依此,定做不能回瞥于人,而是要回瞥于那可定做的。"定做之所以从可定做的拉到下列的,是因为定做事先将一切在场者已吸引到全面的可定做性中并将它们设定到那里去,于是,在场者在个别情况中可能已经或者没有特别地被设定了"(GA79,第30页)。那可定做的在此是在场者,因为此在场者在技术的时代里具有其意义,只有当它是可被定做的。它"作为如此被设定到可定做性中去,并且事先被设想为固定的,它的定位源于定做而本性化。那以如此方式固定的和那固定的在场者是构成者"(GA79,第31页)。不仅自然,而且人也属于这种可定做性。

但是,定做在此不是将此或彼的存在者,而是将在场者整体作为构成者试图去设定。"定做在自身是普遍的。它将设定的一切可能的方式和它们的连接的一切样式聚集于自身。此定做已于自身将自身聚集于作为构成者的一切在场者的可定做性的普遍的构成者的保障之中"(GA79,第32页)。海德格尔给定做的设定的聚集命名为"构架",在此,它不是器具或骨架。这种聚集自身是世界整体的特征,因此,构架是技术形态的世界。

在此,世界如何相关于构架?"世界和构架是同一的。但是又:同一绝非同样"(GA79,第52页)。此两者不如说是相互对立。"但是,世界和构架的对立不是手前之物的对立并因此不是手前的对象之间的可设想的对立面。对立自身生成。它生成于自身并作为存在自身的本性化"(GA79,第52页)。
于是,世界和构架之间的关系又可鉴于存在来解释。"世界是存在的本性的
真髓。构架是存在的真理的完成了的遗忘。同一,亦即那存在于自身区分的
本性,从自身出发便是于对立之中,也就是以这种方式,即,世界以遮蔽的方式
将自身撤离到构架中去"(GA79,第53页)。虽然世界和构架都是存在的样
式,但是,前者在后者中被遗忘,而后者遮盖了前者。

在世界的形态中,构架自身就是存在的真理,只要它聚集了构成者的话。
"构架叫做那种设定的聚集,从设定将人设定,亦即向人挑战,去敞开作为构
成者的并以定做方式的现实。构架叫做去蔽的方式,此方式存在于现代技术
的本性之中且自身不是技术的"(VUA,第24页)。区分于那作为无蔽的存在
的历史的真理,技术世界的真理在此表明为在挑战意义上的去蔽。但是,这种
去蔽又是一种遮蔽,此遮蔽可理解为聚集。"于是,挑战的构架不仅包含了那
去蔽的即那带出来的以前的方式,而且包含了遮蔽自身和与此相关的那种东
西,在此,无蔽亦即真理自身生成"(VUA,第31页)。如此这般,构架将那历
史性意义上的真理和世界性意义上的真理聚集于自身。但是,凭借于它定做
在场,构架也将存在的真理设定出来并因此对它跟踪设定。"此跟踪设定是
本己的设定,它自身生成于构架的本性中"(GA79,第53页)。

但是,作为设定的聚集,构架如同一循环在进行。"构架将那可定做的始
终拉入定做的循环之中,并将它在其中设定牢固,且将它作为如此构成的在构
成者中设定下来。这种设定下来将那构成的不是从设定的循环中设定出去。
它只是设定下来,亦即离开并到下接的可定做性中去,这就是说,进入并回到
定做里"(GA79,第32页)。因为这种循环不认识世界的本性,所以,它看起
来没有开端,没有终结,而只有无穷无尽的继续。这种世界在事实上不再是整
体,而只是混沌:作为构成者,世界的整体分裂成碎片。但是,碎片完全不同于
部分,因为部分参与了整体且属于整体,而碎片相反将构成者粉碎为可定做
的。"分成碎片并没有打碎一切,相反它正好制造了构成碎片的构成者"
(GA79,第36页)那贯穿于定做的循环的,是构成者的碎片,在此,任何一个碎
片都与其他的碎片相似。"那碎片的形态同样性允许了,一碎片能够轻而易
举地将另外的碎片从其位置上置换下来并成为一位置。一构成者的碎片可以
被其他的碎片而取代"(GA79,第36页及下页)。在可置换性中,每一个体失

去了它的本性,不管是物,还是人。

3.2.3. 信息

作为技术本性,构架具有自身的语言性,因为它作为信息语言在技术的世界里通报自身。① 但是,这意味着,语言在技术的世界里最后成为了信息。为何出现了这种变化? 或者如海德格尔所追问的:"在何种范围内,现代技术的本身正好产生于语言变化成纯粹的信息中? 它向人挑战亦即将人设定,要人准备和保障设定自然的能源。在何种范围内,在语言的本性自身内同时立有一攻击点和变化成技术语言亦即信息的可能性?"(US,第22页)。此问题在此是根本性的,因为它追问:技术究竟与语言有什么相关? 为什么语言的本性也能被技术化?

海德格尔认为,现代技术的本性敞开为语言的样式中,因为最新的技术革命是被信息学所完成的、在近代的工业时代中,人们知道第一次和第二次技术革命。第一次技术革命在于手工技术和机器技术的过渡。第二次技术革命却由此导向自动化,"其基本特征为调节和控制技术,控制论所规定"(US,第10页)。在第一次革命中,它主要相关于对象的技术化,而在第二次中除此之外则相关于人自身的技术化,因为他在理性的动物之后是唯一的语言的存在。于是,控制论成为了基础科学。"这一科学吻合于人的规定作为行动的和社会的存在,因为它是人的工作的可能计划的和设置的控制的理论"(ZSD,第64页)。作为技术本性的彻底化,信息论在语言中到达了技术的最后可能性,只要在场者的整体通过信息论所控制的话。

凭借于技术展开了其语言的本性,语言在它那方面也表明为在工具意义上的信息。此意义看起来是自明的,只要技术将自身理解为工具和将一切从这方面来设想的话。但是,语言的技术化并不只是产生于技术的发展,而是产生于语言本性之中。因为语言自身沉默,所以,它在现代的世界中萎缩为信息。信息语言"通报自身,以期通过信息论保障设定其自身的过程"(UZS,第263页)。于是,语言的本性被消灭了,此本性是尚未形式化的并由此是自然

---

① 对此可参照阿尔伯特·伯格曼:《海德格尔和符号逻辑》,载《海德格尔和现代哲学》,第3—22页。

的语言。这样,语言的技术化是自然语言转向信息语言。

这里已清楚,形式化的语言将自然的语言设定为前提:"始终存有还是'自然的',这就是说,那并非首先技术地发明的和定做的语言仿佛保持于语言本性的所有技术变形的背后"(US,第 27 页)。准确地说,自然的语言是语言的自然,它道说为宁静的排钟。自然语言的形式化的发生却不是外在性的,而是内在性的,只要语言自身沉默的话,和只要语言的本性被此沉默所遮盖和伪装的话。虽然信息语言将自然语言设定为前提,但是,后者只有暂时的意义,因为它只是尚未形式化。然而,形式化是此发展的目的。

信息论将自然语言形式化,亦即这样,它将自然语言定做为构成者。"言说遭到了挑战,它要依照各种方向去对应存在者的可定做性"(UZS,第 263 页)。语言丧失了其自然,凭借于不道说的神秘的力量消失掉了。它从现在起只是构架的一纯粹的可定做的构成者。在构架中,那可感觉到的语言既非缪斯的歌声,亦非神人的消息,亦非人之人性的诗篇。①

通过其技术化为信息,于是语言成为了无边的工具。但是,语言的工具如何区分于其他的工具? 它是作为符号使用的工具。"如果语言只是设想为纯粹的给予符号的话,那么,它只是为语言的信息论的技术化提供了开端"(D,第 151 页)。于是,语言不再是指示。"但是现在道说作为指示可如此被设想和被完成,亦即,指示只是叫做:给予符号。然后,符号成为了某物的报道和消息,这个物自身却是不显现的"(US,第 23 页)。不再是指示和被指示的关系,而是符号和被标号的关系在信息中起着决定性的作用。在此,符号相关于那被标号的不再通过让显现,而是如果约定。

因为技术世界的特征是去远和无距离性,所以,它也明确地要求加快不同贯穿者之间的联系。符号越是有包容量的话,那么,消息的传达越是快速。"在信息中尚存的语言的唯一特性是文字的抽象形式,此形式被改写为一逻辑运算的公式"(US,第 24 页)。

作为设定符号和符号的抽象化,语言为机器的可使用性而程序化。此程序化又是属于定做的,此定做在构架中定做了构成者。由此,不是语言由机器,而是机器首先由语言所定做。这必须如此理解,语言自身作为机器定做自

---

① 　对此可参照博德尔:《现代的理性结构》,"结语"。

身,凭借于它作为信息被形式化了。

在程序化中已存在着语言的控制,于是,语言自身控制自身。借此,语言也控制世界,亦即这样,世界展开于信息的传达和反馈。以此方式,信息自身形成为定做的循环,此正是构架。

凭借于信息将语言形式化,它不再知道语言的"自然"。"此自然是古希腊意义上的自然,从它那方面而言,它基于生成并由此到其激动中去。信息论认为自然性是形式化的缺乏"(VZS,第264页)。于是,海德格尔认为,只有自然的语言在其传统中才保存了语言的开端。那在自然语言中所长存的,是不道说的道说,它作为尚未言说的已经向人劝说了。只有语言的自然是语言的本性的化,那么,形式化将是对于语言本性的侵犯。正是因为人的本性基于语言的本性,所以,"技术语言对于语言自身的侵犯同样是人的本己本性的威胁"(US,第25页)。因此,语言的技术化最终是人的存在的技术化,它排除了对于开端性语言的倾听。①

但是,就技术的语言和传统的(自然的)而言,它们绝非表明为辩证法的对立面,而是表明为这种语言,它命运般地将世界派送给人。"那首先看起来只是如同语言的两种样式的区分的,却表明为一在人之上的存在的发生,它正是相关和震撼了人的世界关系"(US,第27页)。以此方式,语言规定了人。

3.3. 居住及其建筑

如果语言作为道说中的无之无化只是关照自身的话,那么,它在此如何相关于人,亦即那言说者?

如上所述,语言作为独白唯一地且孤独地言说。"唯一"在此意味着,语言自身在言说。"孤独"却不意味着,语言没有任何关系。因此,依据海德格尔,语言的孤独性绝非隔离,而是一种关系的缺乏。正是在此生成了关联性,语言并将此送给人。"那指示的道说将语言推移到人的言说。道说需要道中的发声"(UZS,第266页)。据此,语言本性中的关系的缺乏在此标明了道说

---

① 罗蒂将"技术的诗篇"标明为实用主义。对此可参照罗蒂:《海德格尔反对实用主义者》,载《海德格尔的影响》,第18页。

中的无之无化。但是，正好在此，语言性和人性相互生成。此关系在此保留为语言和人的关系，以及宁静和发声的关系。这却具体化为家园。在此，居住及其建筑成为可能。

3.3.1. 语言作为家园

在其第三阶段里，海德格尔不将语言理解为在言谈样式中的此在的敞开，也不理解为"存在之家"，而是理解为人的家园，更准确地说，是要死者的家园。①

只要语言是家园的话，那么，家园在它那方面的意义也要变化。家园作为那"在世存在"意义上的世界所思考的还不是充分的，正如它在海德格尔的第一阶段所形成的主题的那样。在第二阶段，其重心立于历史性的家园。"家园的最本己的已经是一派送的命运，或者如我们现在所说的这个词语：历史"（GA4，第 14 页）。在此，存在和它的真理规定了家园。"这种历史性的居住的家园是走近存在"（GA9，第 338 页）。但是，存在在思想中走向语言。"语言是存在之家。人居住于其住处"（GA9，第 313 页）。凭借于语言在此作为存在之家，它只是鉴于存在的历史显现出来，而不是鉴于语言的语言性。但是，此语言统一了存在和思想。

那在海德格尔思想的第三阶段语言地形成主题的家园却是语言自身，亦即道，它作为道说已在诗意语言中走向语言。"诗意的道说首先将四元的面目带向显明。诗意的道说首先让要死者居住于大地之上、苍天之下和神性之前"（D，第 112 页）。在此，语言自身即是人的家园，因为它诗意地道说，亦即如此，它呼唤四元，此四元作为地方的地方性使人的居留成为可能。古希腊人居住于西方历史的开端，已经经验到语言作为家园。中世纪的人也居住于语言的家园之中，此家园启示为基督之道。人的人性的诗篇也同样给近代一个家园。②

在此，那作为家园所理解的语言对人究竟意味着什么？家园在此是一地方性，它是由作为道说的语言所显示的。作为如此，它是人的来源、到来和将

---

① 关于海德格尔思想中家园的意义可参照兰勒·马腾：《海德格尔的家园》，载《深思海德格尔》，第 136—159 页。

② 对此可参照博德尔：《现代的理性结构》，"结语"。

来。因此,它表明为人的规定,亦即所谓的"规则"。"但是,生成作为规则不是在规范的意义上,此规范在某处悬浮在我们头上。规则也不是一个命令,它指令或者调整了一个过程"(UZS,第259页)。不如说,这个规则给人其自由。

居住于家园却是人的本性。"作为人叫做:作为大地上的要死者,亦即:居住"(VUA,第141页)。居住的意义在此不能从"在世存在"的"在"中获取,也不能从走向命运的存在处得到,而只是在人的"于语言中存在"那里能被阐明。居住是一个"于四元中存在",亦即要死者在大地上的居住。这"已叫做'在苍天之下'。这两者同时又意味着:'存留于神性之前'并包括了'从属于人的相互同属'"(VUA,第143页)。因为居住是一地方性,所以,它使一切地方和空间成为可能。"人与地方的关系和人穿越地方走向空间都基于居住"(VUA,第152页)。

人居住于家园之中,却借助于他守护居住。"居住,亦即被带入和平,这叫做:被围护起来居留于自由空地之中,此自由守护了一切之本性"(VUA,第143页)。依此,守护是一种四重关系。要死者居住着,只要他拯救大地,承受苍天为苍天,等待神性为神性和能够以死为死。以此方式,要死者守护了四元。在此,守护回溯到守藏。"那被保护的必须被守藏"(VUA,第145页)。那被守藏和遮蔽的是真理的遮蔽:家园。

3.3.2. 无家可归

依据海德格尔,家园始终只是可能的,或者至少是不是不可能的。海德格尔在现代世界所经验的,却是无家可归。这种经验在海德格尔的思想中具有根本性的意义,因为它为那反经验所特有。

无家可归的经验首先表明于此在为其"在世存在"之烦,其次于形而上学历史的存在的遗忘。"如此去思考的无家可归基于存在者的存在的遗忘。它是存在遗忘的征迹"(GA9,第339页)。就无家可归在其第三阶段而言,它显明为既非世界的拒绝,亦非历史的剥夺,而是语言的沉默,亦即那非诗意的居住。

但是,这种非诗意的居住可以在荷尔多林的经验中明显地感觉到。正如海德格尔和尼采的对话在其思想的第二阶段扮演了一个重要的角色一样,他和荷尔多林的对话,和荷尔多林关于无家可归的语言经验的讨论在他的第三阶段中是根本性的。虽然海德格尔在他的不同阶段尝试了通往荷尔多林诗歌的不同通道，但是，无家可归的经验对于他来说是本原性的。只是由此而去，海德格尔和荷尔多林的对话才是可能的，因为无家可归的经验是共同的，虽然也是不同地被把握的。①

只要无家可归对于海德格尔和荷尔多林而言意味着非诗意的居住的话，那么，这个非诗意的居住必须得到更准确的规定，亦即鉴于与那不是诗意的和与那诗意的居住区分。那诗意的处于与那不是诗意的对立面，或者似乎与那非诗意的相似。因此，这里必须准确地区分：人居住在此大地上是非诗意的，但是绝非为不是诗意的，因为那非诗意的相关于那诗意的，而那不是诗意的相反与那诗意的毫无关联。于是，这种区分在此触及到了否定的方式。在纯粹的否定中，那被否定的完全已被排除；但是，那处于褫夺中的却仍隐蔽于褫夺中。作为褫夺，那非诗意的绝非是那诗意的简单否定，正如它是那不是诗意的一样，相反它是诗意的，此诗意的拥有它的可能性，因此不是不可能的。在技术的世界里，越是存在着非诗意的，也越是存在着诗意的。因此技术世界的人的居住也是诗意的，凭借于他非诗意地居住。那非诗意的居住根本不消灭那诗意的居住的可能性，相反，它敞开了这种可能性。"因为一居住能够是非诗意的，只有当居住在本性上是诗意的"（VUA，第197页）。于是，家园的意义正好能敞开于无家可归之中。

作为居住的本性，那诗意的首先却只是可能的。那么，这也可能，居住在它的褫夺中成为非诗意的。在这种意义上，非诗意的居住也只是诗意的一种可能性。于是，那诗意的最终规定了那非诗意的。"只有当我们知道诗意的时候，我们才能在任何情况中经验到，我们如此和我们在何种范围内非诗意地居住"（VUA，第197页）。这要求，一方面人要经验家园的本性；另一方面人要建筑家园并居住其间。但是，在此它只相关于家园的可能性，因为荷尔多林和海德格尔在事实上所经验的，只是无家可归，亦即作为非诗意的居住。

虽然非诗意的对于海德格尔和荷尔多林是同一的，但是，他们的经验却是各不相同的。海德格尔和荷尔多林是如此相分的，后者抒写他道的"神圣的

---

① 关于海德格尔和荷尔多林的讨论可参照贝大·阿勒曼：《荷尔多林和海德格尔》，苏黎世1954年版，数处；另外，如特·爱娃、苏尔茨·塞次：《固守的歌声》，载《透视》，第63—96页。

空缺"，前者却鉴于道说的无之无化思考四元的拒绝。

那正如在荷尔多林的诗篇中所表明的无家可归的经验，在此还需要更切近的解释。荷尔多林道说神圣：那逝去的诸神，它们作为家园守护我们。于是，还乡意味着，人经验无家可归，并走近逝去的诸神，以期最终居住于家园之中。依据荷尔多林，无家可归在此意味着神性在场的空缺，此神性或者是古希腊的诸神，或者是中世纪的上帝，或者是近代人的神性。荷尔多林由此经验而追问道："为何那古老的神圣的戏剧也沉默？为何那神圣的舞蹈也不再欢跳？"①。神圣的戏剧和神圣的舞蹈在此是神性的敞开，更准确地说，是它们的在场。然后，荷尔多林追问道：为何神性也是离席的？

对这一追问，荷尔多林已经找到了答案："它空缺神圣之名"②。神性和"神圣的名字"亦即语言有什么关系？神性之道就是神性自身，因为它们不是存在者，也不是物和对象，而是自身敞开于道，这个道是神性唯一的地方，而且在此神性是神性自身。只要道是上帝自身的话，那么它唯有在语言中走向语言，亦即走向敞开。如果上帝道说的话，那么，它将在场；如果它相反不道说的话，那么，它将离席。但是，荷尔多林在近代所经验的，却是诸神的沉默和离席，此诸神包括了古希腊的诸神和基督教的上帝。在此依据海德格尔，神圣之名的空缺不是消灭，而是"隐瞒"。但是，神圣之道自身沉默，却凭借于它自身不再道说。这样一种沉默同时也是拒绝，即它不让给予自身命名。于是，无家可归的本原立于这种神圣之名的空缺之中。但是，家园的可能性也在此同样被守护着。

这里，我们应该用海德格尔的思想来追问荷尔多林的经验：为何诸神自身沉默？因为它们已经道说了而不必须再道说吗？或者是因为它们已经完成了并因此而死亡了？或者是因为它们自身敞开，却凭借于自身遮蔽，亦即它们道说，凭借于它们不道说？如果最后的回答是切中的话，那么，神圣之名的空缺是语言中的无之无化，正如海德格尔所解释的那样，它是生成。作为神性的离席，神圣之名的空缺在此却是其已有和聚集的征迹。因此，离席也同样是在场，因为它不仅遮蔽了，而且也守藏了神圣之名的命名的可能性。

---

① 《面包和酒》，载《荷尔多林全集》，第二卷，斯图加特 1946 年版，第 90 页。
② 《还乡》，载《荷尔多林全集》，第二卷，第 96 页。

　　当然,依据海德格尔还应该看到:"在场自身的林中空地的隐瞒却阻止了它将'神圣之名'的空缺作为空缺特别地去经验"(D,第179页)。在此范围内存在着存在的遗忘,于是,技术世界的困境不仅必须理解为无家可归,而且必须首先理解为这一无家可归的遗忘。这一情形绝非人的思想的错误,而是源于语言自身,凭借于它自身作为无之无化沉默着。如果语言中的无之无化不走向语言的话,那么,我们既不能经验其无家可归,也不能经验此无家可归的遗忘。如果神圣之名的空缺被经验而且这一名字被命名的话,那么,这也不是人的行为,而只是人的命运自身。

　　根据海德格尔,为了此神圣之名的空缺作为自身能够被经验,那唯一的和本原的地方性必须敞开,它作为林中空地自身生成。"只有当居留于敞开的地带,由此而来空缺在场着,它才能给予一种瞥进这种东西的可能性,亦即那今日所存在的,凭借于它空缺"(D,第179页)。作为离席,神圣之道的空缺并不消失于林中空地,而是在那里在场,亦即以此方式,它作为那尚未言说的道说着。同时,林中空地也给予了一种可能性,使空缺的诗作和思想被察觉到。

　　与荷尔多林关于神圣之名的空缺的经验不同,海德格尔的经验在此要思考为在技术性所规定的世界中的四元的拒绝。

　　四元的显现却在于:物不物化,世界不世界化。"万物和世界不自身生成;生成自身拒绝。区分被遗忘;遗忘本性化!"(GA79,第23页)。一旦世界不世界化的话,物也不物化。"世界还是天地人神的四元的遮蔽的镜子之游戏。走近世界乃物之物化。如果那走近之近阻止了化,那么,物作为物也将隐瞒"(GA79,第46页)。遗忘世界的世界化和物的物化首先只是可能性的,所以,世界游戏的四元尚未进入游戏。

　　物不物化,凭借于它是无保真的。"构架在它的设定中让物无保护,亦即没有其物的本性之真。构架的本性将物不作为物来保真"(GA79,第46页)。物在技术的世界里丧失了其本性,因为它只是构架中的构成者,它形成了物的无保真。物不物化,凭借于它同样由思想反离而去,亦即这样,"万物不仅不再让被作为万物,而且万物根本不能再作为万物显现于思想之前"(VUA,第163页)。因为万物的本性向思想隐瞒了自身,所以思想遗忘了万物并表明为存在的遗忘。

　　当物不再被保真时,世界也拒绝自身。为何物的无保真在此吻合于世界的拒绝？"世界的拒绝和物的无保真处于一唯一的关系之中。它们作为此关系是同一的,虽然不是一样的"(GA79,第51页)。同一在此是聚集和它的聚集物,它作为物物化和作为世界世界化。只要物不物化的话,那么,聚集和它的聚集物将不存在。只要世界的本性理解为聚集和它的聚集物的话,那么,世界也将世界化。物的无保真和世界的拒绝却发生于构架之中。虽然构架也是一聚集的样式,但是,它并不在四元的意义上完成为世界的本性,而是为一技术的世界,因为它作为设定聚集于自身,此设定将物设定为构成者。

在世界的拒绝中存在着无距离性,亦即如此:亲近不再亲近,遥远不再遥远。"首先在近之亲近中,遥远遥远化并保真为遥远。因此,在物不物化和亲近不亲近之处,遥远将保持距离。亲近和遥远将同时不存在"(GA79,第24页)。因为无距离性存在着,将不再有关系,那里世界和万物能够相互关联,也没有区分,它使世界和万物分别且同时宁静。凭借于万物的毁灭,世界也同时消失。

作为在技术世界中的世界的拒绝和万物的无保真性,无家可归于是成为了危险,它威胁着人的存在。但是,此危险却在于,构架不让人居住于其本原的真理之中,此真理是人的家园。如果人的家园被摧毁的话,那么,人只能居住于危险之中。

因为构架敞开于存在的本性,所以,危险最终只是存在本身。"作为追踪设定,亦即它用其本性的遗忘追踪设定其自身的本性,存在自身就是危险"(GA79,第54页)。此危险并不源于人,而是源于存在自身。因为存在的真理自身去蔽,凭借于它自身遮蔽,而且它阻止人在此本原性的地方去经验他的本性。虽然危险发生为存在的本性,但是,它自身却遮蔽自身。于是,危险的最危险性表明为困境的无困境性。"相关于此困境,在最高的危险的最大的困境中间存在着无困境性。但是在事实上,无困境性以遮蔽的方式是本己的困境"(GA79,第56页)。由此,海德格要求将无困境性作为困境更严格地思考透彻。

在此有些无困境性的统治的标志。人丧失其生命,但没成为要死者。大地上存在痛苦,但是人却是无痛苦的。贫困群在增长,但是贫困的本性却自身遮蔽。困境的无困境性在此是这样一个征迹,即无家可归以一极端的形式到达了其边界,以至于它穷尽了它最后的可能性。正是在这种最后的可能性中立有第一可能性,亦即海德格尔所说的还乡。

3.3.3. 还乡

还乡在此意味着:在无家可归中去经验那遮蔽的但同时是守藏的家园。正是由此经验,诗人吟唱着。"一切伟大的诗人所吟唱和道说的,是由乡愁所瞥并通过乡愁的痛苦被召唤到道中"(D,第74页)。此乡愁源于无家可归,并由此渴望还乡。因此,在乡愁之中,不仅包括了无家可归之烦,而且也包括了家园的欢乐。在这种意义上,乡愁正是还乡。

还乡在根本上却是从危险到拯救的道路。荷尔多林的诗篇说道:"哪里有危险,哪里就有拯救"①。对此,海德格尔的思想给予了深思:"拯救并非立于危险之边。如果危险作为危险的话,那么,危险自身就是拯救"(GA79,第72页)。危险同时是作为危险,只要它不是自身遮蔽,而是自身敞开,亦即被经验的话。在这种情况中,危险即拯救。那么,拯救在此意味着什么?"它意味着:救度。使之自由,自由,保护,守护,保护起来,保真"(GA79,第72页)。拯救最后是那作为本原性真理的林中空地,因为真理自身就是使之自由和开端性的自由。只要危险同时是拯救的话,那么,无家可归将内在性地和家园相连,此家园召唤着还乡。在此关联中,万物的无保真性和世界的拒绝不仅意味着无家可归的现实性,而且意味着家园的可能性,在此,四元作为如此自身生成。

因为还乡也就是回归家园,所以从危险到拯救的道路表明为"转折"。这不是一条直路,而是一种转出和转入。但是,如果存在在形而上学的历史中从本原性的本性转出,并同时转入存在的遗忘的话,那么,它必须在此又转出存在的遗忘和转入其本原性的本性。这种转折在此正是自身转折于自身并是那在还乡形态中的存在自身。作为转折,还乡转出无家可归,同时由转入家园。这正是从危险到拯救的道路的意义。"在危险的本性之中,在此,危险作为危险,转折成为了保真,并是保真自身和存在的拯救"(GA79,第73页)。拯救在此把握为存在于它的真理之中。②

---

① 《帕特默斯》,载《荷尔多林全集》,第二卷,第72页。
② 对于拯救,罗蒂有一令人吃惊的观点。对此可参照罗蒂:《海德格尔反对实用主义者》,载《海德格尔的影响》,第22页:"我已指明,拯救也许可能已经在海德格尔的背后亦即在美国升起,如果为此如是表达的话。"

于是,还乡也是那从黑暗和光明的假象到林中空地的道路。黑暗已存于无家可归之中,因为技术的世界伪装了和遮蔽了作为本原性真理的林中空地。"世界之暗尚未到达存在之光。对于诸神我们来得太晚,对于存在我们来得太迟。存在开端的诗篇为人"(GA13,第 76 页)。那作为诗篇理解的人在此是人的存在,他作为此在立于林中空地。但是,此诗篇却是乡愁的歌声,它源于无家可归的经验抒写家园的本性。正是在还乡之中,林中空地使自身自由并自身建基为建立根据的根据。因为没有根据和原因,所以,林中空地突然地发生。"在转折之中,此在的本性的林中空地突然照亮"(GA79,第 73 页)。这意味着:林中空地没有时间表而自身生成,此时间表是被信息所控制的。但是林中空地游戏着,凭借于它消灭了一切形式化。

于是,林中空地的光芒发生得如同闪电。"它将自身带入那自身所带来的本己的光明。如果此在的真理闪射于危险的转折中的话,那么,此在的本性也将闪射于自身;此在的本性的真理也将转入"(GA79,第 74 页)。此处所谓的闪电显然不能理解为一自然现象;它不如说是相关于一语言的生成,亦即林中空地。如此把握的林中空地劈开了黑暗,凭借于它带来了自身的光明。在此显现了存在的本性,只要在场和离席显现出来的话。

但是,依据海德格尔,此闪射同时也是一瞥。"在一瞥中和作为一瞥,在场进入了它自身的光明。完全通过其光明的元素,一瞥将它所瞥的回藏于此一瞥中。但是,此一瞥在此光明中同时将它来源的黑暗作为未被照亮的给予保真"(GA79,第 74 页)。但是,这却使林中空地的特性成为可能:虽然林中空地带来光明,但是,它并没有消灭黑暗。于是,林中空地让光明和黑暗相互游戏,凭借于它让前者自身去蔽,让后者自身遮蔽。于是,林中空地比一切光明和黑暗都要本原。因为一瞥意味着转入林中空地,所以,它又显现为瞥入,它是存在的真理的闪射的转入。但是,瞥入在此不仅相关于存在,而且相关于思想。瞥入给予了人一可能性,为存在的本性所瞥。"如果瞥入自身生成的话,那么,人将在其本性中被存在的闪电所撞击。人是在瞥入中所被瞥见的"(GA79,第 75 页)。在此,存在的闪电如此撞击了人,亦即它不仅作为世界的亲近和历史的派送,而且也作为语言的道说相关于人。在此道说中,语词重新回复到道。这是那从陈述到道说,从信息语言到自身言说的语言的变化。

3.3.3.1. 思想之学习

如果还乡在此意味着人从无家可归转入家园的话,那么,它在此需要一思考:"在技术化的同一形态的世界文明的时代里,家园是否和如何可能"(D,第183页)。家园是否是可能的,这已经变得清楚,凭借于无家可归唤醒了乡愁。家园如何是可能的,这却必须依赖于:人如何学习和准备居住。

人为什么必须学习居住? 虽然人一直认为他已经居住于世界上,但是,他却还不知道居住的本性。与此相应,他还不可能经验到无家可归。"那居住真正的困境在于,要死者总是首先又要追寻居住的本性,他首先必须学习居住"(VUA,第156页)。还乡作为通往家园的道路首先成为可能,只有当人学习了居住的本性的时候。

为了经验居住的本性,思想必须居于语言之中,此语言是人的家园。"语言是开端性的维度,立于其中,人的存在首先才可能对应于存在和它的要求,并在对应中从属于存在。独特地完成此开端的对应,这正是思想"(GA79,第71页)。这刚好也是学习的意义:"将所作所为在对应中带入那每次向我们所根本劝说的"(US,第5页)。以此方式,思想之学习便是让居住。在此居住中,人倾听并从属于居住的劝说。

如果思想要经验到居住的本性的话,那么,人必须首先还要学习思想。因此这已经设定了,人尚未在思想中思考。作为理性的存在,人是在存在者整体中能够思考的。假使人还不能思考的话,那么,思想对他来说首先只是可能性,这种可能性是:不是不可能的。但是,这种可能性却是如此地脆弱,以至于在技术的世界里甚至存在着无思想性。于是,人不思考,而是计算。凭借于计算在技术世界扮演着重要的角色,思想只是拥有消失的意义。这种无思想性源于人在思想前的逃亡。"但是,归属于这种在思想前的逃亡还有如下,亦即,人既不愿意看到逃亡,也不愿意承认逃亡。如今的人们将甚至毫不犹豫地否定在思想前的逃亡"(G,第12页)。人为什么逃避思想? 因为思想是存在的思想,但是存在却作为虚无虚无化。如果无之无化规定了存在和思想的话,那么,思想到达了无根据。这正是其原因,为何畏惧在世界中畏惧,为何本原性的真理在历史中被遗忘,以及为何信息语言的无思想性存在着。

在这种意义上,无思想性本原地立于人的存在之中并最终甚至立于存在自身。正是因为人能够去思考,所以,人也可能不思考。人是如何可能不去思考的？"作为理性的动物，人必须能够思考，如果他只是意愿的话，但是，也许人意愿思考却不能思考"（VUA，第 123 页）。为什么？因为思想的意愿阻止了思想的可能，所以，人再也不能思考。人如何能够学习思考？"我们学习思想，凭借于我们注意，什么是那给予去思考的"（VUA，第 124 页）。那给予去思考的，是那令人思虑的，这又显露为无思想性自身。"那最主要地从自身出发给予去思考的，即最令人思虑的，应该在此表明，我们尚未思考"（VUA，第 126 页）。

但是，思想之所以尚未思考，并不是因为思想是无能的，而是因为那要思考的自身反离而去。只有当那要思考的从人转离，人才不可能思考，虽然人要思考。这却在于：那要思考的向人给予了"思想可能"，这却不能把握为人的能力，而是为思想的元素。通过思想可能，人能够在思想中思考。但是，当那要思考的自身转离的话，那么，思想的元素将丧失掉。于是，思想也是不可能的。

那要思考的是那给予去思考的。但是，只有存在给予去思考，只要它规定了思想的话。因为存在自身区分于存在者的存在并为无之无化所刻画，所以，那要思考的转离了属于存在自身。那要思考的转离在此不是消失，而是它转向的独特方式，因为那要思考的作为离席在场。"如果那最令人思虑的持于一转离的话，那么，这已经发生了且发生于它的转向之中，这也就是说，它已经给予了去思考"（VUA，第 172 页）。但是，这与人相关，如果唯有人能够思考的话。"那要思考的在其一切转离中已劝说了人的本性"（VUA，第 127 页）。依据海德格尔，那令人思虑的对人劝说的方式是林中空地的方式，亦即：它自身去蔽，凭借于它自身遮蔽。

但是，那要思考的在何种范围内从人反离而去？"它从人反离而去，凭借于它向人隐瞒。但是，那被隐瞒的对我们而言始终已经是维持着"（VUA，第 128 页）。于是，那要思考的存留着，凭借于它自身遮蔽。"反离在此是隐瞒并作为如此是生成"（VUA，第 129 页）。因为反离在此生成，所以，它同样是接近。"那接近我们的，已给予了到来。如果我们到达了这种反离之拉的话，那么，我们将于其行列之中，此行列走向那通过自身反离但接近我们的东西"（VUA，第 129 页）。只要那令人思虑的自身反离而去的话，那么，无家可归将自身生成。一旦它接近人的话，那么，家园将自身生成。但是，那令人思虑的接近人,凭借于它自身反离而去。于是,正是在无家可归之中,家园的本性可被经验,还乡可被准备。

正是在此经验中,人接受了他的本性。"我们存在,凭借于我们指示于此自身反离而去者之中。作为向此的指示者,人是指示者"(VUA,第129页)。在此,人在根本上是一指示者。但是,人在这里首先并非是自身指示,相反本原性地是被那自身反离而去者所指示,亦即所指引。如果人最终是一指示者的话,那么,他将站立于林中空地之中,因为那自身反离而去者是林中空地自身。如果人居住于本原性的地方性的话,那么,他将居于家园之中,他从那里接受到了他的规定。

那令人思虑的如此规定了思想和人的本性,亦即,人必须思考此令人思虑的。我们设定人要思考的话,那么,他必须首先学习去思考,因为他尚未真正地去思考。但是,人如何学习思想? 如此这般:他区分思想并用区分来思考。当然有两种思想的方式:"计算的思想和思索的深思"(G,第13页)。前者伪装和遮蔽了那令人思虑的,而后者思索于那令人思虑的。首先凭借于人的思想成为思索,思想才能思考令人思虑者的意义,此令人思虑者实际上是人的家园。

3.3.3.2. 思想的放弃

无思想性具有不同的原因。一方面它源于思想之可能,此可能作为思想的元素使人能够思想。只要思想是人的存在的可能性的话,那么,它也同样可能是不可能的。另一方面,无思想性源于思想之意愿,在此,思想不是为那要思考的所推动,而是为人自身所追求。但是,如果人意愿去思考的化,那么,人将不可能去思考,因为思想之意愿遮盖了作为思想之元素的思想之可能。因此这要求了,那在思想之意愿意义上的思想放弃自身。

思想在何处能够谈论它的放弃? 为此的唯一的地方是林中空地,因为林中空地在其敞开中反离而去,所以,思想必须放弃其任意性。思想如同运动于原野之路,此路放弃了其自身的要求。"道路在最高意义上是原野之路,亦即一条原野上的道路。它不仅谈论着放弃,而且已经放弃了一规定性的学说和有效的文化成就和精神行为的要求"(VUA,第178页)。海德格尔为何在此谈论原野之路,一条原野上的道路? 此路不是高速公路,它被有计划地建造,其目的是联系不同的城市,相反,此路是这样一条路,它为原野所规定。在此就原野自身而言,它表明为自然,它在海德格尔的思想中不只是一对象,而是开端性的生成,亦即所谓的林中空地。与此相应,原野之路正是这样一种道路,它运动于林中空地之中。在此范围内,思想必须放弃自身的要求,此要求在形而上学的历史中作为设立发生了作用。

凭借于思想放弃自身,形而上学的思想趋于消失,这种思想是被灵魂、世界和上帝所推动的。"灵魂言说吗? 世界言说吗? 上帝言说吗? 一切都言说着对于同一的放弃。放弃没有获取。放弃只是给予"(D,第40页)。在形而上学的思想中,存在者的整体在此只是言说它的放弃。但是,形而上学的思想放弃什么? 它只是放弃它自身,放弃其形而上学的特色,亦即,它作为说明根据为存在者的整体追寻第一根据和第一原因。凭借于思想放弃了其说明根据,它将属于林中空地。此林中空地自身建立根据并因此是无根据。

正是在林中空地中,思想经验到它自身不可能言说那尚未言说的。"此种无能将思想带到它的事情面前"(GA13,第83页)。此处所谓的事情在事实上是那尚未言说的,亦即林中空地自身。只要它作为虚无虚无化的话,那么,它自身将是不可思议的和不可言说的。于是,思想作为理性撞击到了它的边界,因为它不可能为虚无建立根据。唯有通过放弃说明根据,思想才能经验到那尚未言说的,此尚未言说的是那在根本上给予去思考的。正是在放弃之中,那尚未言说的走向语言,它在此不再被那在理性意义上的思想所遮盖和伪装。

作为放弃,思想同样是那为了允诺的拒绝。但是这意味着,思想拒绝了理性及其说明根据,以期接受允诺,亦即那林中空地所劝说的。在此范围内,放弃却表明于此,思想也不拒绝林中空地的允诺。"在这种自身不再拒绝中,那放弃自身道说为那种道说,它完全功归于道之神秘"(UZS,第233页)。在何种意义上,放弃在此是那作为思想所理解的道说? 它是那让道说,凭借于它让语言之道去道说。它让地接受了语言的道说并将其保真。于是,它"不是纯粹地拒绝一要求,而是一在一不可道说的道说的几乎遮蔽的雷鸣似的歌声般的回音之中的道说的变化"(UZS,第231页)。于是,放弃是语言的回声,凭借于它自身拒绝地继续道说语言的道说。"作为自身拒绝的,放弃保持为一道说"(UZS,第228页)。海德格尔称这种道说也为"去掉言说",亦即是拒绝和对应的同一。

　　作为拒绝,放弃在此发生为一转折,它转离形而上学的思想并转向那尚未言说的道说。"放弃触及到了迄今为止的所熟悉的与道的诗意的关系。放弃是对于另一关系的准备"(UZS,第167页及下页)。在此,那迄今与道的关系吻合于形而上学的思想,但是,"另一种关系"是一种非形而上学的思想,如果用海德格尔的话来说的话。在此意义上,放弃展开为两种意义:一方面它是不意愿,它扬弃了形而上学的思想;另一方面,它是泰然让之的一种样式,它使让进入林中空地成为可能。

　　只要思想把握为不意愿的话,那么,它将反对自身,因为"思想是意愿,而意愿也是思想"(G,第30页)。意愿不仅是形而上学的思想的基本特征,它要知道存在者整体的根据,而且也是海德格尔思想的第一和第二阶段的性格,在那里,思想自身各自表明为理解和创建。但是,那意愿知道绝非是思想的本性,相反,此本性必须被语言的道说所指引。"意愿知道始终是一自我意识遮蔽的狂妄,它基于自身制造的理性和它的理性性"(UZS,第100页)。凭借于思想在理性的形态中把握为那意愿知道,它实行着它的专制,因为理性不仅是说明根据,而且首先也是根据本身。但是,理性却不能触及到作为地方性的林中空地,因为此林中空地既非理性,也非反理性,而是比任何理性及其对立面都更为本原。在此范围内,那意愿知道不可能经验到那要思考的。

　　因为不意愿不是反对它者,而是反对自身,所以它是自身的否定。"不意愿首先还意味着一意愿,亦即在此存在着一否定,它甚至是在这种意义上的否定,它针对于此意愿本身并拒绝之。不意愿然后意味着,意愿地拒绝意愿。不意愿这一表达最后还意味着,那归根到底存在于任何意愿形态之外的"(G,第30页)。凭借于思想的本性是不意愿,意愿一步一步地趋向消失,而虚无却相反地显现出来。不意愿于此在本性上是思想自身的无之无化。在向任意性和专横性告别之后,海德格尔思索中的思想不再是第一阶段中的发现,也不是第二阶段中的从遮蔽中的抢出。相反,思想在此服务于语言的道说。

　　正是在那不意愿中,思想也表明为泰然让之,它是思想对于存在最本原性的样式,此存在于技术的世界中显现为构架。"我们让技术的对象进入我们的日常世界之内,但是也让它们同时存留于外,亦即作为物居于自身。此物不是一绝对者,而是被指引到一在更高的上面去"(G,第23页)。对万物的泰然让之是完全不同于作为万物的设定和控制的另外一种思想方式。只要思想在此以泰然让之面对万物的话,那么,它将让万物作为万物物化。但是,物物化,凭借于它聚集。因此,在物之物化中遮蔽着存在之神秘,此神秘为真理的遮蔽所特有。于是,对万物的泰然让之也意味着对于神秘的敞开,亦即将神秘当做神秘。

以此方式,泰然让之和敞开自身带来了一人与世界的新的关系。"它们允诺我们一新的根据和基础,在此,通过它们,我们在技术世界之内能够无危险地站立并能幸存"(G,第24页)。为何人在此凭借对于万物的泰然让之能够幸存于技术的世界之中? 因为对于万物的泰然让之同样是转折于林中空地之中并且是一还乡。通过如此,人首先处于还乡之中,以期克服此无家可归的时代。

在此已经清楚,泰然让之不是源于我们并被我们所唤醒,而是相反,我们被让进入泰然让之,亦即那作为一切地方的地方性的林中空地。当思想在此是让进入林中空地的话,那么,它同时也是让离开,亦即离开思想与存在的形而上学的关系。如果这已经被让了,亦即人的存在让自身进入泰然让之,那么,泰然让之不再是人的意愿。因为泰然让之作为不意愿完全消灭了意愿,凭借于它自身表明为无之无化的样式。在此,它不相关于人的行为的主动性和被动性的样式,而是相关于立于林中空地的思想自身。"也许不是在世界的一切行为中和在人的一切阴谋中,而是在泰然让之中,遮蔽着一更高的行为"(G,第33页)。这之所以可能,是因为这种行为从林中空地中获得了不可穷尽的力量,此力量作为生成自身生成着。

以泰然让之,思想在此表现为期待的样式。"自身进入地带化的敞开之中"(G,第48页)。依据海德格尔,人不应该出自自身的意愿行动,而只是期待;不是期望,而只是期待。如果说期望还始终有一个对象的话,那么,期待则只有虚无,因为林中空地只是虚无自身。但是期待绝非是停止不动,相反,它是一准备,而且自身如同一道路自身运动着。"泰然让之将不只是道路,而且也是运动"(G,第45页)。这种道路是原野之路。它导向林中空地的地带。此地带正是人的家园,在此,思想最终获得了它的规定。

3.3.3.3. 思想为建筑
从无家可归到家园的还乡的运动开始了,这凭借于思想居住性地建筑。

因此作为建筑的思想是一条道路并且是通往居住的运动。

但是,建筑在此如何相关于居住? 形而上学和技术的思想将居住和建筑的关系设想为目的和中介的关系。这种设想不仅是形而上学的,因为它将建筑和居住只是鉴于存在者,而不是鉴于存在来思考的,这种设想也是技术性的,因为它将建筑看做是一种技术的设施去服务于居住。这种给予建筑的思想将是无效的,如果建筑自身就是居住的话。

建筑在何种意义上在此是居住? 海德格尔解释道:"1. 建筑实际上是居住。2. 居住是这样一种方式,即要死者如何存在于此大地上。3. 作为居住的建筑展开为两面。其一为护养植物,其二为建造建筑物"(VUA,第 142 页)。建筑之所以是一种居住,是因为它是这样一种方式,要死者如何存在于大地上,凭借于它将天地人神聚集于一起。

虽然建筑和居住是同一的,但是,它们如海德格尔所强调的那样,不是一样的。建筑和居住在这种范围内是相互区分的,当建筑的本性是让居住的话。"建筑的本性的贯彻是通过地方空间的构成的地方的建立。只有当我们能够居住的话,我们才能建筑"(VUA,第 154 页及下页)。让居住不是形而上学的设立,此设立设立了一个对象,也不是技术的设定,它将对象设定为一构成者。让居住只是被居住所让的并被让进入其中的让居住。在此意义上,建筑以泰然让之来建筑。

只要建筑被居住所让的话,那么,前者最终被后者所规定。但是,为什么居住有权规定建筑? 因为居住不是人的形态,而是存在的形态。于是,它不仅规定了建筑,而且也规定了思想,因为居住是那值得思考的,它作为存在给予去思考。

建筑和思想在此属于居住。"建筑和思想依据其形式各自对于居住而言是必要的。但是,这两者对于居住而言却是不充分的,只要它们分离地从事它们的自身的事情,而不是相互倾听的话"(VUA,第 156 页)。思想和建筑之所以对于居住具有根本性的意义,是因为这两者是那让居住并在此意义上是同一的。但是,那是同一的,同时又是相区分的。当建筑属于居住时,思想却属于存在。但是,只要存在理解为人的居住的话,那么,建筑必须理解为思想性的建筑,正如思想是一建筑性的思想。

如何理解"建筑性的思想"这一言谈? 海德格尔在此谈论这样一种思想,

它作为道路在一地方建筑,此道路自身却是运动的。"去那的道路不能如同一街道一样合乎计划地标明。我几乎愿说,思想崇敬—奇迹般的道路建筑"(UZS,第110页)。凭借于思想建筑—道路,它转离形而上学,但同时转入本原的地方性的林中空地。形而上学的思想不能建筑—居住,因为它为存在的遗忘所规定,凭借于它遮蔽了存在的本原性的真理。技术性的思想也不能建筑—居住,因为它是形而上学思想的后继者,并用信息语言取代了道说的语言。只有当林中空地自身敞开和思想于此在家的话,那么,思想才可能成为建筑的思想。建筑的思想建筑着,凭借于它居住。

因为思想作为道路建筑居住,所以它在根本上是诗意的,只要人诗意地居住在此大地上。

在形而上学的历史中,思想和诗作处于分离之中,因为此两者被思考为对立面。思想与逻辑学相连,此逻辑学是理性科学的一部分。与此相对,诗作相关于"美学",它从事于感性的经验。于是,思想和诗作绝非同属一体,而是始终被看成为对立面。正如诗作很少与思想关涉一样,思想也不触及到诗作。"思想的诗意特性仍被遮蔽"(GA13,第84页)。思想的诗意特性的遮蔽是如此之深,以至于此特性完全被遗忘了。①

不仅思想的诗意特征的遮蔽,而且诗作的本性的遮盖也发生于形而上学的历史中且特别是在其最后一个时代。德国唯心主义将思想理解为设立,但依据海德格尔可从诗意方面予以解释。此设立"完全基于康德的洞见,亦即理性的本性作为'构成的',诗意的'力量'的本性"(NI,第584页)。理性因此是诗意的,因为它是思想的设立,它正好表达于那在诗意意义上的想象力之中。凭借于设立和构成同属一体,思想和诗作也处于同一之中。但是,形而上学的思想的诗意特征遮盖诗意的本性和自身的本性,因为它遗忘了存在的本性。在此,那必须存在的,只是那已被思考的。思想最终规定了存在的本性,只要存在是思想的所思的话。

在形而上学历史的最后一个时代里,不仅思者,而且诗人也在设立的意义上解释诗作的本性。荷尔多林将诗作把握为创立。"但那永远长存者,

---

① 对此可参照罗蒂:《海德格尔反对实用主义者》,载《海德格尔的影响》,第12页:"形而上学家不愿意让诗人作为诗人存在,不愿意承认他是一新物、一新的时代的诞生和一世界历史性事件的创造者。"

为诗人所创立"①。依据海德格尔,荷尔多林只是思考了居住,但是没有道说出居住之建筑。此外,他没有将诗作说成是规定之接受,而是创立。只要他将诗作说为创立的话,那么,他将创立思考为形而上学意义上的设立。海德格尔强调道:"荷尔多林所说的和我们的思想并不一样。尽管如此,我们所思考的和荷尔多林所诗作的是同一的"(GA15,第 432 页)。其区分在此立于建筑的本性,只要荷尔多林道说创立,而海德格尔思考对应的话。其同一性却是居住及其困境,荷尔多林和海德格尔已将此作为无家可归带向了语言。

但是,海德格尔在他思想的第一和第二阶段如同形而上学一样没有经验到诗作的本性,只要在那里言谈作为敞开的样式和艺术作品作为真理的创立来理解的话。海德格尔在他现在的第三思想阶段作为诗作的本原性的本性所思考的,正是所谓的"真理的口授"。"思想道说存在的真理的口授"(H,第324 页)。作为诗作,思想在此既非设立,也非创立,而是道说,此道说是为存在的真理所口授的。当设立和创立规定了存在时,那作为真理口授的道说的诗作却被存在所规定。

作为口授的道说,思想将存在作为语言带向语言,凭借于它将那不可言说导向那可言说。"但是思考的诗作在事实上是存在的形态学。它给存在道说出其本性的地方"(GA13,第 84 页)。在此,不仅思想和诗作,而且思想和吟唱同属一体。"吟唱和思想是诗作的相邻树干"(GA13,第 85 页)。虽然吟唱,思想和诗作是建筑的不同样式,但是,它们聚集于一同一之中,亦即作为唯一地方的居住。作为建筑,思想也是诗意性的,正如诗作也是思想性的一样。此外,这两者又是歌声般的,凭借于它们吟唱着。"在吟唱时,歌声开始作为歌声去存在。歌声之诗人是歌者。诗篇乃歌声"(UZS,第 189 页)。思想和诗作在此是歌声般的,因为它们是这样一种东西,即,它不仅只是拥有一声音,而且不如说是它首先甚至必须唯一作为声音而存在。作为声音,思想和诗作却被语言的本原的声音如此所规定,以至于它们能够去吟唱。与此相应,它们也同时吟唱规定。"吟唱叫做赞美并将所赞美的守护于歌声之中"(UZS,第 69页)。如果那吟唱赞美规定的话,那么,它自身必须舍弃自身,亦即放弃自身。

---

① 《纪念》,载《荷尔多林全集》,第二卷,第 188 页。

海德格尔让我们在此追忆到尼采。尼采说:"啊,我的灵魂,现在我奉献给你我的一切和我的最后,我手中的一切为你变空:我令你歌唱,看啊,这是我最后的!"①。在歌唱中,思想和诗作放弃了自身而为了规定的声音。在它们的放弃中,它们在此表明为建筑性的。

声音的规定作为一约束性将思想和诗作联在一起,它自身却不是无规定的,而是一已规定的,亦即语言的道说。道说然后是允诺,因此它向思想和诗作已经劝说。那在此已经劝说的,是作为家园的道,在此,人可能居住。通过如此,思想和诗作能够接受到其本性。"诗作和思想不仅自身运动于道说的元素之中,而且它也同时将它们的道说归功于与语言的多重经验,这对我们而言几乎未被注意和聚集"(UZS,第189页)。因为诗作和思想在语言的地方性中相互走近并居住于此近处,所以它们居于一邻里之中。但是,这却意味着:"这两者相互对立居住,其一已针对其他定居,其二已迁入其他的近处"(UZS,第187页)。凭借于思想和诗作居住于近处,它们两者都是让居住。

如上所述,居住始终相关于人的居住,亦即这种方式,人如何居住于此大地上。在此,人在苍天之下,在诸神之前并和其他要死者一起。人也同样居住于天地"之间",它敞开为一维度。"这一之间是被分给人的居住的。我们现在称这种已被分给的衡度为维度。通过此衡度天地之间敞开了"(VUA,第189页)。如此理解的维度区分于地平线,凭借于后者为时间性的此在所规定,而前者作为林中空地是地方的地方性。"维度的本性是之间的,亦即仰望苍天和俯视大地的已被照亮的并因此是可衡度的分给"(VUA,第189页)。此维度之所以是被照亮的,是因为它自身已经作为林中空地敞开了。

但是,维度究竟与诗作有什么相关?维度最终规定了诗作,只要诗作是维度的衡度的话。"诗作是一衡度"(VUA,第190页)。作为如此,诗作不是给予尺度,而是接受尺度。"大地的诗作者只是一苍天的给予尺度的接受尺度者。要死者的诗作者始终只是创立一以前已经接受的"(D,第155页)。作为接受尺度,诗作只是"尺度"的接受;此尺度亦即作为人的规定的四元。与此相应,诗人接受此尺度并继续将此给予要死者,凭借于他将此道说和指示。不过,尺度自身在此是如何显示的?"此尺度存在于这种方式,亦即如同那尚未

_____

① 《尼采著作》,第六卷第一册,第276页。

知晓而存的上帝作为如此通过苍天而显明"(VUA,第191页)。于是,此尺度既非光明,亦非黑暗,而是林中空地。它自身敞开,如同苍天之启明;它自身遮蔽,如同那尚未知晓的上帝之掩面。

通过诗作呼唤那尚未知晓而存的上帝的名字,诗作在此接受了维度的尺度,并建筑了人的居住。"但是,诗作作为人的居住的本己的维度的衡度是开端性的建筑"(VUA,第196页)。作为接受尺度,建筑如此地区分于生物的护养和建筑物的建立,以至于它对人的居住扮演着一个关键性的角色。"真正的建筑发生了,只要诗人是这样一种人,即,他们为了建筑结构,为了居住的建筑的结构接受了尺度"(VUA,第196页)。人建筑的方式如下:首先是农业的,其次是手工业的,最后是诗意的。为什么诗意的相对于农业的和手工业的在此具有首先的意义?因为诗作服务于居住的建筑结构。只要它在诗作中相关于建筑结构的话,那么,诗人便是建筑师。

如果诗意是接受尺度的话,那么,非诗意则是无尺度的。在此必须思考:"在此大地上不仅没有尺度,而且此全球计算的大地也不可能给予尺度,相反它被拖入了一无尺度之中"(D,第160页)。此大地上没有尺度,这不仅相关于现实性,而且首先是此在的可能性。因为只有在语言的林中空地中才有尺度,此林中空地敞开为一可能性。那非诗意性在此所意味的,只是尺度的遮蔽并因此是无尺度。

在非诗意的世界里已唤醒了思想的追问:诗人何为?思者何为?对于思想和诗作而言,在此只是相关于对于语言使用的忧虑,亦即相关于:语言的本性作为道还是只作为语词存在。"但是,如果人的语言在道之中的话,那么,它自身就成为正常。如果它处于正常的话,那么,遮蔽的源泉的保障将它示意。此源泉是开端的邻居"(D,第33页)。作为道,语言是指示,它道说了人的规定并召唤了"存在的思想"。

为了道作为道而存在,思想必须让语言口授。在此意义上,思想首先是倾听和对答,然后是纪念,最后是感谢。①

只要思想言说的话,那么,它将首先倾听道,因为道本原地不是源于人,而是源于语言。语言从它那方面而言使人可能作为人来说话,亦即来思考。与

---

① 对此可参照博德尔:《现代理性的结构》,第342页。

此相应,思想必须倾听语言所道说的。① 但是,思想倾听语言却以这种方式,即它让语言之道自身言说。不过,这并不意味着,思想位于语言之上并使它效忠于自己,而是思想让进入到语言之中。这又意味着,思想被让进入到作为本原性的地方的林中空地之中。在此意义上,思想不仅是倾听,而且也是听从。听从在此意味着,思想是语言的思想,因为语言需要思想,以期来使用之。与此相应,思想在它那方面对答语言,凭借于它被语言所使用。对答在此是这样一种方式,亦即人如何居住于语言之中,只要思想是接受尺度亦即接受了语言之道的话。②

　　作为倾听和对答,思想却将那不可言说的道带向语言。"倾听是一先道说的回守的前迎,此先道说向那不可道说的拒绝了那要道说的"(D,第85页)。这种的拒绝在此不仅意味着,思想必须放弃自身,亦即不允许道说,而且也意味着,它必须对答于道。与此相应,思想绝非是无语的。"它的不再言说是一已经言说"(D,第163页)。以它自身的方式亦即作为对答,沉默也在言说。"沉默对答于那生成的指示之道说的宁静的无声的排钟"(UZS,第262页)。沉默道说,凭借于它将那不可道说的带向语言。

　　但是,由于其形而上学的特征的任意性和暴力性,思想在技术的世界里不是倾听。"我们不再从语言而来而倾听,而是将我们凌驾于语言之上"(UZS,第149页)。凭借于思想不再倾听于语言之道,它也不对答之。于是,思想不再是接受尺度,而是给予尺度。以此方式,思想成为了追问。但是,思想的本性属于居住的建筑,以此,追问必须成为倾听。③"追问叫做:倾听那对某物劝说的"(D,第81页)。劝说在此是语言之道。"对思想之事情的一切询问,对其本性的一切追问,已被那应进入问题中的允诺所承受。因此,不是追问,而是允诺的倾听是现在必须的思想的真正的神情"(UZS,第179页及下页)。从追问到倾听在此导致了一思想的转折,它从形而上学的思想变为思索的思想。

---

　　① 关于"倾听"这一题目可参照曼弗内德·里德尔:《言说和倾听》,载《哲学研究杂志》1985年第39期,第253—274页。

　　② 关于"对答"这一题目可参照古左尼:《"要求"和"对答"和主体间性的问题》,载《深思海德格尔》,第117—135页。

　　③ 关于"追问"这一题目可参照德利达:《论精神》,第17页:"为什么我说过:海德格尔从未放弃掉将思想和追问等同起来?"。对此,人们必须用海德格尔的话来回答:因为德利达没有倾听海德格尔的思想。思想在海德格尔那里是倾听,特别在此。

　　这种倾听的思想同样是一种纪念。思想在此必须对于什么纪念？回答是：不是对于新的，而是对于古之又古的。"古之又古的在我们的思想中从我们的后面而来，但又走向我们。因此，思想逗留于曾有的到来并成为纪念"（GA13，第82页）。这种古之又古的是无蔽的遮蔽，亦即西方形而上学中的无蔽和海德格尔的思索中的林中空地。"这种无蔽建基其中的遮蔽，必须成为纪念"（GA9，第416页）。因为这种古之又古的触及到开端的开端性，所以它未曾过去，而是在聚集意义上的曾有。以此方式，它不仅是思想的来源，也是思想的到来和将来。作为纪念，思想转折于它的结构。此结构作为林中空地在本原性真理的意义上支配了思想。

　　只要这古之又古的不曾过去，而是已有的话，那么，纪念将成为记忆。"记忆是对于那优于一切要去思考的纪念的聚集。此聚集在自身守藏了和在自身遮蔽了那个东西，即，它从一开始就是要被思考的，此聚集也守藏和遮蔽于一切，即那本性化的和自身作为本性化的和已被本性化的而劝说的"（VUA，第131页）。记忆将自身聚集于那已被思考的，亦即于存在的真理。此真理自身去蔽，却凭借于它自身遮蔽。因此在那已被思考中存在着那尚未思考的，它给予去思考，凭借于它向思想劝说。

　　作为倾听和纪念，思想最终表明为感谢，这依据海德格尔却是思想本原性的本性。"首先学习感谢，然后你们才能思考"（D，第30页）。这种感谢的优先性可如此得到解释：思想在本性上既非人的能力，也非自然的天资，而是为语言所赠与。在思想中现在相关于一感谢，"它并非首先为某物而感谢，而只是感谢，它被允许来感谢"（G，第65页）。此感谢感谢着，既非因为它要感谢，也非因为它能感谢，而只是因为它为语言所让，凭借于它为语言所规定。在此意义上，感谢又是倾听和听从。

　　于是，这种如此规定的感谢只是朴素地思考："我们简单地思考这种，亦即那真正地唯一地给予去思考的"（WHD，94页）。此感谢感谢着，凭借于它思考那要被思考的。那给予去思考的，却是存在自身，对它而言，不可能用在存在者意义上的礼物来表达对它的谢意。思想作为感谢让自身进入存在之反离。但是，思想只是以这种方式感谢，亦即它思考无之无化。

结语:语言之无

  作为追问存在①,海德格尔的思想行于无之无化之中,此无之无化在其思想中的不同阶段亦即不同的维度各自形成了主题。"三个语词,凭借于它们的相互取代,同时标明了思想的三个步骤:意义—真理—地方"(GA15,第 344页)。在此就意义而言,它表明为存在的意义,但它作为"在世存在"自身拒绝。然后就真理而言,它在形而上学的形态中显现为历史的真理,它作为命运的派送自身剥夺。最后,地方意味着语言的地方性,它自身沉默。于是,这种道路是"存在"的从世界到历史并到语言的道路。

  但是,在此不同的维度中,虚无在虚无化。世界的拒绝是鉴于事情的无之无化,而历史的剥夺是思想的无之无化。同时,语言的沉默敞开为在规定意义上的无之无化。从事情,思想和规定的维度,无之无化的不同样式完成了海德格尔思想的建筑结构,以至于如海德格尔所表达的,"一切皆无"。②

  虽然无之无化表达为世界性的,历史性的和语言性的,但是,它作为整体却是世界性地所铸成的,因为对于海德格尔的思想而言,世界是其出发点和回归点。于是,世界首先表现为世界性的,其次表现为历史性的,最后表现为语言性的。但是,这必须得到如下阐明。

  在海德格尔思想的第一阶段,世界的世界性的分析还是次要的,因为其主导的目的是追问存在的意义。世界性在海德格尔的"计划中只是一'具体'的

---

  ① 参照马科斯·米勒:《当代精神生活的生存哲学》,海德堡 1958 年版,第 13 页:"对于海德格尔而言,只有一个哲学题目:不是人和生存,而只是存在。"

  ② 当虚无在海德格尔那里还获得了规定时,它在德利达那里却是不可规定的并因此是"完全它样的"。对此可参照德利达:《如何不言说:否定》,第 11 页:"此 X 生成自身,当然,它是为了一系列的名字,它称呼一不同的句法,它呼唤一不同的句法,它完全超出了谓语的话题的顺序和结构。它不'是'也不说此,即那'是'的。它写成完全不同的。"

方式,为了陈述此计划自身。此计划作为如此只是将这种分析作为一中介包括进来。此中介鉴于这个计划只是位于从属的"(GA15,第 373 页)。"存在和时间"的片断鉴于"在世存在"将此在形成了主题,但是此"在世存在"只能被看做为追问存在的意义的准备。

　　然而,海德格尔思想第一阶段的计划没有被实现。对此,海德格尔在"存在和时间"的结尾评论道:"但是,关于这方面,此研究只是位于途中"(SUZ,第 437 页)。实际上,它们并不处于存在的意义的追问之中,而是处于世界性的经验之中。所以存在的意义表明为世界的世界性。但是,海德格尔的道路从这里出发越过历史性导向语言性,如果现代的整体是世界、历史和语言的话。①

　　但是,这里看起来存在着一个解释学的循环。一方面,海德格尔将世界不仅思考到世界性,而且也到历史性和语言性那里去;另一方面,他又从世界性而来思索历史和语言。于是,海德格尔的道路是一圆圈,它围绕着世界运动着。他自己曾对此说明道:"我放弃了早期的立场,不是与此相对为了换取另外一个立场,而是因为以前的立场只是途中的一个停留点。思想中永存的只是道路。而思想道路遮蔽了那极大的神秘,亦即,我们可能在此道路上前行和倒退,此道路甚至对我们而言导向回头,但是却首先导向前面"(UZS,第 98 页及下页)。此途中在整体中通过了世界的世界性,因为此世界的世界性立于海德格尔思想的基础之中。

　　世界的世界性为何在此对于海德格尔而言是推动性的?"在世存在被发现为是作为首要的和不可推导出的,始终是已经给予的,并因此本原地对于一切意识把握来说是一'优先'的事实"(GA15,第 372 页)。世界是本原的,只要它在此既非意识的世界,亦非体验的,而是经验的世界的话。② 作为如此,世界不是被思考的出来的,而只是最终简单地"在此"。于是,世界"是"亦即

---

　　① 对此可参照博德尔:《现代的理性结构》,"前言"。这里已指出,对于现代的思索而言,整体是世界、历史和语言,这区分于形而上学的整体:上帝、世界和灵魂。

　　② 关于存在作为经验,沃尔夫刚·马克思:《在此在区域本体论视野中的本体论的差异》,第 197 页写道:"海德格尔所思考的存在只是一特别的主体经验的整体:此存在依据其图像,它是源于他的一个经验的此在的存在。这一存在是超验的:经验和自身经验的可能性的条件,但是,它只是必要的,而不是充分的,只是世界的一块,而不是世界自身或者是超验的存在的命运。"

在"有"的意义上。但是，这正是意味着存在自身。"我们在此将世界设想到我们熟知的存在者的存在那里去。如此设想的世界是那存在于其本性中所保真的。作为如此这般保真的，世界是存在本性的保真。我们除了说保真外，我们也说真理，并在此更开端性地从世界的世界化而来思考此词语"（GA79，第48页）。世界在此不再是存在者的存在，而是存在自身。世界因此是存在的本性，只要世界世界化的话。但是，世界的世界化是聚集及其聚集物，作为如此，四元显现自身。① 同样作为如此，世界包含了存在的本性并表明为自身遮蔽的真理。以此方式，世界的世界性如此地刻画了历史性和语言性的主题，以至于历史理解为"命运"，而语言把握为"排钟"。只要命运和排钟在聚集的意义上被思考的话，那么，历史将是历史性的世界，正如语言是语言性的世界一样。

因为世界的世界性是本原的，所以，存在和虚无必须依赖于此。"如果世界首先自身特别地生成的话，那么，存在将会消失，与它一起，虚无也将消失于世界化之中。只有当虚无在它的本性中由存在的真理而来并消失于此真理之中，虚无主义才会被克服"（GA79，第49页）。存在消失了，因为它在世界的世界化中接受了，实现了，亦即完成了它的规定。但是，为什么虚无也消失？因为它不再为世界的世界化所特有。

然而，这种世界的世界化始终只是可能的，更准确地说，为不是不可能的。"但是，世界还拒绝自身作为世界。世界仍反离于它自身的遮蔽性之中"（GA79，第49页）。世界不世界化；物不物化。世界不再给予自身，凭借于它自身拒绝。因此，历史自身剥夺和语言自身沉默。

作为世界的拒绝，无之无化却只是源于现代的经验，亦即它的反经验。这对于人的当前的困境来说是本己的。海德格尔在此困境中经验到什么？"海德格尔的这种困境是如此决定性的，以至于它到其不可辨认性与一切困境相分。什么样的困境？ 即：它阻止了人可能成为要死者。正是在此，海德格尔看到了其无家可归的困境。但是，它在这种规定性中却很少被认识，以至于海德

---

① 对于聚集，德利达：《论精神》，第16页评论道："精神使聚集成为可能，此聚集的地方是一网络，只是在此，尺度，对海德格尔而言亦即精神，是一和聚集的另外一名字，是名字之名字，其承担者乃聚集和使之聚集。"不是精神，而是作为四元的世界是聚集，这使历史成为命运，使语言成为排钟。

格尔必须谈论无困境的困境"①。此反经验意味着,人的规定反离而去。由此原因,人不再是理性的动物,但还不是要死者。

世界的经验是如此决定性的,以至于海德格尔必须继续地逗留于其中。如果这是确定的,那么,海德格尔思想的边界变得明朗:亦即存在作为虚无,更准确地说的话:无之无化。这在海德格尔那里只是理解为世界的无之无化,而不是为在开端意义上的(不同于本原的)语言的无之无化。②

当然,海德格尔已经区分了虚无,亦即如此,虚无不是关于存在者陈述的否定,相反,它作为自身是存在。他始终让在传统中只是认识到陈述的否定,而不是道说的否定。"命名在古希腊那里从一开始就始终意味着陈述;而陈述叫做表明某物为某物。语言的这种理解先行规定地处于这一领域,荷马的诗篇也运行于其中"(GA15,第336页)。与此相应,西方的语言在根本上从陈述而来被刻画了,它对海德格尔而言是没有区分的。③

对于海德格尔而言,语言不仅在历史中,而且也在世界中是陈述,也就是在技术性的形态中,亦即信息。这种规定将海德格尔导致于此,他只是与陈述相争论,不可能以这种道说来突破。④ 海德格尔对他的报告"时间和存在"在结尾处评论道:那里也还是"用陈述句所言说"(ZSD,第25页)。那开端性的语言首先只是可能的,只要它不是不可能的话。

即使当海德格尔谈论开端性语言的可能性时,这也只是作为一种暗示。"语言言说为箴言。语言是如此游戏般的,以至于在这种情况中言说如同道说一样意味着同一的"(GA79,第169页)。但是,这种暗示却是不明显的。此非明晰性在于:语言自身在海德格尔那里尚未以开端性的区分清晰地被思考过。于是,语言在此还没有区分于世界,而是最终保持为世界之内的。这样,语言在海德格尔那里不能越过世界的边界。但是,只有首先当语言自身不再处于世界性和历史性的规定之下时,它才能获得其自身的语言性并成为自身

---

① 博德尔:《现代的理性结构》,第357页。

② 关于海德格尔思想的边界可参照博德尔:《现代的边界和海德格尔的"遗言"》,载《不伦瑞克科学学会年鉴》,1990年、1991年,第75—88页。

③ 图根哈特赞成海德格尔这一规定,亦即荷马的诗篇是陈述。对此可参照图根哈特:《海德格尔的真理观念》,载《海德格尔,其作品解释的透视》,第286—297页。海德格尔和图根哈特的观点在这种范围内是值得怀疑的,当荷马的诗篇是道说和指示的话。

④ 对此可参照博德尔:《现代的理性结构》,第354页。

自身言说的。这样一种语言是智慧的语言,它作为缪斯的歌声,基督之道和公民的言谈在西方历史的各个时代已经是一指引。① 海德格尔没有将这种语言形成主题。

但是,无之无化必须鉴于智慧之道开端性地予以区分。它既非关于存在者的陈述的否定,亦非存在自身的虚无。它不如说是在这种意义上理解的无之无化:它必须不存在。

在此那给予去思考的,首先不是陈述,也不是诗意性的语言,如海德格尔对其所思考的,而是道自身。这个道去道说和指引:它必须不存在。此乃开端性的不。

---

① 对此可参照博德尔:《形而上学的形态学》,弗莱堡—慕尼黑 1980 年版,数处;《现代的理性结构》,数处,那里开端性的语言被标明为智慧的语言。

文献目录

A. 马丁·海德格尔的著作

马丁·海德格尔的部分著作在此著中由缩写符号所标明,此符号在下面位于著作标题之后。

海德格尔,马丁:《全集》(GA),美茵河畔的法兰克福 1975 年版及以后。

——《思想经验》(D),法兰克福 1983 年版。

——《根据律》(SVG),普弗林恩 1992 年版。

——《形而上学导论》(E),图宾根 1987 年版。

——《泰然让之》(G),普弗林恩 1990 年版。

——《同一和区分》(ID),普弗林恩 1990 年版。

——《林中路》(H),法兰克福 1980 年版。

——《尼采》(I)(NI),普弗林恩 1989 年版。

——《尼采》(II)(NII),普弗林恩 1989 年版。

——《唯有一神能拯救我们》,《明镜》1976 年 5 月 31 日,第 193—219 页。

——《存在与时间》(SUZ),图宾根 1993 年版。

——《通往语言的途中》(UZS),普弗林恩 1993 年版。

——《传统的语言和技术的语言》(US),圣·伽伦 1989 年版。

——《演讲和论文》(VUA),普弗林恩 1990 年版。

——《什么召唤思想?》(WHD),图宾根 1984 年版。

——《什么是此—哲学?》,普弗林恩 1956 年版。

——《论追问思想的事情的规定》,圣·伽伦 1984 年版。

——《论思想的事情》(ZSD),图宾根 1988 年版。

B. 其他文献

阿德曼,哈罗德:《海德格尔对于科学技术的批判》,载慕拉及编:《海德格尔和现代哲学》,纽黑文—伦敦1978年版,第35—50页。

阿勒曼,贝大:《荷尔多林和海德格尔》,苏黎世1954年版。

安子,威廉:《语言在海德格尔那里的地位》,载珀格勒编:《海德格尔,其作品解释的透视》,科尼斯坦1984年版,第305—320页。

阿佩尔,卡尔—奥托:《存在和认识》,波恩1949年版。

——《维特根斯坦和海德格尔》,载《海德格尔,其作品解释的透视》,第358—396页。

包夫尔,简:《走向海德格尔的道路》,法兰克福1976年版。

贝克,奥斯卡:《哲学论文集》,普弗林恩1963年版。

贝勒,恩斯特:《德利达—尼采,尼采—德利达》,慕尼黑1988年版。

贝林格,鲁道夫:《虚无和死亡》,法兰克福1954年版。

比梅尔,瓦尔特:《马丁·海德格尔》,自身证明和图片文献,汉堡边的兰贝克1993年版。

——《海德格尔处的形而上学和技术》,载弗里斯可等编:《海德格尔关于哲学终结的论题》,波恩1989年版,第75—88页。

——《海德格尔处的语言和诗歌》,载《人与世界》1969年第2期,第487—517页。

——比梅尔,瓦尔特和德瓦棱斯,阿尔封塞:《海德格尔的著作〈论真理的本性〉》,载《学术会议》3,弗莱堡—慕尼黑1952年版,第473—508页。

——不拉西,齐格弗里德编:《马丁·海德格尔:内外观》,法兰克福1989年版。

博德尔,赫利伯特:《历史的建筑工具》,维尔茨堡1995年版。

——《现代的理性结构》,弗莱堡—慕尼黑1988年版。

——《"另一开端"的不同》,载《维纳·马克思纪念文集》,汉堡1976年版,第3—35页。

——早期古希腊语中关于逻各斯和无蔽的语词运用,载《概念历史档案》4,1959年版,第82—112页。

——《现代的边界和海德格尔的"遗言"》,载《不伦瑞克科学学会年鉴·1990》,1991年版,第75—88页。

——《海德格尔的遗言》,载《追问真理:马丁·海德格尔学会著作丛书》

4,法兰克福 1997 年版,第 139—150 页。

——《形而上学的形态学》,弗莱堡—慕尼黑 1980 年版。

——《反叛:海德格尔和现代的边界》,纽约 1997 年版。

——《何种死亡的要死者?》,载《智慧,哲学著作》,第二卷,1988 年版,第 38—48 页。

——《为什么"存在者的存在"?》,载《哥尔学会哲学年鉴》1971 年第 78 期,第 111—133 页。

——《现代的暮影》,载《哲学评论》1991 年第 38 期,第 275—285 页。

伯格曼,阿尔伯特:《海德格尔和符号逻辑》,载《海德格尔和现代哲学》,第 3—22 页。

不来斯来德,威利:《存在和真理》,梅生海姆 1965 年版。

布若克,瓦尔特:《海德格尔和逻辑学》,载《海德格尔:其作品解释的透视》,第 298—304 页。

布波勒,卢第格等编:《海德格尔的影响》,哥庭根 1984 年版。

卡尔纳普,鲁道夫:《通过语言的逻辑分析克服形而上学》,载《认识》,1931—1932 年第 2 期,第 219—241 页。

德利达·雅克:《文字和差异》,法兰克福 1992 年版。

——《论精神》,法兰克福 1992 年版。

——《如何不言说:否定》,维也纳 1988 年版。

——《性别(海德格尔)》,维也纳 1988 年版。

德姆斯克,詹姆斯:《存在,人和死》,弗莱堡 1952 年版。

第尔斯,哈和克然子,威编:《前苏格拉底残篇》,柏林 1961 年版。

艾贝林,汉斯:《偶然的主体》,弗莱堡—慕尼黑 1985 年版。

法登,格哈特:《艺术的显现》,维尔次堡 1986 年版。

芬克,奥根:《论时空运动的本体论的早期历史》,海牙 1957 年版。

弗兰斯基,艾克哈特:《转折》,普发分外勒 1985 年版。

弗里斯可,马塞尔,弗等编:《海德格尔关于哲学终结的论题》,波恩 1989 年版。

弗斯特瑙,彼得:《海德格尔:其思想之结构》,法兰克福 1958 年版。

伽达默尔,汉斯·格奥格:《海德格尔的道路》,图宾根 1983 年版。

——编:《马丁·海德格尔的问题》,海德堡 1969 年版。

——《短篇著作》,图宾根 1972 年版。

——编:《语言问题》,慕尼黑 1969 年版。

——《真理和方法》,图宾根 1986 年版。

格奥格,斯特凡:《新王国》,杜塞尔多夫—慕尼黑 1964 年版。

古左尼,乌特:《"要求"和"对答"和主体间性的问题》,载《深思海德格尔》,黑德斯海姆 1980 年版,第 117—135 页。

——编:《深思海德格尔》。

——《本体论的差异和虚无》,载衮特·内斯克编:《海德格尔 70 华诞纪念文集》,普弗林恩 1959 年版,第 35—48 页。

衮特,果它特:《马丁·海德格尔和虚无的世界历史》,载《深思海德格尔》,第 80—116 页。

海弗勒,格德:《海德格尔的形而上学的概念》,慕尼黑 1974 年版。

哈里不同,大卫:《诗意的思想》,芝加哥 1981 年版。

黑夫特里西,艾卡特:《海德格尔思想中的尼采》,载《透视》,第 331—349 页。

黑格尔,格·威·弗:《全集》,汉堡 1978 年版。

赫德,克劳斯:《赫拉克利特,巴门尼德和哲学与科学的开端》,柏林 1980 年版。

何佩尔,汉斯·裴:《海德格尔和禅》,梅生海姆 1992 年版。

赫尔曼,弗·微·冯:《马丁·海德格尔的自我解释》,梅生海姆 1964 年版。

——《海德格尔的艺术哲学》,法兰克福 1980 年版。

——《此在的解释学的现象学》,法兰克福 1980 年版。

——《主体和此在》,法兰克福 1985 年版。

——《进入生成之路,论海德格尔的〈对哲学的贡献〉》,法兰克福 1994 年版。

荷尔多林,弗里德里希:《全集》,斯图加特 1946 年版。

和,大卫·库怎斯:《〈存在与时间〉中的历史、历史性和历史学》,载《海德格尔和现代哲学》,第 329—353 页。

亚格,汉斯:《海德格尔和语言》,伯尔尼—慕尼黑 1971 年版。

康德,伊曼努尔:《纯粹理性批判》,威斯巴登 1957 年版。

可特林,艾米:《亲近—马丁·海德格尔的思想》,普弗林恩 1987 年版。

克罗斯特曼,维托里若编:《透视:献给马丁·海德格尔 80 岁生日》,法兰克福 1970 年版。

库恩,赫尔姆特:《相遇虚无》,图宾根 1950 年版。

——《相遇存在》,图宾根 1954 年版。

——《存在和好》,慕尼黑 1962 年版。

罗威特,卡尔:《海德格尔:贫乏时代的思者》,法兰克福 1953 年版。

——《世界历史和拯救发生》,载《参与》,法兰克福 1950 年版,第 106—153 页。

利奥塔,简·弗朗索瓦:《海德格尔和犹太人》,维也纳 1988 年版。

马腾,兰勒:《海德格尔的家园》,载《深思海德格尔》,第 136—159 页。

马克思,维纳:《大地上有一尺度吗?》,汉堡 1983 年版。

——《海德格尔和传统》,斯图加特 1961 年版。

——《要死者》,载《深思海德格尔》,第 160—175 页。

马克思,沃尔夫刚:《在此在的区域本体论视野中的本体论的差异》,载《深思海德格尔》,第 176—252 页。

米勒,马科斯:《当代精神生活的生存哲学》,海德堡 1952 年版。

慕拉及,米夏尔编:《海德格尔和现代哲学》,纽黑文—伦敦 1978 年版。

那格·多尔卡,赫它等编:《主体之亡》,慕尼黑 1987 年版。

内斯克,衮特编:《海德格尔 70 岁生日纪念文集》,普弗林恩 1959 年版。

尼采,弗里德里希:《著作》,柏林 1967 年版及以后。

诺瓦利斯:《书信和著作》,柏林 1943 年版。

奥托,亨利希:《思想和存在》,佐里孔 1959 年版。

帕帕鹏特,赫曼:《海德格尔和德利达》,林孔—伦敦 1984 年版。

珀格勒,奥托:《马丁·海德格尔的思想道路》,普弗林恩 1994 年版。

——《海德格尔和解释学哲学》,弗莱堡—慕尼黑 1983 年版。

——编:《海德格尔:其作品解释的透视》,科尼斯坦 1984 年版。

理查得生,威廉:《从现象学到思想》,海牙 1963 年版。

利科,保尔:《解释学的任务》,载《海德格尔和现代哲学》,第141—160页。

里德尔,曼弗雷德:《言说和倾听》,载《哲学研究杂志》第39期,第337—359页。

罗蒂,理查德:《克服形而上学:海德格尔和杜威》,载《深思海德格尔》,第253—274页。

——《海德格尔反对实用主义者》,载《海德格尔的影响》,第1—22页。

罗森,斯坦尼:《思考虚无》,载《海德格尔和现代哲学》,第116—137页。

赖尔,吉尔伯特:《海德格尔的"存在和世界"》,载《海德格尔和现代哲学》,第53—64页。

舒尔茨,瓦尔特:《近代形而上学的上帝》,普弗林恩1957年版。

舒尔茨·塞茨,如特·爱娃:《"固守的歌声"》,载《透视》,第63—96页。

斯威鹏活哲,赫尔曼:《海德格尔语言理论研究》,法兰克福1956年版。

图根哈特,恩斯特:《胡塞尔和海德格尔处的真理概念》,柏林1969年版。

——《海德格尔的真理概念》,载《海德格尔,其作品解释的透视》,第286—297页。

——《存在和虚无》,载《透视》,第132—167页。

威克,乔治:《海德格尔对于巴门尼德的"存在"语言的复原》,载《海德格尔和现代哲学》,第203—221页。

威尔斯,沃夫尔刚:《后现代和后形而上学》,载《哲学年鉴》9,第116—122页。

威尔,雷勒:《海德格尔的本体论的问题和一本体论的可能性》,载《海德格尔的影响》,第23—45页。

外特,大卫·阿:《海德格尔和诗意语言》,林孔—伦敦1978年版。

维特根斯坦,路德维希:《路德维希·维特根斯坦和维也纳学派:谈话》,弗里德里希·外斯曼记录,法兰克福1967年版。

海德格尔专题研究

一、评西方海德格尔研究

1. 海德格尔思想概述

与哲学历史的主题作为理性，后现代的主题作为语言并不同，现代思想的基本问题是存在，这尤其体现于尼采、马克思和海德格尔关于人的存在的思索中。但是海德格尔又是如何表达存在这一主题的呢？区分于其他现代思想家，海德格尔发现了存在的悖论，这就是说，存在乃虚无，并具体化为无之无化。因此海德格尔思想的根本问题不是一般意义上的存在，也不是存在与虚无的关系，而是作为虚无的存在或作为存在的虚无。人们在哲学史中曾看到了思想的悖论，也在后现代中揭示了语言的悖论，但是都试图通过概念和语言的分析来消灭这种种悖论形态。与此相反，海德格尔敞开了存在的悖论，并认为它不可能为黑格尔的辩证法所扬弃。

存在即虚无，海德格尔如是说。值得追问的是：这个悖论是如何形成的？它源于所谓的本体论的差异：存在不是存在者。存在固然是存在者的存在，但是它既不是存在者之一，也不是存在者整体，因此存在自身只是虚无。这里，虚无不能把握为存在者的否定，因为这是一存在者和另一存在者的否定关系，亦即陈述以"不"对于事实的否定。只有当虚无存在时，否定才有可能。依据海德格尔的观点，存在者之不和否定已经将无之无化设立为前提，因为后者使前者成为可能。这是如此发生的：无之无化显现为敞开和自由，只是在这里，否定才有了可能性。这又导致陈述能够去否定存在者。因此不和否定被无之无化规定为它的衍生样式。如果无之无化在本原上不理解为否定的话，那么它也不能把握为褫夺。褫夺标明了存在者的欠缺，亦即缺少那原本属于它的东西。于是它只是存在者否定的一个样式。在这种否定之中，它还不相关于虚无自身，因为虚无不是存在者的欠缺和缺少，而是存在的本性。只有当存在作为虚无虚无化时,存在者的褫夺才是可能的。值得注意的是,海德格尔的虚无根本不能理解为道家和禅宗的空无观念,后者虽然不能简单地说就是一个本原的存在者,但是它基本上是一个存在的静态,前者则不然,它是存在的动态,如果这样的话,那么虚无和存在所构成的悖论关系并不是自身的囚禁,相反它是一种原创性的生成。

因此虚无既不能理解为否定,也不能理解为褫夺。那么虚无怎样才能被规定?海德格尔的回答为:虚无虚无化。它无化,凭借于它与存在者的区分。本体论的差异已经照亮了这样一种虚无与存在者相区分的意义,它意味着:存在不是存在者。在此范围内存在同样是虚无。基于同一原因,区分也是虚无本身。正是在此虚无与存在者的区分中,无之无化才能被经验。"无的本性立于偏离存在者和远离存在者"①。但是在这种意义上,虚无并不消失,而是敞开自身。

虚无的敞开在于,虚无让存在去存在,虚无以此拥有它具有动词化形态的表达方式。"分词形式的虚无化是重要的。这一分词表明了存在的一确定的'活动',存在者唯有借此才存在"②。作为活动,无之无化既非手前之物,亦非手上之物,更非存在者的消灭,而是理解为存在之让。此让然后是纯粹的给予。而它所给予的正是存在。在给予之中最后生成了生成。

海德格尔如何在他的不同思想阶段将无之无化形成主题?对此他说明道:"三个语词,凭借于它们的相互取代,同时标明了思想的三个步骤:意义—真理—地方"③。在此就意义而言,它表明为存在的意义,但它作为"在世存在"自身拒绝。然后就真理而言,它在形而上学的形态中显现为历史的真理,它作为命运的派送自身剥夺。最后,地方意味着语言的地方性,它自身沉默。这正是海德格尔所谓的"存在"从世界经过历史到语言的道路。于是关于存在的悖论可以如下表达:第一,世界性的维度,"在世存在"乃"于无存在"。第二,历史性的维度,真理的去敝乃真理的遮蔽。第三,语言性的维度,道的言说乃道的沉默。

早期海德格尔试图显现世界的本性,世界既非意识的世界,亦非体验的世

---

① 海德格尔:《全集》,第15卷,法兰克福1975年版及以后,第361页。
② 《全集》,第15卷,第363页。
③ 《全集》,第15卷,第344页。

界,如它们被胡塞尔和狄尔泰所理解的那样,而是此在的世界,它区分于手前之物和手上之物,而作为"在世存在"生存着。因此,此在规定了世界。由于此在自身立于本体论的区分之中,所以它已经被悖论所规定并成为了存在与虚无的游戏之所。此在敞开所构成的样式首先是情态,然后是理解,最后是沉沦。情态意指此在的必然性,即此在必然生存于世界之中,而没有第一根据和原因,于是此在便位于一个无底的深渊。理解则是相关于此在的可能性,但是这种可能性是使可能性成为可能的可能性。因为此在只是相关于自身,所以它没有任何目标和目的。沉沦却描述了此在的现实性,这表现为,此在显现为不是自身,而是常人;世界不揭示自身,却掩盖自己;存在没有敞开,反倒遮蔽。在理解的情态中,亦即在世界整体中的畏惧的经验中,虚无显明了自身。同样作为虚无,烦使世界的整体性和非整体性趋于明朗,这凭借于它统一了情态、理解和沉沦。在走向死亡的存在中,此在的存在达到了其本原性的规定,因为死亡是此在本己的、毫不关涉的和不可逾越的可能性。这作为存在的可能性又被良心所证明。作为死亡和良心的统一,先行的决定立于时间性中,它源于虚无而自身时间化。于是在世存在逐步显现为于无存在。

凭借于海德格尔思想由其第一阶段的"世界的拒绝"的解释到第二阶段的"历史的剥夺"的这一根本主题的过渡,其无之无化的规定也发生了变化:这不再鉴于此在来理解,而是于存在自身的真理的关联中来思考。此在为虚无所规定,这在于存在自身在根本上就是虚无。存在作为虚无来相遇,这意味着存在不仅自身去蔽,而且首先自身遮蔽。于是存在本原地本性化为自身遮蔽。依此存在的真理乃为自身遮蔽的林中空地。此遮蔽之发生正好是历史的命运,在此存在自身派送,凭借它反离而去。它显现为一链条式的悖论:让与让去,给予与反离,生成与剥夺,等等。作为遮蔽的历史,形而上学同样是虚无主义的历史,这意味着存在历史的终结。相应地,海德格尔在他的第二阶段首先追求解释存在自身遮蔽的本原性;然后他将遮蔽的发生看做是形而上学的历史;最后他试图克服形而上学。在历史性的经验中,林中空地成为了其根本性悖论的喻相:真理的遮蔽和去蔽。

在世界的世界性和历史的历史性被解释之后,语言的语言性在此也必须显现出来,只要世界性和历史性的林中空地是宁静的空地的话,而此宁静本原性地道说的话。为了向语言的形而上学的观点明确地告别,海德格尔的语言

性经验首先要求这样一种区分:谁在说话? 既非神,也非人,而是在诗意意义
上的语言在说话。据此海德格尔区分了语言自身。不同于陈述,道说是语言
的本性,此本性理解为宁静的排钟,而且对于语言中的无之无化是本己的。语
言以此方式聚集了天地人神,亦即四元。但是陈述却并不认识宁静的排钟,而
是遮盖和阻挡了它。按照海德格尔的观点,陈述的最后形态不是理解为形而
上学的历史判断,而是理解为技术当代的信息,此信息已不再可能道说那不道
说。正是在技术的世界里,无家可归显现出来,它作为那值得思考的令思想去
经验林中空地的宁静。不过这里问题不在于信息语言对于诗意语言的遮盖,
而是在于作为道的语言的言说和沉默所构成的悖论。海德格尔将此悖论描述
为"宁静的排钟"。"道说"道说出来,凭借于它使宁静。"宁静"使宁静,凭借
于它鸣奏。以此方式,宁静的排钟将那尚未言说的和那已被言说的聚集为一。
海德格尔不仅在语言性的维度显示了语言性的悖论,而且重新敞开了世界性
和历史性的悖论。于是语言的言说和沉默包含了世界的亲近和去远及历史的
派送和反离。

在海德格尔的不同的思想的维度中,存在即虚无,虚无虚无化。世界的拒
绝是鉴于事情的无之无化,而历史的剥夺是思想的无之无化。同时,语言的沉
默敞开为在规定意义上的无之无化。从事情、思想和规定的不同维度,无之无
化的不同样式完成了海德格尔思想的建筑结构,亦即"思想的事情的规定",
以致如海德格尔所表达的"一切皆无"。

无之无化或存在即虚无的悖论为何对海德格尔成为了主题? 为了回答此
问题,人们必须获得作为整体的海德格尔的思想。虽然无之无化表达为世界
性的、历史性的和语言性的,但是它作为整体却是世界性地所铸成的,因为对
于海德格尔的思想而言,世界是其出发点和回归点。于是世界首先表现为世
界性的,其次表现为历史性的,最后表现为语言性的。世界的世界性为何在此
对海德格尔而言是推动性的?"在世存在被发现为是作为首要的和不可推导
的,始终是已经给予的,并因此本原地对于一切意识把握来说是一'优先'的
事实"①。世界是本原的,只要它在此既非意识的世界,亦非体验的,而是经验
的世界的话。作为如此,世界不是被思考出来的,而是最终简单地"在此"。

---

① 《全集》,第 15 卷,第 372 页。

于是世界"是",亦即在"有"的意义上。但是这正是意味着存在自身。世界因此是存在的本性,只要世界世界化的话。不过世界的世界化是聚集及其聚集物,作为如此,四元显现自身。同样作为如此,世界包含了存在的本性并表明为自身遮蔽的真理。以此方式,世界的世界性如此地刻画了历史性和语言性的主题,以至于历史理解为"命运",而语言把握为"排钟"。只要命运和排钟在聚集的意义上被思考的话,那么历史将是历史性的世界,正如语言是语言性的世界一样。

因为世界的世界性是本原的,所以存在和虚无必须依赖于此。"如果世界首先自身特别地生成的话,那么存在将会消失,与它一起,虚无也将消失于世界化之中。只有当虚无在它的本性中由存在的真理而来并消失于此真理之中,虚无主义才会被克服"①。存在消失了,因为它在世界的世界化中接受了,实现了,亦即完成了它的规定。但是为什么虚无也消失?因为它不再为世界的世界化所特有。然而这种世界的世界化始终只是可能的,更准确地说,乃不是不可能的。"但是世界还拒绝自身作为世界。世界仍反离于它自身的遮蔽性之中"②。世界不世界化;物不物化。世界不再给予自身,凭借于它自身拒绝。因此历史自身剥夺和语言自身沉默。

作为世界的拒绝,无之无化或存在即虚无的悖论却只是源于现代的经验,亦即它的反经验。这对于人的当前的困境来说是本己的。海德格尔在此困境中经验到什么?人的规定反离而去。由此原因,人不再是理性的动物,但还不是要死者。世界的经验是如此决定性的,以至于海德格尔必须继续地逗留于其中。如果这是确定的,那么海德格尔思想的边界变得明朗:亦即存在作为虚无,更准确地说的话:无之无化。这在海德格尔那里只是理解为世界的无之无化,而不是为在开端意义上的(不同于本原的)语言的无之无化。

当然海德格尔已经区分了虚无,亦即如此,虚无不是关于存在者陈述的否定,相反它作为自身是存在。他始终让在传统中只是认识到陈述的否定,而不是道说的否定。"命名在古希腊那里从一开始就始终意味着陈述;而陈述叫做表明某物为某物。语言的这种理解先行规定地处于这一领域,荷马的诗篇

① 《全集》,第79卷,第49页。
② 《全集》,第79卷,第49页。

也运行于其中"①。与此相应,西方的语言在根本上从陈述而来被刻画了,它对海德格尔而言是没有区分的。对于海德格尔而言,语言不仅在历史中,而且也在世界中是陈述,也就是在技术性的形态中,亦即信息。这种规定将海德格尔导致于此,他只是与陈述相争论,不可能以这种道说来突破。海德格尔对他的报告"时间和存在"在结尾处评论道:那里也还是"用陈述句所言说"②。那开端性的语言首先只是可能的,只要它不是不可能的话。即使当海德格尔谈论开端性语言的可能性时,这也只是作为一种暗示。"语言言说为箴言。语言是如此游戏般的,以至于在这种情况中言说如同道说一样意味着同一的"③。但是这种暗示却是不明显的。此非明晰性在于:语言自身在海德格尔那里尚未以开端性的区分清晰地被思考过。于是语言在此还没有区分于世界,而是最终保持为世界之内的。这样,语言在海德格尔那里不能越过世界的边界。

这是基于海德格尔的文本对于他的思想所进行的勾勒。但是这也只不过是一种解读和一种解释而已。尽管这样,它将不可避免地成为我们的视角,以此来分析西方海德格尔研究对于海德格尔思想的各种理解,并揭示他们视角的差异性。

2. 主题与分期的讨论

从古希腊哲学到后现代思想,很少有人能和海德格尔相比,创造了如此丰富的精神世界。特别是从早期到晚期,海德格尔的思想发生了巨大的变化。于是这产生了一个问题:什么是海德格尔思想的主题? 对此西方海德格尔研究者就有许多不同的界定。

一般而言,人们容易将海德格尔的主题与存在主义等同起来,和雅斯贝斯、萨特等人视为一体。实际上,萨特的《存在与虚无》就是将海德格尔思想存在主义化,同时又将存在主义人道主义化。但是,伽达默尔指出,海德格尔

---

① 《全集》,第15卷,第336页。
② 《论思想的事情》,图宾根1988年版,第25页。
③ 《全集》,第79卷,第169页。

所说的生存无关于存在主义和存在哲学①。如果说萨特是存在主义哲学,雅斯贝斯是存在哲学的话,那么海德格尔的思想则是关于存在的问题,用他的话来说,就是追问存在。

于是存在一般被理解为海德格尔的主题。马科斯·米勒指出:"对于海德格尔而言,只有一个哲学题目:不是人和生存,而只是存在"②。这意在划清海德格尔和哲学人类学以及其他关于人的生存理论的界限,并使海德格尔的思想建立和西方哲学史的联系,因为只有存在问题而不是人的问题才是形而上学的根本之所在。

但是一般地讨论存在问题并不能切中海德格尔思想的核心。这促使人更设入地探索海德格尔追问存在问题的独特性。比梅尔认为:"如果我们试图切中海德格尔问题的核心的话,此核心使其思想富有生命并让其追寻永不停止,那么它将是令人吃惊的,即此核心乃双重的。它是追问存在,同时也是追问无蔽"③。这里所谓的无蔽就是海德格尔所理解的真理。比梅尔进一步说明:"我们认为,海德格尔的主导思想是双重的,即追问存在和追问真理。这种双重性特别地在一句话中显现出来:'真理的本性是本性的真理'"④。这种双重性是同一的,因为它将存在和真理聚集一起,而这又凭借于海德格尔将认识论的真理置于存在论的真理这一本原的基础之上。

这有必要对于海德格尔思想的真理具体化。博德尔强调,海德格尔遗言的要旨就是他所说的"思想的事情的规定"⑤。这个规定不是其他什么,它就是林中空地,亦即海德格尔所理解的真理。林中空地不能把握为所谓的澄明境界,而是地方的地方性,它既显现又遮蔽。以此方式,它给思想定调,从而成为了思想的规定。

如果说海德格尔思想主题能够得到确定的话,那么他又是如何在其漫长的思想道路上予以完成的呢?

珀格勒将海德格尔的思想解释为一条道路:"海德格尔的思想必须理解

---

① 《海德格尔的道路》,图宾根1986年版,第7—17页。
② 《当代精神生活的生存哲学》,海德堡1958年版,第13页。
③ 《海德格尔》,汉堡边的兰贝克1973年版,第35页。
④ 《海德格尔》,第78页。
⑤ 《现代的理性结构》,弗莱堡—慕尼黑1988年版,第321页及以后。

为一条道路，但不是作为一条很多思想的道路，而是作为一条限定于一个且唯一的思想的道路。对此思想家希望着，他'一旦如一孤星立于世界的天空'：'走向一星，如此而已'（《源于思想的经验》，第7页)"①。这个唯一的道路正是走向存在的道路，因此思想就是存在的思想。不过这并不排除海德格尔思想的转折，因为海德格尔指出，向前也会是向后，于是思想的前进也可能是回溯，亦即返回存在的本原之地，从而行走于同一途中。

但更多的人将海德格尔的思想道路区分为前期和后期。理查得森认为，海德格尔的转变为"从此在到存在"和"从存在到此在"②。这样一种划分比较简明，但是过于粗略。对于这一转折，存在不同的看法。许多人将它视为肯定性的，因为海德格尔只是在后期才真正形成了自身的思想结构。比美尔认为，后期海德格尔并不比前期海德格尔更少现象学的意味，只是他在这一时期的研究范围已超过了我们通常所理解的现象学③。与此相反，伽达默尔表达了否定性的看法："海德格尔随后又完全抛弃了解释学的概念，因为他看到了这个概念不能使他走出先验思辨的范围。这样，他的哲学本来试图通过他所谓的转向来回避先验的概念，便越来越陷入表达方面的困难之中，以至于众多读者认为他的哲学中诗意多于哲理。我认为这是一个错误"④。这在于伽达默尔固守于海德格尔的早期思想，而不能找到理解晚期海德格尔的通道。

博德尔在现代思想的整体框架内解读海德格尔的思想道路。对于现代的思索而言，整体是世界、历史和语言，这区分于形而上学的整体：上帝、世界和灵魂。⑤ 与此相应，海德格尔的思想道路应区分为一条道路中的三个阶段，亦即世界性、历史性和语言性。⑥ 这吻合于海德格尔自身对于自身思想的划分，也就是从意义（世界）到真理（历史）再到地方（语言）。

对于海德格尔思想的主题和分期的讨论又始终和对他的一些的基本问题的研究联系在一起。这些研究大致可分为现象学和解释学的批评、分析哲学

① 《马丁·海德格尔的思想道路》，普弗林恩1994年版，第8页及以后。
② 《从现象学到思想》，海牙1963年版，第25、299页。
③ 《海德格尔》，第111页。
④ 《解释学的挑战》，载《国际哲学评论》第151期。
⑤ 《现代的理性结构》，"前言"。
⑥ 《现代的理性结构》，第321页及以后。

的批评和解构哲学的批评。其间差异之大，几乎无法对话。

3. 现象学和解释学的批评（一）

现象学和解释学的批评是西方海德格尔研究者的一般视角，尤其在当代德国哲学界更是如此。其代表人物为伽达默尔、比梅尔、珀格勒、冯·赫尔曼等人。这种批评并不意味着人们使用特定的现象学的方法（如本质和先验的还原）和解释学的方法（解释学循环）来解读海德格尔，而是将海德格尔自身置于现象学和解释学的维度来理解他，并凸显其现象学和解释学的倾向，亦即描述海德格尔思想是如何运行在现象学和解释学之中的。

毫无疑问，现象学在根本上规定了海德格尔的思想道路。但是什么是现象学自身？它的名字已经表明，它是关于显现的科学。不过，显现什么？它显现事情，因此它召唤"走向事情本身"，这个事情实际上是存在的另一个名称。为什么要显现？这是因为事情遮蔽自己和被遮蔽。在此意义上，现象学只是并限定于现代的思想，因为事情和存在并不是古代和后现代的主题，它们要么关注于理性，要么关注于语言。正是基于现象学的现代性，海德格尔获得了其思考的出发点和回归点，并使他不能越过现代思想的边界。

海德格尔早期的《存在与时间》首先把握了事情本身，即世界，但是如已所述，这个世界不是胡塞尔的意识的世界，也不是狄尔泰的体验的世界，而是此在的世界。然后他将此在在世的结构的要素（世界、在自身、此在）和整体（烦）揭示出来，最后并达到此在是走向死亡的存在这一根本规定。

中期的《艺术作品的本原》借助了现象学还原的方法，通过艺术作品的本性的揭示来显现历史性的真理。其思想过程是由物的分析到器具的分析，然后到作品自身的分析，从而指出，艺术是真理的发生方式，美是真理的自行设入作品，而作为世界和大地的抗争的真理正是存在的无蔽。

晚期的《哲学的终结和思想的任务》更是回溯到了现象学的本原，它追问了这样一个问题：事物的显现如何可能？凭借于对此问题的解答，它对于现象学的显现本身予以显现，并刻画了现象学的边限，亦即它所显现了的和它尚未显现的。诚然，现象学的任务是让事情显现出来，但是显现之所以可能，是因为有光亮；而光亮则源于空地，它使光和影的游戏成为现实；然而最本原的空地却是林中空地,因为它是去蔽,即在遮蔽的森林中敞开了一片地方。于是唯有林中空地才使事情的显现成为可能。正是在此,海德格尔将现象学引入了危机,因为他将事情不再理解为意识,而是理解为存在;同时他也不复思考"思想的事情",如"走向事情本身"这一原则所要求的那样,而是追寻"思想的事情的规定",这个规定才是其思想的灵魂。

当海德格尔说现象学的时候,他也在说解释学。但是这并不是因为他既受到胡塞尔的影响,也采用了狄尔泰的思想,而是因为存在的显现过程本身就是存在自身的理解和解释。海德格尔早期的《存在与时间》中关于此在的理解和解释成为了解释学历史的经典文本,不过这种理解和解释只是此在存在于世的基本模态之一,它是世界性的。中期的"艺术作品的本原"在思考艺术时,其根本问题已不是此在的理解和解释,而是存在的真理的自行发生,它是历史性的。晚期的"通往语言的途中"才摆脱了世界和历史的限制,并试图达到纯粹语言本身,不过他在事实上并没有实现,所以他自称只是"通往语言的途中"。

但是海德格尔早期的解释学尝试是对世界性自身作更本原的探讨,他所理解的解释学既不是关于解释艺术,也不是关于解释本身的学问,而是首先对于解释本身进行"解释性的"规定。而这个"解释性"在古希腊的意义上并非解释,而是消息的带来,这正好促使他让存在显现出来。海德格尔后期甚至放弃了解释学这一说法,因此他晚期的语言问题可否看做是解释学哲学,却是值得怀疑的。这是因为海德格尔不再对于解释学,而是对于语言本身做了倾听,从而达到了语言的本原之地。

现象学和解释学的批评只是将现象学和解释学作为原则来衡量海德格尔的思想,亦即将它现象学化和解释学化。当然这种批评也会发现海德格尔思想的非现象学和非解释学的成分,而这是要被清除掉的。就现象学而言,胡塞尔在"欧洲科学的危机和超验现象学"中就非直接地指责了海德格尔早期思想如"存在与时间"是"经验的人类学"。就解释学而言,伽达默尔对于海德格尔的晚期的语言探讨视为无意义。

4. 现象学和解释学的批评(二)

在述评了现象学和解释学批评的一般特征之后,我们将具体探讨它们是如何解读海德格尔思想的个别问题的。

4.1. 关于早期思想

虽然早期海德格尔追问存在的意义,但是此在问题却成为了中心问题,这在于唯有此在这一存在者能将存在的意义显现出来。那么,谁是此在? 珀格勒的回答是:"海德格尔把此在理解为作为此的人,作为存在的敞开之地"①。因此不能简单地将此在理解为人,而是要将人规定为此在。海德格尔甚至更为明确地把此在之此解释为林中空地。作为此在,人就站立于林中空地之中。

所谓的此在的整体结构又被描述为"人生于世界",于是此在被世界所规定,这又导致存在的经验只是世界的经验。对此沃尔夫刚·马克思认为:"海德格尔所思考的存在只是一特别的主体经验的整体:此存在依据其图像,它是源于他的一个经验的此在的存在。这一存在是超验的:经验和自身经验的可能性的条件,但是它只是必要的,而不是充分的,只是世界的一块,而不是世界自身或者是超验的存在的命运。"②海德格尔的存在的追问始终局限于世界,这是海德格尔与西方形而上学历史的存在问题相区分的地方,也是他和尼采、马克思等现代思想家探讨存在的共同之处。

此在在世的样式的主要环节是理解。伽达默尔强调了理解的存在论的意义,指出"存在与时间"中的真正问题不是存在以怎样的方式才能被理解,而是理解是在什么方式下存在的。理解不只是主体的诸多可能行为之一,而是此在本身的存在方式。他断言:"一切理解都是自我理解。"③伽达默尔还说明了海德格尔的理解对于自己思想的意义:"特别是海德格尔把理解的概念扩

---

① 《海德格尔和解释学哲学》,弗莱堡—慕尼黑1983年版,第93页。
② 《在此在区域本体论视野中的本体论的差异》,载乌特—古左尼编:《深思海德格尔》,黑德斯海姆1980年版,第176—252页。
③ 《哲学解释学》,贝克莱1977年版,第55页。

展到生存性的,即此在的一个基本限定,这标志着我的一个决定性的阶段"①。海德格尔的理解一直为解释学哲学和伽达默尔的思想所重视,这是因为前者作为本文正好吻合了后者作为解释者的先见。不过海德格尔并没有凸显其理解的语言性的意义,相反他揭示的是其可能性,亦即使可能的可能性。然而它自身只是无可能性,这在畏惧和死亡中得到了更进一步的阐释。值得注意的是,后期海德格尔虽然仍然使用可能性这一语词,但是逐渐放弃了理解一词的运用。

　　此在的根本性规定是走向死亡的存在。詹姆斯·得姆斯克认为:"一方面,死是有限的人的本性的尺度;另一方面,它是有限显现的存在的尺度"。②这在于死亡不是一般人类学的事件,而是此在的不可能的可能性,于是它沟通了人和存在自身。对于死亡和此在的整体性,瓦尔特·舒尔次强调道:"关于死亡的整个分析具有解释学的意义。它服务于此,即从此在终结而来看到它的整体性。整体性此一概念是理解《存在与时间》的钥匙"。③死亡当然关涉于此在的整体性,但是它更关涉此在的本原性,因为它是此在本真的、毫不关涉的、不可逾越的、确定而不确定的可能性,也就是虚无。鉴于此,理解《存在与时间》的钥匙不是整体性,而是作为本原性的虚无。

　　在世界经验中的虚无当然有许多不同标志,因此人们提出这样的问题,即虚无的意义是否是统一的。维纳·马克思问道:"在此人可以指出一非常可疑之处,即对海德格尔的《存在与时间》而言是否已成功,无性的不同意义合为一体? 如:死亡、被抛的无性即无的根据、投射的无性、沉沦的无性,以及最主要的是畏惧的无性(作为意蕴的丧失),它那方面又作为死亡的畏惧和良心的畏惧及作为独立的现象(《情态》章)。饶有兴趣的是,在《什么是形而上学?》中,只是畏惧(在《存在与时间》的《情态》章的意义上)又被使用为'虚无'的导论"。④海德格尔在世界经验中的虚无的意义当然是统一的,不过它们关涉于不同的维度。情态、理解和沉沦是此在之无的主要环节,烦是其整体,死亡是其本原。其中的基本经验是畏惧,亦即理解的情态。因此《什么是

----

① 《解释学的挑战》,载《国际哲学评论》,第 151 期。
② 《存在、人和死》,弗莱堡 1963 年版,第 14 页。
③ 《近代形而上学的上帝》,普弗林根 1957 年版,第 44 页。
④ 《要死者》,载《深思海德格尔》,第 173 页。

形而上学?》中由畏惧对于虚无的经验敞开了一条理解《存在与时间》的通道。

4.2. 关于中期思想

海德格尔从早期到中期的转变是从世界性的经验到历史性经验的转变。当然,大卫·库怎斯·和一指出,海德格尔第一阶段也存在对于历史和历史学以及历史性的区分。① 不过这种历史性的问题仍然归于其世界性的解释。珀格勒更强调了海德格尔中期的历史性经验。② 只是在这里,历史的历史性才真正形成主题。

在历史性的经验中,本体论差异是关键性的,它不同于畏惧作为世界性的经验。当然本体论的差异在早期也是思想的出发点,但是它只是成为了准备性的课题并被畏惧的经验所限定。尽管如此,沃夫尔刚·马克思仍坚持本体论的差异要鉴于此在来解释。③ 不过这种解释是不充分的,因为此在立于世界之中,而本体论的差异作为存在和存在者的差异,是存在自身的虚无性和差异自身的虚无性,它发生于存在的历史,并凭借于存在的遗弃和存在的遗忘。

海德格尔将这种历史性的经验描述为自身遮蔽的林中空地,它的本性就是生成,因此一般认为海德格尔的对哲学的贡献就是将存在理解为生成。珀格勒说道:"存在作为生成:伴随着存在意义的此一规定,海德格尔的思想到达了它的目的。于此,生成,时间特意地同时被思考。在时间的光芒中,存在甚至以一遮蔽的方式被理解了"。④ 此外,冯·赫尔曼也将生成视为海德格尔思想关于存在的最高规定。⑤ 不过这忽视了海德格尔关于虚无的经验。他多次指出,生成就是剥夺,因此自身生成也就是自身剥夺。正是在这种意义上,他还认为此在就是去在。这意味着,此在不仅显现,而且也遮蔽。

遮蔽在此表现了它的本原性。在林中空地的范围内所描述的真理不是认识的符合,而是存在的显现。这种显现就是无蔽和去蔽,但是它同时又是遮

---

① 《〈存在与时间〉的历史、历史性和历史学》,载慕拉及编:《海德格尔和现代哲学》,纽黑文—伦敦 1978 年版,第 329—352 页。

② 《海德格尔晚期作品的"历史性"》,载《海德格尔和解释学哲学》,第 139—170 页。

③ 《在此在区域本体论视野中的本体论的差异》,载《深思海德格尔》,第 176—252 页。

④ 《海德格尔和解释学哲学》,第 118 页。

⑤ 《进入生成之路》,法兰克福 1994 年版,数处。

蔽。因此真理的本原性是非真理和无真理。关于"非"的本原性,比梅尔和威冷斯写道:"非指出了一与本原的关系,它相应于那本己的原。此本原或本原性自身对于所有熟知的而言是走在前面的,但是这作为自身恰恰没有被看到。在此意义中,非保留了不的意义,但不是一轻视的、否定的不的意义,而是一摧毁了熟知领域的不的意义"。① 但是,根据博德尔的观点,此遮蔽在古希腊的证据中如在《荷马史诗》中不是意味着自身遮蔽,而是意味着自身隐瞒。② 所谓的隐瞒意指:虽然我知道,但是我不让人们分享知识;而不隐瞒则表明让人们知道。于是真理不是去蔽,而是让知道。这一分歧是巨大的,因为它将真理问题由存在领域转向了语言领域,且集中于智慧的话语。

海德格尔所理解的自身遮蔽的发生就是形而上学的历史,因此他中期的思想的主要问题是:什么是形而上学? 他认为存在的历史作为存在的遗弃和存在的遗忘就是存在者的存在的历史。与海德格尔关于形而上学的表达不同,博德尔代表了另一立场:"柏拉图和亚里士多德的问题,即'存在者'一词所标明的,不能被确定为追问存在的意义"。③ 在博德尔看来,古希腊哲学没有探讨存在者的存在,而是追问完满的存在者,亦即已实现和已完成的存在者。

哲学的历史在海德格尔那里被刻画为存在的命运。它的派送和反离表现为"持于自身",亦即划时代。不过,存在命运的划时代是否能要求其普遍有效性,罗威特认为值得怀疑:"对于东方人来说,他们没有一'划时代的意识'和一在'瞬间'决定的世界历史的激情。他们也不知道存在的历史和存在历史性的生存,因为他们既不知道自己被抛,也不知道他们投射自身和世界。当然这并不阻碍他们去翻译、深思和变思欧洲思想最后的新近现象"。④ 这揭示了东西方思想的差异,同时也暴露了海德格尔哲学作为西方思想的有限性。但是问题在于,为什么西方有存在的历史,而东方则没有?

海德格尔将欧洲存在的历史揭示为虚无主义的历史。不过他没有考虑

---

① 《海德格尔的著作〈真理的本性〉》,载《学术会议》3,弗莱堡—慕尼黑,第497页及下页。

② 《古希腊逻各斯和无蔽的用法》,载《概念历史文献》1959年第4期,第82—122页。

③ 《现代的理性结构》,第322页;另外,《为什么"存在者的存在?"》,载《哥尔学会哲学年鉴》1971年第78期,第111—133页。

④ 《世界历史和拯救发生》,载《参与》,法兰克福1950年版,第112页。

到,虚无主义不仅是西方的,而也是东方的。关于与虚无主义作为西方存在的历史的对照,衮特指出:"那里有这样的说法,即虚无主义是西方民众的命运的一基本过程。为什么只是西方的? 人们必须追问一下。在印度哲学中的佛教的涅般的设想中,所谓高级文化的形而上学的虚无主义已以一种强度表达出来,这在西方是很少能够达到的。中国的道家思想也应在此关联内被指出"。① 在此必须注意到东西方的不同。虽然佛教和道家思想是虚无主义的思想,但是它相异于西方的虚无主义。在海德格尔看来,东方只是存在者之无,西方则是存在之无。同时,当东方思想主张存在者的虚无性时,西方却认可了存在者的真实性。没有追问虚无(也就是存在的遗忘,甚至存在的遗弃),这对于海德格尔来说才是真正的西方虚无主义。

关于存在的历史,海德格尔理解为第一开端的历史,不过这一历史已经终结。对此衮特相反看得十分怀疑:"海德格尔在他的哲学作品中给我们所叙述的,是世界时间的传说,它开端于黄金时代而终结于铁的时代"。② 这一比喻是贴切的。海德格尔的历史不仅类似于古希腊的神话,也类似于中世纪的关于乐园和失乐园的基督教的历史图形。然而海德格尔并不主张回到第一开端,因为在那里已经发生了存在的遗弃和存在的遗忘。

因为第一开端的终结,思想要求对于存在进行开端性的思考,从而形成另一开端。在另一开端,思想不仅和存在构成另外的关系,而且思想自身也表现为另一形态。在此本体论必须消失,因此本体论的可能性是不可能的。但是雷勒—威尔仍怀有建立关于一本体论的可能性的构想。③ 与此不同,博德尔不仅强调了另一开端的独特性,而且还主张对于另一开端的区分,而这又关联于第一开端的区分,这意味着哲学不只一种历史,而有多种历史。④ 这意味着第一开端作为存在的历史并非存在遗弃和存在遗忘的历史,同时另一开端也绝不是对于这一历史的克服。

① 《马丁·海德格尔和虚无的世界历史》,载《深思海德格尔》,第81页。
② 《马丁·海德格尔和虚无的世界历史》,载《深思海德格尔》,第80页。
③ 《海德格尔的本体论问题和一本体论的可能性》,载卢第格等编:《海德格尔的影响》,哥庭根1984年版,第23—45页。
④ 《在"另一开端"中的不同》,载《维纳·马克思纪念文集》,汉堡1976年版,第3—35页。

4.3. 关于晚期思想

海德格尔晚期的思想集中于关于语言的倾听和对答。

此时的林中空地主要基于语言的宁静和沉默来理解。在宁静之处,语言自身作为生成敞开又遮蔽。对此比梅尔认为:"在真正的言说中,只是发生了生成的敞开,但是这对言说者而言却是遮蔽的"。① 敞开和遮蔽是林中空地自身的本性,因此遮蔽不仅对言说者而言,而且对语言自身就是如此。只是语言自身遮蔽,它才能被遮蔽和被看成是遮蔽的。

语言的遮蔽性相关于作为虚无的存在,这尤其具体化为语言和死亡的关联。维纳·马克思一方面考虑了死亡和虚无的联系:"死亡在它和虚无和存在的关系中却是借助于'骨灰盒'这一形象来被规定的,于是,它依据海德格尔是借助于这种基本特征,即无蔽的基本特征,此无蔽'促成'了一切存在"。② 维纳·马克思另一方面探讨了死亡和语言的关系:"如果最高的遮蔽聚集于死亡的话,那么它与其他的遮蔽的样式相对是'最高的'。于是道说也许也是遮蔽。此道说作为'宁静的排钟'的'游戏'是一源泉,无声的语词和发声的语言即源于此(《语言》,第 30 页;《语言的本性》,第 208、214 页及下页),它也被聚集于作为'聚集的保藏'的死亡的神秘之中"。③ 他在这里将无蔽理解为死亡、虚无和存在的基本特征,同时认为死亡是最高的遮蔽,于是作为遮蔽的道说也归属于死亡。为什么? 这是因为死亡是此在的最高可能性,亦即无可能的可能性,它是世界的虚无。这种经验对于海德格尔来说是基本的,因此他的语言的遮蔽性后者虚无性必然要通过世界的虚无性得到最本原的阐明。

作为宁静的排钟,语言是聚集,而所聚集就是世界,亦即四元,它是天地人神的游戏。关于四元中的人,亦即要死者,博德尔要求在海德格尔不同阶段进行区分。④ 早期思想的要死者是世界性的,因此人生在世是走向死亡的存在;中期的要死者是历史性的,于是他是作为理性动物的死亡;晚期的要死者是语

---

① 《海德格尔处的语言和诗作》,载《人和世界》1969 年第 2 期,第 513 页。
② 《要死者》,载《深思海德格尔》,第 165 页。
③ 《要死者》,载《深思海德格尔》,第 175 页。
④ 《何种死亡的要死者?》,载《智慧,哲学著作》,第二卷,1988 年版,第 38—48 页。

言性的,在此关联中,人能以死为死,所谓的死亡不是现实的,也不是必然的,而是可能的,更具体地说,不是不可能的。关于四元中的神,奥特等人在海德格尔的整体思想中予以了考虑。① 海德格尔的神不再是最高的存在者(早期),也不是最后的上帝,虽然它作为历史性的生成与基督教的上帝迥然不同(中期)。诸神在此是语言的存在。因此海德格尔有关诸神的言谈既非古希腊的诸神,也非中世纪的上帝,而是作为四元之中的不死者。正是在这样的意义上,海德格尔强调道:"唯有一神能拯救我们。"②

海德格尔的语言的基本经验是无家可归,这是技术时代的主要病症。因此他由中期的对于"什么是形而上学"的追问转换成对于"什么是技术"的追问。当然这关涉于人的地位问题。在此比美尔发现了一困难,一方面,人为无蔽状态所用;另一方面,人也可以通过思想和艺术作出自身的贡献。"我们不容易把握如何理解这一地位,因为我们总是从自己的想象世界出发不是消极地就是积极地理解它,于是人要么听从命运,要么决定命运。海德格尔相反没有其中任何一种选择。对于命运的劝说,人应该是开放的,但不是奴隶般的。于是唯有这种可能性要被思考,即人能够从他充满灾难的命运中重新摆脱出来,从而得救"。③ 此处所说的海德格尔的态度正是基于他对于技术的追问。他当然反对崇拜技术(如俄国主义和美国主义),但是也绝不简单地反对技术,而是要揭示技术的本性,从而让技术作为技术存在。这也意味着,让物自身存在,让世界自身存在,亦即海德格尔所说的"泰然让之"。

在这无家可归的时代里,海德格尔试图为人建立一家园。他寄希望于让语言作为语言来说话,不过他始终将纯粹语言理解为诗意语言,亦即在世界之中的诗人的言说。对此博德尔进行了进一步的思考。他认为不是诗意语言,而是智慧语言成为了开端性语言。所谓智慧就是关于人的规定的知识,而人的规定正是通过人与自身的区分来实现的。西方的智慧的语言表现为缪斯的歌声、基督的布道和公民的言谈。④ 这种语言在海德格尔那里从未形成主题。

---

① 《思想和存在:马丁·海德格尔的道路和神学的道路》,左尼孔1959年版。
② 《1966年9月23日明镜周刊与海德格尔的谈话》,载《明镜》1976年5月31日,第193—219页。
③ 《海德格尔》,第124页。
④ 《形而上学的形态学》,弗莱堡—慕尼黑1980年版,数处;《现代的理性结构》,数处。

5. 分析哲学的批评

尽管海德格尔思想源于解释学和现象学,但是当它试图更本原地思考解释学和现象学的时候,它就和一般的解释学和现象学开始分离,继而疏远,最终放弃。于是一般的解释学和现象学的视角不能通达海德格尔的思想核心问题。至于分析哲学则放弃了这种通达的试图,它的目的是要借助语言分析来揭露海德格尔思想中的形而上学的语言表达式,即语言的误用。赖尔、卡尔纳普、维特根斯坦、图根哈特和罗蒂等人分别从不同的角度解读了海德格尔。

赖尔发现理解《存在与时间》是困难的。[①] 这在于海德格尔和分析哲学所使用的语言是两种根本不同的语言。卡尔纳普则对于"什么是形而上学"中关于虚无的句子作为伪句子进行揭露,指出"虚无虚无化"的语言表达式是空洞的,因此它所提出的问题是伪问题。[②] 这是因为卡尔纳普将语言只是规定为逻辑语言,它由于其陈述对象而成为不空洞的。与此不同,维特根斯坦似乎能够理解海德格尔的意蕴。对于海德格尔所讨论的存在和死亡,维特根斯坦指出,人在此拥有一冲力去撞击语言的边界。[③] 这个边界实际上是语言可说和不可说的边界。当然他们对于语言的阐释有所不同,维特根斯坦的语言不论是图像说还是游戏说都不是海德格尔意义上的语言,因为这种语言在它的已说之中聚集了可说的和不可说的。

图根哈特以分析哲学作为工具,对于海德格尔的许多基本问题进行了解剖,如真理、陈述等。[④] 其中最具代表性的是关于虚的分析。[⑤] 图根哈特逐步地揭示了海德格尔对于"虚无"这一词语的误用。他认为,"虚无"是由"不"这一否定词演变而来,它是如此发生的:由表达式1:这不是一个东西,扩大为

---

① 《海德格尔的〈存在与时间〉》,载《海德格尔和现代哲学》,第53—64页。

② 《用语言的逻辑分析克服形而上学》,载《认识》,1931—1932年版,第219—241页。

③ 《路德维希·维特根斯坦和维也纳学派:谈话》,弗里德里希·外斯曼记录,法兰克福1967年版,数处。

④ 《海德格尔的真理观念》,载珀格勒编:《海德格尔,其作品解释的透视》,科尼斯坦1984年版,第286—297页。

⑤ 《存在和虚无》,载微托里若·克罗斯特曼编:《透视》,法兰克福1990年版,第132—167页。

表达式 2:这不是存在者;这又扩大为表达式 3:这是非存在,进而等同于表达式 4:这是虚无。由此可见,"虚无"只是"这不是一个东西"这一表达式的误用,因此"虚无"自身是没有任何意义的,也是不可能存在的,于是它不可思考,也不可言说。如果图根哈特用语言分析法来分析海德格尔的虚无的话,他只能把虚无看成不存在和不存在者,而看不到无之无化,更不用说世界的拒绝、历史的剥夺和语言的沉默了。

应该承认,目前最具影响力的是罗蒂对于海德格尔的解读。当然他本人不是严格意义的分析哲学家,其思想实际上是分析哲学、杜威的实用主义、海德格尔的存在思想和后现代观点的混合物。于是他关于海德格尔的阐释都带有上述数种思想的烙印。

5.1. 关于早期思想

海德格尔在探讨此在的存在样式时,将它区分为本真的和非本真的。关于本真的意义,罗蒂理解为"语词的疑问性"。① 这是一明显的有意误读。海德格尔早期的此在问题不关涉于语言,而是关涉于世界,这样此在本真的存在样式在根本上就与语词无关。罗蒂之所以如此强行解释,是因为他怀有一解放了的分析哲学的偏见,试图将海德格尔的存在问题转换成语言问题。关于此在,早期海德格尔还进一步将它规定为立于虚无之地,因为虚无使存在可能,也使存在者可能。罗蒂对此予以了阐释,并联系到西方的历史:"保罗和克尔凯哥尔反对此传统的用法,无非是这样一种试图,即通过一源于虚无的更高力量来创造一真正的自身"。② 当然在海德格尔看来,保罗和克尔凯哥尔根本不可能经验他所说的虚无。事实上,他们只是经历了存在,而这个存在被理解为存在者,要么是最高的(上帝),要么是一般的(人)。

5.2. 关于中期思想

就存在和存在者的区分而言,罗蒂认为:"存在和存在者的区分是一个整体语言的一个专题报告和在一个语言中的个别表达的许多专题报告"。③ 这

---

① 《海德格尔反对实用主义者》,载《海德格尔的影响》,第 16 页。
② 《海德格尔反对实用主义者》,载《海德格尔的影响》,第 6 页。
③ 《海德格尔反对实用主义者》,载《海德格尔的影响》,第 14 页。

种区分类似于现代语言学中的语言和言语的区分。但是罗蒂没有说明,本体论的差异和语言学的区分的关系何在? 而且,前者在何种程度上能够转换成后者?

对于本原的真理,罗蒂写道:"我这样把握,真理在此意味着那在语言的创造本原行为中所生成的。在此语言中,所有的标准被置于一边。用这些标准的帮助,我们区分了正确的和错误的陈述"。[①] 海德格尔历史性的真理是存在论的而不是认识论的,在此它是存在自身的遮蔽和无蔽。对于无蔽性,罗蒂说:"我以为,这意味着,那通过新的语言所生的无蔽性是人所创造的,这凭借于人创造语言,亦即这样,无物(既非现实的本性,亦非某种本原的目的设置)规定了此种语言"。[②] 就语言而言,依据海德格尔的观点,不是人创造了语言,而是语言使人成为了人。

至于形而上学,罗蒂说:"海德格尔思想中的一个戏剧性的观点在于他的论断,从柏拉图知识的设想到尼采并因此到所谓的实用主义的立场通有一条直接的道路"。[③] 这三者当然具有一种相似性,不过它要求严格的区分。海德格尔认为柏拉图的理念思想是西方形而上学的开端,尼采的虚无主义则是其终结,实用主义只是虚无主义的美国形态,它与俄国主义一样是欧洲形而上学历史的产物。

5.3. 关于晚期思想

此时海德格尔认为,语言是存在的根据。与此不同,罗蒂标明"存在为语言的对象。[④] 这可以更具体地表述为,存在是语言所说的对象。但是这使语言和存在的关系变得模糊,既不能说存在是语言的根据,也不能说语言是存在的根据,它们只是说和被说的关系。而说本身也需要区分,它可能是陈述,也可能是指引。在思考语言的时候,海德格尔赋予诗人的言说一独特的地位。罗蒂对此从形而上学的角度予以进一步的说明:"形而上学家不愿意让诗人作为诗人存在,不愿意承认他是一新物、一新的时代的诞生和一世界历史性事

---

① 《海德格尔反对实用主义者》,载《海德格尔的影响》,第 10 页。
② 《海德格尔反对实用主义者》,载《海德格尔的影响》,第 12 页。
③ 《海德格尔反对实用主义者》,载《海德格尔的影响》,第 1 页。
④ 《海德格尔反对实用主义者》,载《海德格尔的影响》,第 13 页。

件的创造者"。① 诗人在此规定为创造者。而创造亦即给予尺度,这刚好是形而上学对于诗意的把握。但是海德格尔所理解的诗意却是接受尺度,也就是听从语言自身的召唤,并将之传达给大地上的要死者。

海德格尔认为技术语言是诗意语言的对立面。但是罗蒂却将两者结合为"技术的诗篇"。这是罗蒂以现代美国主义对于海德格尔思想的大胆的改造。不仅如此,罗蒂还将"技术的诗篇"标明为实用主义。② 这实际上是已经美国主义化的海德格尔。

在技术的时代里,海德格尔意识到了危险,并希望拯救的发生。对此,罗蒂有一令人吃惊的观点:"我已指明,拯救也许可能已经在海德格尔的背后亦即在美国升起,如果为此如是表达的话"。③ 这种拯救实际上是实用主义。但是在海德格尔的眼里,它是虚无主义,是最大的危险。

6. 解构哲学的批评

对海德格尔的解读最具破坏力的并不是分析哲学,而是解构哲学。如果说前者只是注重他的语言表达式误用的清除的话,那么后者则集中于对他文本的内在矛盾的揭示。在德利达看来,在场的形而上学垄断了海德格尔的基本话语,因此他仍然位于逻各斯中心主义和语音中心主义的圈子里面。德利达的许多著作正是基于对于海德格尔文本的解读,让它在其同一性之中所包含的悖论显现出来,并使文本的自身同一性走向毁灭。因此德利达断定,虽然海德格尔力求克服形而上学,但是他依然是一位形而上学者,他不过是把在场换成了自身的一系列话语,如此在、无蔽、诗意等。尽管如此,由在场所垄断的文本的同一性自身却是离异的、断裂的和塌陷的。

6.1. 关于早期思想

德利达对于此在进行了消解:"手的解释、人的此在和动物的对立,或隐

---

① 《海德格尔反对实用主义者》,载《海德格尔的影响》,第 12 页。
② 《海德格尔反对实用主义者》,载《海德格尔的影响》,第 18 页。
③ 《海德格尔反对实用主义者》,载《海德格尔的影响》,第 22 页。

或显地垄断了海德格尔的整个话题,特别在此,即它最明晰地表现为关联的话题去认识的地方。它垄断了海德格尔并开始于重复追问存在的意义和本体论的消解;它特别垄断了生存的分析,此分析确立了此在、手前物性和手上物性的界限"。① 德利达发现,这个此在是被手所规定的,它在于,此在和手前之物(事物)和手上之物(工具)的界限是人的手。不仅如此,此在的思想也是行动,而这个行动却是人的手的行动。对此德利达嘲讽道:如果此在被手来规定,为何不被脚来规定? 因为我们也说,人要立足于自身。在此德利达显然是在玩弄文字游戏,亦即利用手与手前之物、手上之物以及行动的字源学上的关联,来揭示它们的同一性,同时又引入手脚的矛盾,使手的根源性成为无根的。但是此在不能由手而是由此来理解,亦即由林中空地来理解,于是此在在根本上是立于虚无之地。

更使德利达不能明白的是,海德格尔的此在虽然是人,但是它在德语中是中性,不是阳性或者阴性,亦即没有性别区分。对此德利达指出,人自身的身体已经本原地将此在拉入分裂并因此拉入性的区分。他说:"分裂的多样性并非首先来源于自身身体的性别。自身的身体,肉体,身体性已经本原性地将此在拉入分裂并以此拉入性的区分"。② 但是海德格尔的此在在本原上与性的区分毫不相关,因为它不等同于人,更不是具体的男人或者女人。此在作为人的规定,它是人所生存的本原性的地方。对它而言,其根本性的是敞开和遮蔽的区分。

6.2. 关于中期思想

德利达认为本体论的差异是不充分的,与之相较,性的区分更为原始,于是他要求本体论的差异立于性的区分。③ 然而海德格尔本体论的差异不能回溯于性的区分,这在于前者是存在和存在者的区分,后者是男性和女性的区分。如果说前者是虚无的话,那么后者只是身体的差异性。于是后者作为存在者正要依据前者来解释。

基于本体论差异的经验,海德格尔刻画了本原性真理的历史,对此德利达

---

① 《论精神》,法兰克福 1992 年版,第 19 页。
② 《性别》,维也纳 1988 年版,第 29 页。
③ 《性别》,第 11 页。

评论道:"由此有两种解释、结构、符号和游戏的解释。一种梦想着去破译一个真理和一个本原,此真理和本原对于游戏和符号的次序来说已反离而去,于是,这种解释体验了解释的必然性如同放逐。另一种不再面向本原,而是支持游戏并且意欲超出人和人道主义而去,因为人是本质的名称。在形而上学的和本体—目的论全部历史中,亦即在它的整个历史中,此本质已梦想了完全的在场,保证了的根据、本原和游戏的终结"。① 这里所讲的两种解释是逻各斯中心主义和非逻各斯中心主义的不同,也是海德格尔和德利达的区别。

在这样的框架内,德利达断定无蔽属于逻各斯中心主义和在场的形而上学。他说:"人们可以表明,如说明根据,原则或者中心等一切名称始终只是标明了在场的不变式(观念、原则、目的、能、存在'本质、生存、实体、主体',无蔽、超越性、意识、上帝、人等)"。② 但是海德格尔的无蔽(本原性的真理)并不是所谓的在场,而是游戏,亦即作为虚无的存在,它没有根据,而是自身设立自身的根据。因此海德格尔不属于形而上学传统,他正好与这一传统相分离。

6.3. 关于晚期思想

海德格尔在诗意语言的维度里理解纯粹语言自身。对于诗意语言,德利达强调道:"但是它是诗歌而不是诗作的基调,因为海德格尔有规律地将诗歌,即始终没被言说的,处于沉默之中的,区分于诗作,它源于诗歌并自身道说和言说。诗歌是所写作的和所朗诵的诗作的沉默的源泉,当然人们必须从此诗作出发,如果人们要讨论此地方,源泉依据诗歌的话"。③ 诗歌和诗作的区分在海德格尔的思想中没有任何意义,因为这两者在字源学上都源于"创作"。当然此"创作"不是给予尺度,亦即思想对于存在的设立,而是接受尺度,也就是思想对于存在的倾听。在这样的意义上,诗意语言道说存在的真理的口授。在此,真理(林中空地)才是最本原的。

对于语言的"说",海德格尔区分为言说和道说。德利达给予了分析:"人们必须走的道路是从'言谈'到'道说',从'道说'到'诗作',从'诗作'到'歌唱',到颂歌,到'歌声',到'齐唱'的和谐,从'齐唱'到赞歌。我不想就此开

① 《文字和差异》,法兰克福 1992 年版,第 441 页。
② 《文字和差异》,第 424 页。
③ 《性别》,第 89 页。

列出一贯性的顺序,我也不想认为,它必然要始终又回溯到另外一个意义上去"。① 在海德格尔那里,不存在这样一个一贯性的顺序。与言说不同,道说是纯粹语言的规定。所谓诗作和歌声正是让语言作为语言去说话。在此意义上,它们是思想的近邻,共同居住于存在的本原之地。同时,道说是林中空地的宁静的呼声,它作为最本原的语言,不再可能回溯到另外一个什么东西上去了。

在语言的林中空地里,时间和存在自身生成,亦即"有"。鉴于与《存在与时间》的不同,德利达说:"'有时间','有存在',1962 年的《时间与存在》如此说道。这不相关于一优先权或者一逻辑设想的翻转,因此这也不相关于一论断,即馈赠先于存在。相反,它相关于,馈赠的思想敞开了一空间,在那里,存在和时间给予自身并给予自身去思想"。② 不是馈赠的思想,而是存在和时间敞开了一空间,那里此两者给予自身,如果它们可把握为林中空地的话。

海德格尔所理解的语言的本性是聚集。对此德利达指出:"精神使聚集成为可能,此聚集的地方是一网络,只是在此,尺度,对海德格尔而言亦即精神,是一和聚集的另外一名字,是名字之名字,其承担者乃聚集和使之聚集"。③ 德利达在此试图将海德格尔归属于传统的形而上学,特别是德意志唯心主义的精神哲学,那里精神做主体设定了一切。但是海德格尔这里不是精神,而是作为四元的世界是聚集,这使历史成为命运,使语言成为排钟。

在海德格尔天地人神的四元中,不死者成为了与形而上学的上帝不同的新神。德利达也有他的神灵。他说:"每当我说:X 既非此,亦非比,亦非此和彼的对立面,X 与它们毫无共同之处,和它们相反,它是绝对异质的和不可通约的,我都最终想开始谈论上帝,以此名字或者以另外的名字"。④ 当神在海德格尔那里还获得了规定时,它在德利达那里却是不可规定的,并因此是"完全它样的",是一 X。"此 X 生成自身,当然,它是为了一系列的名字,它称呼一不同的句法,它呼唤一不同的句法,它完全超出了谓语的话题的顺序和结

---

① 《论精神》,第 146 页。

② 《如何不言说:否定》,维也纳 1989 年版,第 130 页。

③ 《论精神》,第 16 页。

④ 《如何不言说:否定》,第 14 页。

构。它不'是'也不说此,即那'是'的。它写成完全不同的"。① 德利达作为
X 的神杀死了海德格尔的神,并消灭了任何一种拯救的可能性。

在海德格尔晚期,思想对于存在的关系不再是追问,而是倾听。德利达不
以为然:"为什么我说过:海德格尔从未放弃掉将思想和追问等同起来?"。②
对此,人们必须用海德格尔的话来回答:因为德利达没有倾听海德格尔的思
想,尤其没有倾听海德格尔所说:思想就是倾听。

7. 批评之批评

现象学与解释学、分析哲学、解构哲学构成了当代西方对于海德格尔思想
批评的主要视角。我们已经展示了这些视角的差异性,但是我们还必须审视
这些视角自身,看看它们究竟看到了什么,同时它们又没有看到什么。因此这
要求批评之批评。

现象学和解释学批评基本上基于德国现代思想的轨迹来解读海德格尔在
现象学和解释学历史中的意义,不过这往往忽视了海德格尔对于现象学和解
释学的分离。就现象学而言,区别于胡塞尔的原则"走向事情本身",海德格
尔追求的是"思想的事情的规定",在此,那唯一的事情能够自身显现。这个
规定就是林中空地。它首先是世界性的,亦即去远和亲近。其次是历史性的,
亦即派送和反离;最后是语言性的,亦即沉默和道说。因此不可能用现象学的
事情来描述海德格尔的规定。当然,如果德利达既不谈论事情,又不谈论规定
的话,那么现象学就不是面临危机,而是已经死亡了。这是海德格尔自身不可
能预料到的可能性。就解释学而言,海德格尔早期将语言置于此在的理解和
解释,中期认为语言是存在的家园,晚期甚至强调:语言是存在和思想的根据。
这种思想的变化显示出海德格尔试图将现代的存在问题置换为语言问题,但
是他的问题在于,他又把语言理解为世界中的语言,这使他仍然被现代的暮影
所笼罩。尽管如此,海德格尔在根本上已不同于解释学,只要解释学固守于
"存在、理解和语言"的僵化模式之中的话。伽达默尔正是这样的范例,他在

---

① 《如何不言说:否定》,第11页。
② 《论精神》,第17页。

其《真理与方法》中表达了哲学解释学的对于语言的基本信条:"能被理解的存在,是语言"。① 语言在此是被理解的存在。在此范围内,伽达默尔的解释学哲学不能经验到语言的本原性的维度。这里,存在如同规定了理解一样地规定了语言。然而,一方面,我们已看到了海德格尔对此的否定,因为语言是存在和思想的根据;另一方面,我们听到了德利达的话语:文本之外,一无所有。在此,存在已经不再存在,如果按照伽达默尔的观点,这个没有存在可理解的语言可真是虚无了。

分析哲学对海德格尔所谓形而上学的语言的分析看起来是确定无疑的,不过它也只是看起来如此而已。因为分析哲学把语言只是强调为思想的表达工具,所以它意欲并可能对语言进行技术处理。然而如果语言宣称自身为"道"的话,那么作为"技"的语言分析有如何能够施展自身的威力呢? 事实上,一个能指能有一个所指,但是一个能指也可能没有一个所指,这也是分析哲学必须承认的语言学常识,因此不能指责一个没有所指的能指便是语言的误用。海德格尔的语言便是这样一些语言,如"虚无",至于他后期寻找的与信息语言不同的诗意语言,更是没有所指的能指,正是如此,它才是纯粹的语言,亦即它只是关注自身。不过更重要的是,分析哲学不能理解海德格尔的语言是源于现代的存在的经验,因此它们根本不可能懂得如"虚无"这种词所拥有的意义。即使罗蒂从分析哲学转向海德格尔,对海德格尔的解释也仍然带有语言哲学的痕迹,他没能听懂海德格尔的语言,他所说的只是一些混杂的并因此是不纯粹的语言。

我们必须承认,德利达对海德格尔的文本的解读中断了解释学的效果史和连续性,让海德格尔归属于形而上学的历史,而不是进入后现代的话语之中。但是德利达并没有在现代思想的界限内揭示海德格尔思想的奥秘,这样他只是让海德格尔在后现代的读解中成为一个解构的牺牲品。根本问题在于,我们要理解海德格尔在现代思想的整体中是如何成为核心思想的,并由此揭示海德格尔和现代思想的整体的边界。

对于海德格尔的批评应该集中于存在即虚无的悖论,亦即无之无化。"但是无之无化必须鉴于智慧之道开端性地予以区分。它既非关于存在者的

---

① 《真理与方法》,图宾根 1986 年版,第 450 页。

陈述的否定,亦非存在自身的虚无。它不如说是在这种意义上理解的无之无化:它必须不存在。在此那给予去思考的,首先不是陈述,也不是诗意性的语言,如海德格尔对其所思考的,而是道自身。这个道去道说和指引:它必须不存在。此乃开端性的不"。①

（1999 年 8 月于武汉大学）

---

① 彭富春:《无之无化:论马丁·海德格尔思想道路的核心问题》,法兰克福 1998 年版,第159 页。

二、海德格尔与现代西方哲学

为什么我们讨论这样一个题目？这是因为海德格尔是现代西方最重要的思想家，他提出并回答了现代的核心问题。如果我们这样认为的话，那么，我们必须也要说明什么是现代西方哲学，它如何区分于古代？而且最后，什么是这个哲学本身？因此，我们思考的路线为：

(1)什么是哲学？
(2)什么是现代西方哲学？
(3)什么是海德格尔，或者，谁是海德格尔？

1. 哲学

对于哲学，我们已经有了各种各样的规定，最典型的如世界观和方法论等。但是，这种规定只是近代的产物，因为世界观意味着：人作为主体来观照作为客体的世界，这建立在主客体对立的基础之上。所谓方法论也依附于世界观，它不过是关于观照世界的方法的理论而已。但是，古希腊所理解的哲学却是爱智慧。这就是说，智慧是最本原的，它召唤对于它自身的思想，这种思想就是哲学。因此，在哲学历史上，不是存在和思维的关系，而是智慧和哲学的关系构成了根本主题。

那么，那个规定了哲学的智慧自身究竟是什么呢？智慧是关于人自身的规定，但是这个自身规定刚好是通过人自身的区分而来的。人们一般只是注重人和动物的区分，并得出了种种关于人的规定，如：人是有理性的动物，人是使用工具的动物，人是符号的和语言的动物，等等。所谓的理性、工具、语言和符号成为了人和动物区分的分水岭。但是这种区分可多可少,因为我们既可以通过任意一点,也可以列举无穷的点来指出人和动物的不同。例如,我们还可以陈述人的直立行走和使用双手,人的光滑皮肤和面部表情,还有不受时令限制的交媾与火的使用,等等。然而这种规定是外在的、抽象的,因为它们不能解释人的历史和世界。作为人的规定首先不是通过和动物的区分,而是通过与自身的区分得来的。卢梭说,人只有和自身相区分,他才能成为自由的公民。康德也认为,当人为一对象所激动时,他要和自身相区分。这个人自身,就是他的已给予性,包括他的本能等。只有当人与他自身相区分之后,他才能与动物相区分。因此,人与自身相区分是首要的,而人与动物相区分则是次要的。这点我们可以在马克思的思想中看到非常清楚。马克思曾用人和蜜蜂、蜘蛛等动物的不同,说明人能够有意识创造自己的生活。但是,这并没有构成马克思关于人的真正规定,因为,在与动物相区分的维度里,剥夺者和被剥夺者没有什么根本的不同。如果也要谈论这种不同的话,那么,这种不同也只有十分微小的意义。马克思关于人的规定是人和自身的区分,亦即作为自由人的共产主义者和雇佣劳动者的区分。正是基于此,马克思展开了对于近代人性被剥夺的批判和对于一个将来的共产主义的希望。于是,人与动物的区分成为了人与自身区分的一种表达方式:共产主义正是作为本质的人性的人,而雇佣劳动者只是一种动物似的活动而已。西方的历史在其各个不同时期形成了不同的智慧。根据海德格尔晚期弟子博德尔的观点,这个智慧结构由缪斯、圣灵和人性的语言所言说出来。西方第一时期(古希腊)的智慧对人的规定是:人要成为英雄;第二时期(中世纪)是:人要成为圣人;第三时期(近代)是:人要成为自由人。中国的智慧虽然和西方的智慧不同,但是,它对人的规定也是通过与人自身的区分来实现的。儒家强调仁义,道家则主张道德,禅宗则追求觉悟,这都是人与自身相区分的不同形态。

但是,智慧本身还不是哲学,因为智慧只是关于人的规定,而不是关于理性亦即思想的规定,只有这种规定才是真正的哲学。西方的智慧召唤了哲学,也就是思想,这种思想从外在性的漫游返回自身,从而以自身为出发点来思考一切。西方思想的从智慧到哲学的过程表现为"从神话到逻辑"的转变,不是在神话中,而是在逻辑中,西方哲学才找到了自己的真正王国。但是,智慧到哲学的生成对所有的文明并不具有普遍意义,实际上,它只是为西方的开端亦即古希腊所独有。例如所有古老的民族开始都思考天地自然,但是古埃及的神话却沉溺于自然的神秘性之中,其思想只是呈现为对于这种神秘性屈从的迷信。与此相反,当古希腊的泰勒斯说"水是万物的始基"的时候,却表达了一真正的思想,因为思想在此不是从自然,而是从思想本身来把握自然,它要寻找自然的统一性和本原性,因此,这个水已不再是自然的水,而是思想的水。一种智慧是否能召唤哲学,关键在于它本身是否是理性的,因为哲学就是理性本身,所以,只有理性的才能召唤理性。西方的智慧的理性性在于,它从一开始便摆脱了自然,让思想来发生作用,其朦胧形态便是缪斯赋予诗人的灵感。这样,从智慧中生长出的思想逐渐获得了独立,当它与智慧分离的时候,它便构成了和智慧对立、替代和接受等关系。中国的智慧则不然,儒道传统的根本是在于承认天地自然的自明性,而这种自明性是不容思考的,因此它排除了一种从思想出发对于天地自然的把握。于是,中国智慧很难说召唤了一种作为理性的规定的哲学。如果说中国有自己独特的哲学的话,那么它也是和智慧没有分化的,因而是不纯粹的,也就是说不是思想自身的。在这样的情形下,所谓中西哲学比较在根本上就不可能,当然,这并不排斥中西智慧之间的比较。所以,不是孔子和柏拉图,而是孔子和耶稣。

哲学既然是理性的规定,那么,它的中心问题便是理性自身,亦即思想自身。因此,西方哲学历史的问题并不是所谓存在和思维的关系,以及是思维决定存在,还是存在决定思维的优先地位。我们在柏拉图、亚里士多德、康德和黑格尔的哲学中虽然也能看到它们关于存在问题的论述,但是,他们的基本主题却是理性问题,如康德关于理性的批判,黑格尔对于逻辑自身否定的论述。而所谓的存在问题并不外在于思维,相反,存在只是思想的存在。如古希腊的存在是被洞见的,中世纪的存在是被上帝给予的,近代的存在则是被思想所设立的。如果存在只是思想的存在的话,那么思想和存在的关系,亦即谁决定谁的问题便是一个伪问题。不仅如此,西方哲学的历史也不能描述为遗忘存在从而是存在者的历史。这种对于历史的判断实际上只是海德格尔独特的观点,因为,哲学史作为理性的历史既非存在的历史,也非存在者的历史,海德格尔对于历史这种看法只是来源于现代思想的高压所形成的先见。如果不考虑到这种种对于哲学史不切中的刻画,而回到作为理性的规定的哲学本身的话,那么,我们则能理解哲学史在其不同的时期是如何自身区分的。古希腊哲学主要是理论理性,中世纪是实践理性,近代则是诗意(创造)理性,它们形成了每个时代的独特主题。

2. 现代和后现代

正如黑格尔自身所言的,哲学的历史在的逻辑体系最后达到了完满,因而也就达到了终结。现代和后现代虽然也谈论哲学问题和话语,但是,很少有人胆敢宣称自己的思想还是哲学。海德格尔明确表示,哲学的中止之处正是另一思想的开端之所。德里达也在死亡的哲学的文本中玩着他的解构的游戏,他打碎了哲学的同一性,以至人们不再相信他是一位职业的哲学家。看来,哲学只是在现代和后现代那里保持了其自身那不死的名字,它实际上是自身的悖论:非哲学。

为什么哲学成为了非哲学? 对此人们提出了各种各样的答案,但是有一点是确定无疑的,即现代思想对于形而上学的否定和拒绝。语言分析哲学认为形而上学的问题是语言的误用所导致的,因此,它的全部问题只是伪问题,于是,随着语言误解的消除,形而上学的问题也将同时瓦解。对于存在哲学来说,形而上学作为理性的历史,只是存在者的历史,而不是存在的历史,更不是人的存在的历史,因此,对于人的追问已不再是形而上学的任务。不过,后现代仍然看到了在现代思想中形而上学的幽灵和阴影,对此残迹的彻底铲除则是后现代的主要目标。这些答案当然切中了问题,但是,如果我们认为哲学是爱智慧的话,那么非哲学正是不爱智慧,因此,问题便成为了爱智慧如何转换为不爱智慧的。其根本原因在于:智慧自身的死亡导致了无智慧可爱。这个智慧的死亡意味着人不复有其规定,这样,人便不知道他是谁,他从哪里来,他到哪里去,这也就是说,人没有了家园。无家可归正是现代人的规定。这种无规定的规定在根本上贯穿了现代的思想。于是,思想依然存在,但是它却不再是哲学。与哲学的消亡一起,传统意义上的伦理学和美学也不复存在,它们只是还原为人的存在中的问题,因为本原性的伦理关涉到人的居住,而本原性的美也正是存在自身的显示而已。

这种非哲学化的现代哲学不再关注于理性亦即思想,而是关注于所谓的存在问题。因此,现代思想在根本上不可能是纯粹理性,只与自身相关。康德认为纯粹理性只从事与自身相关的事情,而且不能有其他的事情。但是,现代思想却抛弃了这一规定,它的非纯粹性在于,它把存在视为本原的,思想不过是这一本原的从属物。于是,思想不再从事于与自身相关的事情,而是存在的事情。存在在现代成为问题,而且也只是现代的问题。这是因为智慧死亡,人没有自身的规定,从而它要求哲学代替智慧的角色,由对理性的追问转向存在的追问。而且,这种现代意义上的存在不是存在一般,而是人的存在。关于这个语词我们可以看到语言家族的现象,如狄尔泰的解释学的生活和体验,胡塞尔的现象学的生活世界,维特根斯坦的语言哲学的生活游戏,等等。至于作为现代的核心思想的马克思、尼采和海德格尔更是如此,马克思的物资生产,尼采的生命和海德格尔的此在都是从不同维度对于人的存在的表述。由于存在不复是思想的存在,而是人的存在,所以,在现代形成了所谓的存在和思想的关系。事实上,因为存在是本原的,于是,它排除了思想规定存在,而只是固守于存在规定思想。马克思说得非常清楚,不是意识决定存在,而是存在决定意识,意识不过是存在的意识而已。尼采也摧毁了形而上学的理性领域,他把生命或生活置于规定的位置。海德格尔用诗意的语言说道,思想是存在的思想,正如云是天空的云一样。

然而,这种被存在规定的思想是一种什么样的思想? 这种思想不再是纯粹理性,而是非理性,正如人们用非理性主义所说的那样。不过非理性主义这一名字容易导致误解,它会只是被看做是理性主义的对立面和反对者。诚然,事实上也的确如此,凡是理性作为开端,原因,根据和中心存在的地方,都将被现代思想所摧毁。但是,不仅仅如此,现代思想也看到并刻画了理性的边界,而且试图在此边界之外为理性探求本原。如果说理性自身是光明的话,那么,在它的周身则弥漫着无穷的黑暗,这个黑暗是理性从来没有看到也是不可能看到的。所谓的存在,也就是那个先于理性的存在刚好就是这个黑暗之域,在此,理性遇到了自身的边界。作为现代思想本性的非理性主义正是由此而生的,它的非理性之非在于:一方面为理性寻找一个更本原的开端,即存在;另一方面也为存在获得一个比理性更为本原的把握方式,即经验。由此,所谓非理性实际上一种更本原的东西,它先于理性,并使理性成为可能。存在之所以是非理性的,是因为它并不保持自身的同一,而是在无限的差异中生成,于是,存在自身便是悖论,即它是 A 又是非 A,这是理性一定要清除的。而且,这种悖论不是黑格尔所说的矛盾,它作为理性自身的发展会在自身的逻辑发展过程中以辩证法的形态自身扬弃掉。当然,马克思和尼采都涉及了存在自身的矛盾问题,但是,在现代哲学中,将存在的悖论形成主题的是海德格尔,这表达于他的"存在即虚无"的用法中。如果作为悖论的存在是非理性的的话,那么,理性对于存在的把握必然无能为力,它只好让位于由存在自身而来的经验。经验并非是认识的低级阶段,并被理性最终所摒弃,相反,因为它根源于存在,所以它能够在存在之中经验到那有无的生成和那不可思议、不可言说的东西。与此相应,直观、领会和体验等也由于和存在的内在关联也具有了优先于理性的意义,它们实际上是经验存在的种种不同方式。

目前,现代思想自身也走向了终结,这是由后现代形成话题的。后现代意味着不是现代,因为在它看来,现代虽然与形而上学形成了断裂,但是,在某种意义上仍是它的继续,这在于,它依然是在场的形而上学的一种形态,这正好是后现代要彻底清除干净的。但是,后现代自身是什么却是不可规定的,不过,正是这种不可规定性构成了后现代的特色。为什么后现代是不可规定的,这并非因为它的差异性、多义性和矛盾性,而是因为后现代没有了规定。历史一方面是人的规定,它形成了智慧;另一方面是理性的规定,它构成了哲学。然而,这两方面在现代遇到了危机,导致智慧的死亡和哲学的死亡。虽然这样,现代思想仍然试图对存在的追问来重新寻找对于人的规定。于是,现代思想在根本上是这样一种复调的变奏:它一方面是对于人无家可归的哀叹;另一方面是对归乡之途的憧憬。例如,马克思不同于雇佣劳动者的共产主义者,尼采的区别于道德颓废者的超人,海德格尔对立于理性动物的要死者,都是一种无限乡愁的意绪。然而,这对于后现代来说只是可笑的梦想,它也许是那不死的在场的形而上学的幽灵在作祟呢。后现代并不认可一个人类的家园,人的存在只是冒险和漫游,因此,它既没有丧失家园的痛苦和返回家园的欢乐。而且,这个家园在后现代的眼里只是在场的形而上学的一个代名词,因为它只是意味着人的存在的根据、来源、原因和中心。但是,后现代反对任何根据,正如所谓的"无原则主义"(一般译为:无政府主义)所说的。人们一般追问"为什么",为自己和世界寻找一个根据,凡是有根据的就是存在的,凡是没有根据的就是不存在的。然而,后现代的流行话语则是:"为什么不",这并不是为人的一件否定性的行为寻找根据,而是否定了寻找根据本身这一行为。如果没有了根据的话,那么,费叶阿本德的"无原则主义"的名言"一切都行"便不需要任何根据了。由于没有了规定,所以后现代人的形象成为了碎片。传统的人是理性的人,他的肉体。灵魂统一于理性之中;现代的人是存在的人,他的欲望和感觉源于他的存在;后现代的人则没有了这种同一性,福科所说的人已分裂为三:生物的人、经济的人和语言的人。于是,如果仅仅只是就人的欲望而言,如性欲,那么,它只是纯粹性欲本身,它没有肉体之外的任何规定。

　　由于后现代的无规定性,它不再思考存在,而是语言,亦即一种无规定性的语言。如果说传统哲学将思想形成了主题,现代以存在为中心的话,那么,后现代则是以语言问题作为自身的特色了。虽然语言不能被哲学所排除,但是它并不是有史以来就是哲学的课题。传统哲学只是探讨作为概念的语言,因为它是思想的表达和实现,而且思想必须借助于它来把握自身。现代思想当然将语言看成了一个问题,不过,与其说现代思想完成了语言学的转向的话,不如说它完成了人类学的转向,因为语言在现代之中仍然为存在所规定,即使在维特根斯坦那里也是如此,他最终把语言游戏归结为生活游戏。于是,我们可以断言,语言在现代思想那里尚未走向自身,这一过程只是在后现代那里完成的,因此,语言学的转向实际上只是后现代的事情,在此转向中,语言完成了自身的变革。一般人已经习惯了这样一种模式"事情—思想—语言—文字",这里,语言直接地被思想所规定,并成为思想的工具。这种陈腐观念已被现代思想所摒弃,如在海德格尔那里,与此相应,人们发现了语言更为本原的意义,即它可能规定存在和思维。但是,后现代并不满足于此,如果以语言来置换思想或存在曾经占有的规定性地位的话,那么,它也只不过是重蹈在场形而上学的覆辙。根据德利达的观点,西方的历史一直在语音的维度里理解语言,于是,实际上始终存在一种语音中心主义,这正是逻各斯中心主义的一种形态,而这又不过是所谓的在场的形而上学而已。为了颠覆这种语音中心主义,德利达利用了文字这一痕迹的游戏,它既在场又不在场,它是自身的否定、是自身的悖论。如果由此来理解语言的话,那么,在场者以及它所导致的语音中心主义将不复存在。这样,所谓的文本便是一个独立的世界,如德利达所说,文本之外,别无一物。在文本中,没有能指和所指的关系,而只有能指和能指在其差异和分延中的游戏。

　　当然,后现代的根本任务是对形而上学的文本的解构,这形成了后现代的思想的本性。但是,它是如何区分于以前的思想的? 古典的思想作为纯粹理性只是关涉自身,它在逻辑推理中表达并完成了自身。现代的思想不再居于自身,而只是关于存在的思考,这样,它是解释学的体验和解释,是现象学的显现和直观。与此不同,后现代的思想只是解构,从字面上来说亦即消解结构。然而,它为何如此? 这关键在于结构本身。结构不是其他什么东西,它正是西方哲学和精神科学话语的根本,它指一个有中心的整体,而这个中心规定了整体中的其他要素甚至整体自身。这里所谓的中心正是种种中心主义的可能条件,它是在场的形而上学的根据地。德利达对此中心和结构的消解是通过指出其悖论而实现的:中心既在结构之中,又在结构之外。如果中心成为结构的中心的话,那么,它规定了结构的中的要素和结构自身,从而位于结构之中。但是,如果中心是结构的中心的话,那么,它既不可能是结构中的任意一个要素,也不可能是结构自身。于是,他只能处于结构之外。在这种解构中,结构和中心便由于其悖论而自身毁灭了。

3. 海德格尔

对于哲学的历史和他自身所处的现代思想的基本情态,海德格尔曾作出了这样一种划分:古希腊是惊讶,中世纪是信仰,近代是怀疑,现代是无聊。我们可以对此补充一下,后现代是由于无规定所形成的无所谓。在这样一个背景下,我们能够更明晰地透视海德格尔思想的核心问题。那么,这是一个什么样的核心问题呢? 它其实就是海德格尔所说的无聊。当然,这个无聊并非是在一般日常使用的意义上,而是如海德格尔所解释的,它是关于存在亦即虚无的经验。

然而,那些国际上著名的海德格尔的弟子和专家们也是如此解读他的吗? 如德国的海德格尔主义者伽达默尔、美国的海德格尔主义者罗蒂和法国的海德格尔主义者德利达对海德格尔的分析都是各不相同的。不过,他们只不过是基于现象学和解释学、分析哲学和消解哲学的不同视角来理解海德格尔。因此,我们将对这些视角也巡视一下。

毫无疑问,现象学在根本上规定了海德格尔的思想道路。但是,什么是现象学自身? 它的名字已经表明,它是关于显现的科学。不过,显现什么? 它显现事情,因此,它召唤"走向事情本身",这个事情实际上是存在的另一个名称。为什么要显现?这是因为事情遮蔽自己和被遮蔽。在此意义上,现象学只是并限定于现代的思想,因为事情和存在并不是古代和后现代的主题,它们要么关注于理性,要么关注于语言。正是基于现象学的现代性,海德格尔获得了其思考的出发点和回归点,并使他不能越过现代思想的边界。海德格尔早期的《存在与时间》首先把握了事情本身,即世界,但是这个世界不是胡塞尔的意识的世界,也不是狄尔泰的体验的世界,而是此在的世界。然后,他将此在在世的结构的要素和整体揭示出来,最后并达到此在是走向死亡的存在这一根本规定。中期的《艺术作品的本原》借助了现象学还原的方法,通过艺术作品的本性的揭示来显现历史性的真理。其思想过程是由物的分析到器具的分析,然后到作品自身的分析,从而指出,艺术是真理的发生方式,美是真理的自行设入作品,而作为世界和大地的抗争的真理正是存在的无蔽。晚期的《哲学的终结和思想的任务》更是回溯到了现象学的本原,它追问了这样一个问题:事物的显现如何可能?凭借于对此问题的解答,它对于现象学的显现本身予以显现,并刻画了现象学的边界,亦即它所显现了的和它尚未显现的。诚然,现象学的任务是让事情显现出来,但是,显现之所以可能,是因为有光亮;而光亮则源于空地,它使光和影的游戏成为现实;但是,最本原的空地却是林中空地,因为它是去蔽,即在遮蔽的森林中敞开了一片地方。于是,唯有林中空地才使事情的显现成为可能。正是在此,海德格尔将现象学引入了危机,因为他将事情不再理解为意识,而是理解为存在;同时,他也不复思考"思想的事情",如"走向事情本身"这一原则所要求的那样,而是追寻"思想的事情的规定",这个规定才是其思想的灵魂。当然,如果德利达既不谈论事情,又不谈论规定的话,那么,现象学就不是面临危机,而是已经死亡了。这是海德格尔自身不可能预料到的可能性。

当海德格尔说现象学的时候,他也在说解释学。但是,这并不是因为他既受到胡塞尔的影响,也采用了狄尔泰的思想,而是因为存在的显现过程本身就是存在自身的理解和解释。海德格尔早期的《存在与时间》中关于此在的理解和解释成为了解释学历史的经典文本,不过,这种理解和解释只是此在存在于世的基本模态之一,它是世界性的。中期的《艺术作品的本原》在思考艺术时,其根本问题已不是此在的理解和解释,而是存在的真理的自行发生,它是历史性的。晚期的《通往语言的途中》才摆脱了世界和历史的限制,并试图达到纯粹语言本身,不过,他在事实上并没有实现,所以,他自称只是《通往语言的途中》。但是,海德格尔早期的解释学尝试是对世界性自身作更本原的探讨,他所理解的解释学既不是关于解释艺术,也不是关于解释本身的学问,而是首先对于解释本身进行"解释性的"规定。而这个"解释性"在古希腊的意义上并非解释,而是消息的带来,这正好促使他让存在显现出来。海德格尔后来甚至放弃了解释学这一说法,因此,他晚期的语言问题可否看做是解释学哲学,却是值得怀疑的。这是因为海德格尔不再对于解释学,而是对于语言本身做了倾听,从而达到了语言的本原之地。海德格尔早期将语言置于此在的理解和解释,中期认为语言是存在的家园,晚期甚至强调:语言是存在和思想的根据。这种思想的变化显示出海德格尔试图将现代的存在问题置换为语言问题,但是,他的问题在于,他又把语言理解为世界中的语言,这使他仍然被现代的暮影所笼罩。尽管如此,海德格尔在根本上已不同于解释学,只要解释学固守于"存在、理解和语言"的僵化模式之中的话。伽达默尔正是这样的范例,他在其"真理和方法"中表达了哲学解释学的对于语言的基本信条:"语言是理解的存在",这里,存在如同规定了理解一样地规定了语言。然而,一方面,我们已看到了海德格尔对此的否定,因为语言是存在和思想的根据;另一方面,我们听到了德利达的话语:文本之外,一无所有。在此,存在已经不再存在了,如果按照伽达默尔的观点,这个没有存在可理解的语言可真是虚无了。

　　尽管海德格尔思想源于解释学和现象学,但是,当它试图更本原地思考解释学和现象学的时候,它就和一般的解释学和现象学开始分离,继而疏远,最终放弃。于是,一般的解释学和现象学的视角是不能通达海德格尔的思想核心问题的。至于分析哲学则放弃了这种通达的试图,它的目的是要借助语言分析来揭露海德格尔思想中的形而上学的语言表达式,即语言的误用。赖尔发现理解《存在与时间》是困难的;卡尔纳普则指出"什么是形而上学"中"虚无虚无化"的语言表达式是空洞的,因此,它所提出的问题是伪问题。作为海德格尔的晚期弟子,图根哈特则运用语言分析的方法来解剖海德格尔对于"虚无"这一词语的误用。他认为,"虚无"是由"不"这一否定词演变而来,它是如此发生的:由表达式1:这不是一个东西,扩大为表达式2:这不是存在者;这又扩大为表达式3:这是非存在,进而等同于表达式4:这是虚无。由此可见,"虚无"只是"这不是一个东西"这一表达式的误用,由此,"虚无"自身是没有如何意义的,也是不可能存在的,由此,它不可思考,也不可言说。分析哲学对此的分析看起来是确定无疑的,但是它也只是看起来如此而已。因为分析哲学把语言只是强调为思想的表达工具,所以,它意欲并可能对语言进行技术处理。但是,如果语言宣称自身为"道"的话,那么,作为"技"的语言分析有如何能够施展自身的威力呢? 事实上,一个能指能有一个所指,但是,一个能指也可能没有一个所指,这也是分析哲学必须承认的语言学常识,因此,不能指责一个没有所指的能指便是语言的误用。海德格尔的语言便是这样一些语言,如"虚无",至于他后期寻找的与信息语言不同的诗意语言,更是没有所指的能指,正是如此,它才是纯粹的语言,亦即它只是关注自身。不过,更重要的是,分析哲学不能理解海德格尔的语言是源于现代的存在的经验,因此,它们根本不可能懂得如"虚无"这种词所拥有的意义。即使罗蒂从分析哲学转向海德格尔,但是,他对海德格尔的解释仍然带有语言哲学的痕迹,他没能听懂海德格尔的语言。

对海德格尔的解读最具破坏力的并不是分析哲学,而是解构哲学。如果说前者只是注重他的语言表达式误用的清除的话,那么,后者则集中于对他文本的内在矛盾的揭示。在德利达看来,在场的形而上学垄断了海德格尔的基本话语,因此,他仍然位于逻各斯中心主义和语音中心主义的圈子里面。德利达的许多著作正是基于对于海德格尔文本的解读,让它在其同一性之中所包含的悖论显现出来,并使文本的自身同一性走向毁灭。从海德格尔前期到后期的文本中,"本体论的差异"是一条贯穿的红线,它意指:存在区分于存在者。但是,对存在的理解又必须通过存在者,它不是一般的存在者,而是一个特别的存在者,即此在,因为它作为存在者理解自身的存在。德利达发现,这个此在是被手所规定的,它在于,此在和手前之物(事物)和手上之物(工具)的界限是人的手。不仅如此,此在的思想也是行动,而这个行动却是人的手的行动。对此,德利达嘲讽道:如果此在被手来规定,为何不被脚来规定,因为我们也说,人要立足于自身。更使德利达不能明白的是,海德格尔的此在虽然是人,有本体论的差异,但是它是中性,亦即没有性别区分。然而,德利达指出,人自身的身体已经本原地将此在拉入分裂并因此拉入性的区分,这种性的区分比本体论的差异更为原始。因此,德利达断定,虽然海德格尔力求克服形而上学,但是,他依然是一位形而上学者,他不过是把在场换成了自身的一系列话语,如此在、无蔽、诗意等。尽管如此,由在场所垄断的文本的同一性自身却是离异的、断裂的和塌陷的。我们必须承认,德利达对海德格尔的文本的解读中断了解释学的效果史和连续性,让海德格尔归属于形而上学的历史,而不是进入后现代的话语之中。但是,德利达并没有在现代思想的界限内揭示海德格尔思想的奥秘,这样,他只是让海德格尔在后现代的读解中成为一个解构的牺牲品。根本问题在于,我们要理解海德格尔在现代思想的整体中是如何成为核心思想的,并由此揭示海德格尔和现代思想的整体的边界。

与哲学历史的主题作为理性,后现代的主题作为语言并不同,现代思想的基本问题是存在,这尤其体现于尼采、马克思和海德格尔关于人的存在的思索中。但是,海德格尔又是如何表达存在这一主题的呢? 区分于其他现代思想家,海德格尔发现了存在的悖论,这就是说,存在乃虚无。因此,海德格尔思想的根本问题不是一般意义上的存在,也不是存在与虚无的关系,而是作为虚无的存在或作为存在的虚无。人们在哲学史中曾看到了思想的悖论,人们也在后现代中揭示了语言的悖论,但是,人们都试图通过概念和语言的分析来消灭这种种悖论形态。与此相反,海德格尔敞开了存在的悖论,并认为它不可能为黑格尔的辩证法所扬弃。

存在即虚无,海德格尔如是说。值得追问的是:这个悖论是如何形成的? 它源于所谓的本体论的区分:存在不是存在者。存在固然是存在者的存在,但是,它既不是存在者之一,也不是存在者整体,因此,存在自身只是虚无。这里,虚无即不能把握为存在者的否定,也不能把握为存在者的褫夺,因为前者是一存在者和另一存在者的否定关系,亦即陈述以"不"对于事实的否定;后者只是存在者自身的欠缺和没有,而这种欠缺和没有本来是存在者作为此种存在者应该拥有的。不过,虚无比否定和褫夺更为本原,只是当虚无存在时,否定和褫夺才有可能。值得注意的是,海德格尔的虚无根本不能理解为道家和禅宗的空无观念,后者虽然不能简单地说就是一个本原的存在者,但是它基本上是一个存在的静态,前者则不然,它是存在的动态,如海德格尔所说,虚无虚无化,这种虚无化的本性立于偏离存在者和远离存在者。如果这样的话,那么,虚无和存在所构成的悖论关系并不是自身的囚禁,相反,它是一种原创性的生成。

　　海德格尔将存在的悖论于下列三个方面予以了揭示:第一,世界性的维度,"在世存在"乃"于无存在"。第二,历史性的维度,真理的去蔽乃真理的遮蔽。第三,语言性的维度,道的言说乃道的沉默。

　　早期海德格尔试图显现世界的本性,但是,此世界是此在的世界,因此,此在规定了世界。由于此在自身立于本体论的区分之中,所以,它已经被悖论所规定并成为了存在与虚无的游戏之所。此在敞开所构成的样式首先是情态,然后是理解,最后是沉沦。情态意指此在的必然性,即此在必然生存于世界之中,而没有第一根据和原因,于是,此在便位于一个无底的深渊。理解则是相关于此在的可能性,但是,这种可能性是使可能性成为可能的可能性。因为此在只是相关于自身,所以,它没有任何目标和目的。沉沦却描述了此在的现实性,这表现为,此在显现为不是自身,而是常人;世界不揭示自身,却掩盖自己;存在没有敞开,反倒遮蔽。在理解的情态中,亦即在世界整体中的畏惧的经验中,虚无显明了自身。同样作为虚无,烦使世界的整体性和非整体性趋于明朗,这凭借于它统一了情态、理解和沉沦。在走向死亡的存在中,此在的存在达到了其本原性的规定,因为死亡是此在本己的、毫不关涉的和不可逾越的可能性。这作为存在的可能性又被良心所证明。作为死亡和良心的统一,先行的决定立于时间性中,它源于虚无而自身时间化。于是,在世存在逐步显现为于无存在。

　　中期海德格尔过渡到历史性的解释,这个历史性是存在的历史性,因而是存在的命运。他不再借助于此在来经验存在与虚无的悖论,而是进入存在自身让存在和虚无的关系直接显现出来。海德格尔认为,存在不仅自身去蔽,而且首先自身遮蔽。于是,存在本原地生成为自身遮蔽的发生。依此,存在的真理就是自身遮蔽的林中空地。此遮蔽之发生正好是历史的命运,在此,存在自身派送,凭借它反离而去,它显现为一链条式的悖论:让与让去,给予与反离,生成与剥夺,等等。作为遮蔽的历史,形而上学同样是虚无主义的历史,这意味着存在历史的终结。在历史性的经验中,林中空地成为了其根本性悖论的喻相:真理的遮蔽和去蔽。

　　晚期海德格尔走向了语言性的领域,这里,问题不在于信息语言对于诗意语言的遮盖,而是在于作为道的语言的言说和沉默所构成的悖论。海德格尔将此悖论描述为"宁静的排钟"。"道说"道说出来,凭借于它使宁静。"宁静"使宁静,凭借于它鸣奏。以此方式,宁静的排钟将那尚未言说的和那已被言说的聚集为一。海德格尔不仅在语言性的维度显示了语言性的悖论,而且重新敞开了世界性和历史性的悖论。于是语言的言说和沉默包含了世界的亲近和去远及历史的派送和反离。

应该指出,海德格尔所说的历史性的悖论不是哲学史上的思想的悖论,他所说的语言性的悖论也不能等同于后现代的语言悖论。不管是历史性的悖论,还是语言性的悖论,它们都为世界性的悖论所规定,因此,它们是存在的悖论,亦即存在和虚无的游戏。那么,海德格尔的悖论为何只是存在的悖论? 正如我们已经指出的那样,现代思想不是思考理性和语言,而是思考存在。一般而言,存在自身包含着悖论,因为它是有无的生成,这点已经被海德格尔所看到,并形成其思想主题。不过,现代思想的存在不是一般的存在,而是人的存在,亦即生存。但是,人在现代的生存由于其无家可归而形成了一种"反的经验",这就是说,人的生存本身直接显现为悖论:他的存在就是他的虚无,这点深刻地规定了海德格尔思想从早期到晚期的轨迹。海德格尔放弃了过去的人是理性的动物的定义,它将未来的人描绘为要死者。但是,他在现代人的存在中经验到,虽然人已不是理性的人,但是他却尚未是要死者。因此,海德格尔的存在的悖论正是这种无家可归的思想表达,这样所谓存在的悖论具体化为人的生存的悖论。

当然,海德格尔对于存在自身的悖论和人的生存的悖论的关系的意识是朦胧的,他有时认为两者同一,有时认为分离。但是,不论如何,人的生存的悖论在海德格尔期待的另一个思想的开端可以得到克服,因为它只是源于人的现代的无家可归的经验,所以,当人还乡的时候,这种悖论就会消除,这样,它便没有超出现代之外的绝对意义。海德格尔认为,如果世界世界化的话,那么,存在将会消失,虚无也将随着隐去,于是虚无和存在的悖论也将不复成为话题。然而,存在自身的悖论将依然故我吗? 如果说存在的悖论是本体论区分的表达的话,那么,它将不可能被克服掉,因为存在不是存在者这一区分可以越过现代,海德格尔本人也坚信如此。不过,这里值得追问的是:存在自身是否具有它不可否定的优越性? 哲学史的理性对此无法证明,后现代的语言也对此无法接受。因此,存在的悖论如同人的生存的悖论一样,实际上只是现代的悖论,这是海德格尔没有看到和不可能看到的。

正是在此,海德格尔的思想如同现代的思想走到了终结。但是,后现代如德利达没有注意到海德格尔的存在的悖论,而只是指出了其语言的悖论。不幸的是,这种语言的悖论没有得到区分,它们只是成为消解的对象,而不是原创的力量。然而,语言的悖论是多种多样的,它可能是谎言的自我矛盾,也可能是真理与谎言的对抗,也可能是真理自身的否定即肯定。这最后一种悖论才是有与无的游戏之所。因此,不是走向理性,也不是走向存在,而是走向纯粹语言,亦即走向道!

1998 年 8 月于武汉大学

三、海德格尔的迷途

海德格尔参加了民族社会主义运动,这不仅是一个政治的事件,而且也是一个哲学的事件。但海德格尔在公开场合对自己参与纳粹之事一直保持沉默。在1996年与《明镜》周刊记者的谈话"唯有一神能拯救我们"中,①海德格尔为自己进行了辩解。

其一,海德格尔1933年担任弗莱堡大学校长是不得已而为之,并具有善良的意愿。

其二,海德格尔不同于纳粹,甚至批评纳粹。而纳粹也不信任海德格尔的所作所为,并给予了惩处。

总之,海德格尔的申辩试图表明他不是纳粹。

海德格尔是否是纳粹的问题不仅是事实之争,而且也是思想之争,因此问题在于海德格尔的思想与纳粹思想的关联。我们在此试图表明,海德格尔在何种程度上是民族社会主义的,而在何种程度上又不是民族社会主义的。

非常明显,海德格尔参与民族社会主义是基于对于20世纪30年代的欧洲和德国的形势的判断。在他的眼里,这种形势非常糟糕,这不仅仅指政治的,亦即德国无数个政党相互倾轧的混乱局面,也不仅仅指经济衰退、工人失业,甚至也不仅仅指第一次世界大战给德国留下的外在和内在的创伤,而是指人性的和精神的普遍的困境。这一困境导致了尼采的"上帝死亡"、胡塞尔的"欧洲科学的危机"和斯宾格勒的"西方的没落"。所谓的上帝和科学都是意指西方(欧洲)传统的理性,当然它们各具自身的维度,而"死亡"、"危机"和"没落"则意味理性不再是西方人的最高规定,它已穷尽了自身的使命。于是

---

① 1966年9月23日《明镜》周刊与海德格尔的谈话《唯有一神能拯救我们》,载《明镜》1976年5月31日,第193—219页。以下注脚简称"谈话"。

人性和精神就失去了其根基,如果人被规定为理性的动物的话,如果精神自己
的发展就要达到理性的话。

当然,海德格尔认为糟糕的形势并不只是理性的死亡,而也是技术对于人
的垄断,对于存在的设置,这使欧洲的命运面临了挑战,它具体表现为美国主
义和俄国主义。前者是民主和科学(技术),后者是苏维埃和电气化。一般人
认为美国主义(资本主义)和俄国主义(共产主义)是两种对立的思想,因为它
们总是试图消灭对方,但根据海德格尔的观点,它们两者在本性上是一样的,
即技术化的世界观。美国的科学与俄国的电气化几乎同出一辙。而美国的民
主和俄国的苏维埃只是以不同的方式所建立的政权,但它们又都是被技术所
操纵,对于政治和国家,海德格尔不仅反对在政治上表现的基督教世界观,而
且也反对法制的国家制度,同时他也强调反对民主制,因为他认为它们都是
"半途之见"。

问题在于,人们必须追问技术的本性,关于技术的流行的看法有两点,其
一,技术是服务于目的的手段,其二,技术是人的一种行为。但海德格尔认为,
"技术就其本性来说,是人从自己出发不可能制服的某种东西。"①技术的本性
是设置。"设置的统治作用是指:人是被一种力量所设置,所强求,所挑战,这
种力量在技术的本性中展示出来,而不是人本身所能掌握的。"②"技术使人们
愈来愈同大地分离,并使人们失根,这恰恰是令人不安的事情。"③

如何克服这种糟糕的形势? 海德格尔并不试图去拯救理性的危机,因为
他自身不是理性主义者,但他也不想顺应星际技术所决定的潮流,不如说他想
让技术得到更本原的规定,对于海德格尔而言,"事情只还有一种可能性:同
那些现实还有生命力的建设性力量一起,来试着对付正在到来的发展。"④而
建设性的力量在海德格尔所处的时代就是民族社会主义。很多人将民族社会
主义译成国家社会主义,实际上有悖德语原意,民族社会主义之"社会主义"
强调一方面反对资本主义,另一方面强调反对共产主义。而民族社会主义之
"民族"是这种社会主义的限定,它不是国家的,也不是文化的和历史的,而是

---

① "谈话"。
② "谈话"。
③ "谈话"。
④ "谈话"。

种族的。因此民族社会主义的基本原则是"大地和鲜血"。正是基于这种判断，对希特勒就任帝国总理，海德格尔认为是"一突破的伟大和辉煌"。"那时我看不到有任何其他的抉择"。"我似乎不仅仅是对着幻想说话，反之，我曾看到这一种可能性。"①亦即一种新的东西、一种兴起之事。总之，民族社会主义的"大地和鲜血"给海德格尔敞开了一条真理之路。

对此问题的阐明必须考察海德格尔思想的转变，我们可以简略地将其思想区分为三个阶段②：早期，中期，晚期。而他对于"大地"和"自然"的崇拜经历了一个思想过程，海德格尔早期的大地基于他对于存在者整体的划分：此在，手上存在者和手前存在者，此在是特别的存在者，亦即人的存在。当然，人不是此在的规定，相反，此在是人的规定。手上存在者是器具，为人的创造物，它作为手段并服务于人的目的。手前存在者是自然，是自身给予之物，它自生自灭并自在自得。所谓的大地就归属于手前存在者，此时的大地尚未特别的意义，因为它作为世界内的存在者并与此在相通，且被"人生在世"这一整体结构所规定。海德格尔中期的大地不再是一个手前存在者，不再属于一个世界内的存在者，相反，它与世界的斗争构成了历史性的争端。大地在此被理解为本原意义的自然，亦即自身遮蔽的存在本身，而作为器具的手上存在者被视为技术的构成物，并被解释为形而上学的现代产物而受到批判。海德格尔晚期的大地则获得了另外的意义，它是"天地人神"四元中的一元，并与其他三者共属一体，由此生成了一个世界。

海德格尔走向民族社会主义的那一特殊时期正是从其早期思想到中期思想的转变阶段。此时其追问的存在问题不再是基于世界，而是自然，亦即大地，尽管这个大地被历史性的命运所规定。海德格尔在此看到了其思想与民族社会主义之间一种似是而非的相似性。民族社会主义的"大地和鲜血"仿佛和海德格尔的"大地"与"自然"同属一个语言家族。他们共同反对技术，对抗着美国主义和俄国主义，并试图克服技术时代人类的困境，返回人的家园。海德格尔后来说："我知道一切重要而伟大的东西只是产生于一点：人类有一个故乡并须扎根于传统。"③这当然会具体化为回归德意志自身的历史的本原

---

① "谈话"。
② 参见彭富春：《无之无化：海德格尔思想道路的核心问题》，法兰克福 1998 年版。
③ "谈话"。

性。对大地的思索也许是海德格尔成为民族社会主义者最深刻的思想动机。但是这是他思想的迷途。正如海德格尔自身将其中期的一些论文汇编成册的时候命名为"林中路"。"林中路"在德语中不是任何浪漫与想象之路，而是"迷津"或"迷途"。

海德格尔自身意识到了走向民族社会主义是一种思想的迷途，这在于，一方面他不断显示自身思想与民族社会主义思想的差异，另一方面他试图用自身的思想来改造民族社会主义的思想。

就海德格尔与民族社会主义思想的差异而言，我们可以清楚地看出，后者的"大地与鲜血"是自然主义的、生物主义的和种族主义的，而前者却从来没有在这样的意义上使用过大地。海德格尔的大地在其思想过程中不断被世界、历史和语言所规定，并成为世界性的、历史性的和语言性的。

早期海德格尔的大地是世界性的。在此，大地作为世界这个整体之内的存在者，它只有依赖于此在的显现才能在世界中显现出来。中期的大地是历史性的，这也就强调了大地是存在历史的发生，而存在的历史被理解为真理的显现和遮蔽，亦即林中空地。晚期的大地是语言性的。它既不是对象意义上的自然界，也不是自身去蔽和遮蔽意义上的自然，相反，它作为语言的存在属于四元，亦即天地人神所聚集的世界。

海德格尔与民族社会主义的关联主要发生于他思想的中期。因此我们有必要更详尽地说明海德格尔历史性的大地的意义，而这又必须鉴于世界与大地的关系来予以考虑。

世界自身既非一手前之物，亦非一对象，而是如海德格尔所表达的那样，它世界化。如此意味的世界是一历史性的世界，它区分于"在世存在"的世界。"哪里我们历史的根本性的决定作出了，并被我们所接受、遗弃、误解和重新追问的话，哪里世界便世界化。"[1]这种世界化的世界正是历史并自身敞开。凭借于一个世界自身的敞开，万物得到其缓急、远近和广狭。[2] "于是发生了时空，亦即时间化和空间化。"进入空间在此有两层意思：敞开的自由的自由给予和将这种自由置于它们的系列之中。[3] 这样一种敞开的自由正是空

---

① 《林中路》，法兰克福 1980 年版，第 30 页。
② 《林中路》，法兰克福 1980 年版，第 30 页。
③ 《林中路》，法兰克福 1980 年版，第 30 页。

无和虚无,它们从存在者的整体中获得了自由。但是这却是作为去蔽的林中空地。

大地在此既非物性的,亦非质料性的,而是本原意义上的自然,与此相应,大地不能理解到自然界那里去,而是要从历史性来把握。"在大地上走向大地,历史性的人们在世界中建立了其居住。"①大地历史性地是"出现的保藏",和那"在本性上自身关闭的"。② 海德格尔同时补充道:"但是大地的自身关闭绝非单一的、僵化的和遮盖的存留,相反,它自身展开于一素朴的方式和形态的不可穷尽的丰富性中。"③作为一自身遮蔽者,大地是林中空地的自身遮蔽,于是大地表明为聚集和它的聚集物。

世界和大地在根本上互不相同但又不可分离,因为世界是大地性的,而大地是世界性的。世界建基于大地,而大地通过世界的敞开而伸出。"大地不能缺少世界的敞开,它自身作为大地显现与它自身遮蔽的已获自由的涌来之中。世界也不能从大地滑掉,它应该作为一切根本性的命运的存在的宽广和道路建立于一已作出决定的。"④以此方式,世界和大地统一于林中空地之中,那里,去蔽和遮蔽同属一体。

通过对于世界和大地及其相互关系的历史性的阐明,海德格尔的"大地与世界"中的"大地"就根本上远离了民族社会主义的"大地和鲜血"的大地。这导致前者对于后者的个人化的重新解释。

就海德格尔对民族社会主义思想的改造而言,我们惊异地发现,"精神"一词获得了非凡的意义。在此,海德格尔实际上要求以"精神"取代"大地和鲜血"成为民族社会主义的最高规定,同时也要求"大地和鲜血"从"精神"那里获得自身更本源的规定。以此海德格尔来反对自然主义、生物主义和种族主义。

那么,什么是精神?海德格尔说:"精神既非空洞的机智,也非无约束力的玩笑,也非理解力分析无穷尽的追求,也根本不是世界理性。精神而是一

---

① 《林中路》,法兰克福1980年版,第31页及下页。
② 《林中路》,法兰克福1980年版,第33页。
③ 《林中路》,法兰克福1980年版,第33页。
④ 《林中路》,法兰克福1980年版,第35页。

种对于存在之本性一种本原性的已同意的和有意识的决断。"①因此精神不是形而上学所说的一个存在者,亦即自然的对立物,相反它就是自然的自然性。这种意义上所理解的精神就是对于存在的昕命,甚至是存在自身。

当然,此时的海德格尔将精神置于历史性的维度加以阐释,将精神理解为存在的命运和作为林中空地的自由。1936 年他说:"拿破仑在爱尔富特曾对歌德说,政治就是命运。不对,精神思想才是命运,命运就是精神思想。但精神思想的本性是自由。"②海德格尔所说的命运不是自然或神性的必然性,而是存在历史(亦即真理的历史)的自行发生,它自身派送,但又隐身而去。这就是林中空地这一喻相所意味的。而所谓的自由,正是林中空地的自身去蔽。

海德格尔在给予精神一存在的本性之后,又将精神作为民族和"大地与鲜血"的基础。他认为:"唯有一个精神世界才能保证一个民族之为伟大"。③同时,这个民族的精神世界才是"保持起其大地与鲜血般的强力的最深刻的力量"④,海德格尔也将精神的指引作为"德国大学的自我主张"。这意在反对科学的政治化,反对科学的意义依照民族的实际利益来评定,而要求为大学提供精神指导。他说:"担任大学校长的职务,是承担起为这一高等学校提供精神指导的责任,只是源于真正共同地植根于德国大学的本性,教师和学生们的服从才能觉醒和壮大。然而这本性要显明并获得其地位和力量,只有当这些领导人自己首先和经常被领导——被一精神任务的不可回避性所领导,这一任务把德意志民众的命运铸人其历史的烙印之中。"⑤这里,海德格尔在领导者和被领导者的关系中凸显了领导者的被领导,而真正的领导者并不是元首,而是精神本身。

当然,海德格尔用精神改造民族社会主义并没成功,因此他只好将民族社会主义归属到绝对的技术国家,归咎于星际技术的斗争。海德格尔说:"在这个斗争中……人类使用无节制的暴力对一切东西进行计算、计划和

---

① 《事实与思想》,法兰克福 1983 年版,第 14 页。
② 《全集》,第 42 卷,第 3 页。
③ 《事实与思想》,第 14 页。
④ 《事实与思想》,第 14 页。
⑤ 《事实与思想》,第 9 页。

培植培养。"①所谓的计算亦即美国主义,计划就是俄国主义,而培植培养正是指民族社会主义。至此,海德格尔走进民族社会主义的迷途可谓彻底终结。

针对海德格尔参与民族社会主义这一事件,人们在政治上、道德上和思想上进行了不同维度的分析。毫无疑问,仅仅从政治上和道德上来阐释和批判海德格尔在取向上就缺少根据。这是因为海德格尔一生中不是政治支配了哲学,而是哲学规定了政治。同时,个人的道德乃至性格气质固然与思想相关,但是思想自身有它独特的道路,这绝不意味着海德格尔在思想上就是民族社会主义者,或者相反,他不是民族社会主义者,而是要清理海德格尔思想和民族社会主义思想之间似是而非的关系,因为海德格尔思想的道路就是迷途。

也许人们会问:为什么海德格尔的思想道路是迷途? 这是因为在海德格尔那里,最本原的不是混沌,但也不是理性之光和上帝之光,而是林中空地,此林中空地不是佛道的怡然澄明之境,而是遮蔽和去蔽之地。一旦思想进入林中空地,它的路途必然是林中路,亦即迷途。其实,不仅海德格尔的思想道路是迷途,一切思想道路都是迷途,谁敢声称自己就是理性之光呢? 如果有人敢如此断言的话,那么他自己就已在迷途之中,其危害性远远大于混沌。

海德格尔谈到思想的经验时说,谁将伟大地思考,谁将伟大地犯错。这不是为思想的迷途寻找遁词,而是指出思想就是冒险。真正的思想总是在迷途中行走。当然它必须不断越过自身的边界。

---

① 《林中路》,第92页。

四、海德格尔与老子论道

海德格尔学界有一种声音认为,海德格尔和东亚思想有一种隐秘的关联。特别是老子思想成为了海德格尔在古希腊思想之外的另一思想源泉。当然,这种观点也激起了反对的声音。我们暂时不讨论这两种声音孰是孰非,而是首先分别分析老子和海德格尔的核心思想,然后比较他们思想之间的相同点和不同点。

1. 老子论道

道是老子思想最核心的语词。但什么是道的意义?道的本意是道路,为人所行走。后来它不仅指人行走的道路,而且也指事物存在和发展运行的道路。因此,道常常被理解为万物的本性和规律等。与一般对于道的理解不同,老子所说的道并非是具体个别的此道或者彼道,而是道自身。但这个道自身又是如何的?

老子在《道德经》第一章对于道有一个简明的规定。"道可道,非常道;名可名,非常名。无,名天地之始;有,名万物之母。故常无,欲以观其妙;常有,欲以观其徼。此两者,同出而异名,同谓之玄。玄之又玄,众妙之门。"①这实际上是老子思想关于道的一个论纲。其中,有与无相关于道的存在;观相关于道的思想;不可道和不可名相关于道的言说。通过如此,老子标明了道与存在的关系、道与思想的关系、道与语言的关系。正是在这三重关系中,道将自身作为自身揭示出来。

---

① 《道德经》第一章,见陈鼓应:《老子注译及评价》,(北京)中华书局1984年版。但以下所引《道德经》或者《老子》的文本只标明章节。

　　老子首先揭示了道与存在的关系。只要道是道的话,那么它就是存在的,而不是虚无的。"孔德之容,惟道是从。道之为物,惟恍惟惚。惚兮恍兮,其中有象;恍兮惚兮,其中有物。窈兮冥兮,其中有精;其精甚真。其中有信。"①道是德的规定,德是道的实现。故道是天地间最根本性的存在。道看起来是似有似无,若明若暗,神秘莫测。但道却真实存在着,有物、有象、有精和有信。作为存在,道不是显现为多,而是显现为一。这个一既不是作为整体之中的一,如一个事物或一个存在者,也不是作为事物整体的一切,构成了许多一的集合。同时,它也不是贯穿于万物的某个元素,成为了它们的共同性质,而是使事物成为可能的"统一"。这个统一是聚集的力量,它使事物统一于自身并成为统一体。只是通过道的一,天才成为了天,地才成为了地,万物才成为了万物。故老子说:"天得一以清,地得一以宁"。② 万物得一以生。

　　但作为存在的道既不能理解为天地,也不能理解为天地间的万物。道只是道自身。如果道自身区别于天地及其万物的话,那么它自身就是虚无。于是,道自身既是有,又是无,是有与无的同一,亦即存在与虚无的同一。

　　就存在维度而言,有无的同一性是道的本原性的规定,而所谓阴阳的同一性只是次要的规定。"万物负阴而抱阳"中的阴阳并不能等同于本原性的有无,不如说它们是在有中的进一步区分,亦即作为阳的有和作为阴的有,从而成为了有的两种模态。在阴阳的区分中,本原性的无被排除掉了。与此同时,作为无的有也隐而不现。但是有无的关系经常被阴阳关系所代替,这样道不是成为了有无之道,而是成为了阴阳之道。然而阴阳之道必须回复到有无之道中去。唯有如此,阴阳才能从有无的生成中获得力量,并成为有的两种模态。

　　不过,老子所理解的道的存在即虚无和一般意义的有与无不可轻易混淆。按照惯常的理解,道的存在即虚无是形而上的,而一般意义的有与无是形而下的。形而上的存在即虚无超出了天地及其万物。老子认为天下万物生于有,但有生于无。这里的有就是无。但形而下的有与无却在天地及其万物自身之中。"三十幅,共一毂,当其无,有车之用。埏埴以为器,当其无,有器之用。

　　───────────

① 《道德经》第二十一章。
② 《道德经》第三十九章。

凿户牖以为室,当其无,有室之用。故有之以为利,无之以为用。"①这里的车轮、器皿和窗户中的有无是天地间万物之中的有与无。它们只是万物内自身的区分。有作为一个物,不同于一个作为缺失的另一物亦即无。无在此表现为空无。它看起来无用,但却服务于有。

尽管作为道的无自身无法规定,但它却显现出来。它的显现活动不仅是与万物相区分,而且是与在万物之一的意义上的无相区分。因此无的显现正是它的否定,亦即对于万物的否定。然而,因为无不是作为某物去否定另一个某物,所以它实际上无法如同某物那样显现出来。这里不如说,它在自身的显现中自身遮蔽,亦即所谓的道隐无名。

不过,无自身对于万物的否定是次要的,根本的是无对于自身的否定。只有在自身的否定之中,无才能成为无自身,否则它将成为万物之一的特殊形态,亦即与有相对的无。在无自身的自我否定中,无一方面保持了与自身的同一,另一方面也确定了与自身的差异。于是,无自身的否定正是无最本原性的生成。在这种意义上,无自身不是死之无,而是生之无,这样它才是道的本性。因为无是生成,所以天下万物生于有,有生于无,所以虚静生动,形成万物。

如果事情是这样的话,那么道必须理解为生。生不是片面的有,也不是片面的无,而始终是有与无的对立。一方面,无转化为有,于是,有不是从另一个有中生成出来,而是从无中生成出来,也就是从自身中生成出来。因此,它自身就是开端、基础和根据,排除了一个更本原的开端。另一方面,有回归于无,它不固守于自身,停止于自身,而是在向无的回复之中开始了新的有的生成。据此,道"生而不有,为而不恃,长而不宰"②。只有通过有与无永远的对立和转化,才有所谓的生生不息。在这种意义上,有与无的同一性成为了在自身之中的循环。

道自身的生成具体地表现在它创生万物。于是,老子认为道是天下母。"有物混成,先天地生。寂兮寥兮,独立而不改,周行而不殆,可以为天下母。吾不知其名,强字之曰道。"③道虽然不同于天地万物,但并不意味着与它们完

---

① 《道德经》第十一章。
② 《道德经》第十章。
③ 《道德经》第二十五章。

全隔离。相反,道与天地万物发生关联。这种关联形象化为母子关系。道是天地之母。天地为道之子。母子关系首先是一种生育关系。"谷神不死是谓玄牝。玄牝之门,是谓天地根"。① 道是虚无的,同时是神奇的。作为如此的道永恒生成。道如同神秘的母性生殖器官具有生育功能,它作为本原之地而生育了天地。生育不同于一般的生产制造。生产者和被生产者往往是分离的,但生育者和被生育者却是密切相连的。道与天地万物的关系正是如此。道在天地万物中显现自己。

从道生万物出发,老子描述了宇宙和世界的生成过程。"道生一,一生二,二生三,三生万物。万物负阴而抱阳,冲气以为和。"②道生万物既不同于上帝创造天地与人,也不同于绝对精神将自身外化为自然世界,而是显现为世界自身生成的过程。但如何描述这个过程? 老子采用了一、二、三等的数字化的扩大和递增来说明这一过程。对此,人们试图将一、二、三作出具体的规定,给予一个具体的名称。但这可能陷入穿凿附会的危险境地。事实上,老子借助于一、二、三不过表明,道生万物是从简单到复杂、从单一到杂多的过程。在这样的过程中,除了有生于无之外,阴阳的分化、互动和转化也是关键性的。它给万物赋予了具体的存在形态。但在道生万物的过程中,除了道自身之外,还有德、物和势等都共同发生作用。因此,老子说:"道生之,德畜之,物形之,势成之。是以万物莫不尊道而贵德。道之尊,德之贵,夫莫之命而常自然。故道生之,德畜之;长之育之;成之熟之;养之覆之"③尽管万物的形成依靠多种因素,但道是最根本的。道不仅生育万物,而且还培养它们,看守它们。

道虽然有许多特性,但它的一个基本特性是自然。"故道大、天大、地大、人亦大。域中有四大,而人居其一焉。人法地,地法天,天法道,道法自然"。④老子认为天地人要遵循道,而道不遵循其他任何东西,而只是遵循自然。但何谓自然? 自然在汉语中主要有两个意义。它的一个意义是自然界。它是矿物、植物和动物所构成的整体。作为一个特别的动物,人甚至也包括于其中。它的另一个意义就是自然而然。这就是说,一个事物就是自己,是自己所是的

① 《道德经》第六章。
② 《道德经》第四十二章。
③ 《道德经》第五十一章。
④ 《道德经》第二十五章。

样子。因此,自然就是自己的本性。在老子思想中,自然界的名字是天地万物,而自然则意味着自然而然和本性所是的样子。于是,当他说道法自然的时候,不是认为道依据一个外在的自然界,而是强调道依据自身,遵循自身。为何如此? 这是因为道没有一个比它更高的本原,而是自己为自己设立根据。作为如此,道的存在便是道法自身,亦即道法自然。在这样的意义上,道法自然就是道根据自身的本性去存在。

当道法自然的时候,它便表现为虚静。虚与实相对。实是已实现的,而虚是未实现的。但正是在未实现中包括了能实现的动力和源泉。作为如此,虚是道的无的本性的一种形态。正是在虚中,道自身保持为自身,而不是自身之外的他物。道在成为虚的同时,也保持为静。这在于虚无的道不可能是动的,而只能是静的。宁静意味着道居住于自身,自身与自身处于同一之中。相反,躁动则是道的远离和失去。因此,老子强调静为躁君,并认为清静为天下正。

道也呈现为柔弱。柔弱是刚强的对立面。一般的观念是肯定刚强,否定柔弱。但老子却反对这种看法。它认为柔弱胜刚强。这是因为柔弱代表生命,而刚强代表死亡。在天地间,没有什么比水更具有柔弱的特性了。"上善若水。水善利万物而不争,处众人之所恶,故几于道"。① 水虽然是最柔弱的,不争的,处于最地下的地位,但也是最刚强的,最富有韧性的。于是,没有任何事物能够胜过水。此外,它自身没有生命,但却是生命之源。这样,它能成为道的一个喻象。

自然、虚静和柔弱的道还显现为无为。无为不是指无所作为,丧失了任何生命的活力,而是指没有违反自然的行为。因为道只是依据自然而为,没有反自然而为,所以它便是无为的。但道的无为正好顺任了天地万物的自然天性。无为是道的泰然任之,是让万物如其自身而存在。依照这种理解,无为比一般意义上的有为更有作为,是作为的最高形态。正是在这样的意义上,老子说道无为而无不为。这常常被误解为老子的阴谋术,亦即看起来什么也不作,但事实上却什么都作。然而,老子的思想和阴谋术风马牛不相及。阴谋术不仅是一种作为,而且是虚假的作为。但老子的思想的无为而有为揭示的不过是道本身自然的力量。

---

① 《道德经》第八章。

当然,道还有许多特性,但它们都有一个共同点,即相关于道自身存在即虚无的本性。如果我们强行将道的本性分为存在性和虚无性的话,那么老子所强调的不是存在性,而是虚无性。这在于,老子所说的虚无性的意义超过了一般的存在性,而存在性的意义相反不如虚无性。所谓自然、虚静、柔弱和无为都是源于道的虚无的本性。因此,老子的思想是以存在即虚无为本。

正是在对于道的本性如此理解的基础上,老子展开了人们一般所说的辩证法的思想,亦即一种独特的关于事物矛盾的对立及其相互转化的思想。老子将任何事物分成了矛盾的两个方面,如阳性和阴性、积极性和消极性、肯定性和否定性等。它们是相互对立的。这种矛盾现象遍及天地万物,包括自然、社会、心灵等。事物矛盾的两个方面虽然是对立的,但也是相互依存的。"天下皆知美之为美,斯恶矣;皆知善之为善,斯不善已。有无相生,难易相成,长短相形,高下相盈,音声相和,前后相随,恒也。"①如果矛盾的一方不复存在的话,那么它的另一方也就随同消失了。但如果矛盾的一方产生的话,那么它的另一方也就一起出现了。因此,天地间没有单独的矛盾的一方或者是另一方,而始终是矛盾的双方共同存在。

但更重要的是,矛盾的对立面不仅是共同存在的,而且也是相互转化的。在种转化之中,事物从自己变成为了其对立面。"曲则全,枉则直,洼则盈,敝则新,少则得,多则惑。"②事物的发展之所以如此,是因为它自身作为矛盾的展开表现为一个过程,也就是从开端到终结,又从终结到开端,如此循环不已。

老子非常重视事物的这种转化,并认为它是事物发展过程中的必然。当一个事物最终走向否定性的时候,最先却呈现为肯定性的。"将欲歙之,必固张之;将欲弱之,必固强之;将欲废之,必固兴之;将欲取之,必固与之。是谓微明"。③ 这里的欲并不是人的意愿,尤其不是人的欲望,而是事物的变化的趋向。因此,这里的肯定和否定的变化不是人的阴谋,而是事物的规律。在否定性之前的肯定性,老子认为是事物自身微妙的征兆。这在于事物自身的肯定性包括了否定性,而否定性也包括了肯定性。但老子更强调事物发展中的阴性、消极性和否定性,而不是阳性、积极性和肯定性。这是因为前者是事物的

---

① 《道德经》第二章。
② 《道德经》第二十二章。
③ 《道德经》第三十六章。

开端,而后者则是事物的完成。

　　然而,老子认为道的存在即虚无的本性事实上并没有一般矛盾的对立,因此,人们必须放弃固守矛盾的任何一端,而超出矛盾。"是以圣人处无为之事,行不言之教;万物作而弗始,生而弗有,为而弗恃,功成而弗居。夫唯弗居,是以不去。"①圣人的言行是没有矛盾的。他不是克服事物已经存在的矛盾,而是远离任何矛盾,不会产生任何矛盾。在这样的意义上,老子关于事物矛盾对立及其转化的思想不同于一般的辩证法。辩证法认为事物的矛盾在对立统一的过程中最后能够被扬弃,而老子认为事物发展的最初就应该达到没有任何矛盾的道本身。

　　在阐明道与存在的关系的同时,老子还揭示了道与思想的关系。道在自身的生成中必然走向思想。这是因为只有当道被思考的时候的,它才能向人显明自身。因此,道最终要在思想中发生。但思想和道的关系并非是简明的,而是复杂的。老子意识到了思想和道的关系的特性。他一方面讨论了道是否可以被思考,另一方面指明了道如何能够被思考。

　　道显然不是感觉的对象。所谓感觉的对象是那些存在于感性世界中的存在者,它们能诉诸人的感觉器官,而成为一般所谓的感性认识的材料。道是一,但既不是整体中的一个部分,也不是一个整体自身。作为如此存在的道自身是虚无。它不存在于时空之中,不可能成为人感觉的事物,是不可见、不可听和不可触摸的。老子说:"视之不见,名曰夷;听之不闻,名曰希;博之不得,名曰微。"②这种对感觉的拒绝正是对于将道视为万物的整体或者万物之一的否定。反之,它要求将道理解为无自身。"复归于无物。是谓无状之状,无物之象,是为惚恍"③。对于作为虚无存在的道,人们必须放弃感觉,超出感觉,寻找另外通达的道路。

　　同时,道也不是学识的对象。一般意义的学识、思想或者智慧都是背离道的,这在于它们是违反自然的、人为的,甚至是虚伪的。老子认为,智慧出有大伪。这里的智慧不是道的智慧,而是一般人的智慧。它是人为的谋划和策略。人们沉溺智谋,丧失了本性和本心。这种智慧只能误导人们,使其走到一条错

---

① 《道德经》第二章。
② 《道德经》第十四章。
③ 《道德经》第十四章。

误的道路上去。因此,圣人必须抛弃这种学识,使民绝圣弃智,无知无欲,从而让大道自身呈现。

老子认为一般意义的感觉和学识都不能把握道本身。除此之外,人凭借什么可以去体悟道呢?无论何种方式,人通达道自身的道路还是人的心灵本身。老子将人的心灵比喻成一个神秘的镜子,即所谓玄鉴或者玄览。镜子的本性就其自身而言是空的、无的,但能反映事物。如同镜子一样,心灵自身也是空无,但能思考事物。但心灵不是有形的,而是无形的。故心灵是一个神秘的镜子。虽然这个心镜就其自身而言是干净和光明的,能映照万物,但事实上却又被污染而具有瑕疵。瑕疵有各种各样的类型及其原因,但最严重的是心灵的自身遮蔽和污染。这就是人们长期怀有的先见、偏见和成见。从此出发,人们去观察万物。虽然他们自以为看到了事物的本性,但实际上没有看到事物的任何东西。于是,老子说:"企者不立;跨者不行;自见者不明;自是者不彰;自伐者无功;自矜者不长。"①一切从自身意愿出发的思想和行为最终都是不可能达到其目的的。这在于自我的偏见阻碍了人理解和把握事物的本性。因此,老子要求涤除玄鉴,使其无疵。由此让心镜回到光明的本性,而能映照万物,与道合一。这才是为道,而不是为学。为道和为学在根本上是不同的。老子对比了二者。"为学日益,为道日损。损之又损,以至于无为。无为而不为"。②为学和为道都相关于人的心灵。心灵虽然本性是空无,但在现实中却为关于事物的知识所充满。为学就是要增多关于物的知识;为道就是要减少这种知识。为学是向外的,而为道是向内的。在为道的过程中,人让心灵虚静,而体悟到道的存在即虚无。作为最伟大的为道的人,圣人就是由外到内的。"不出户,知天下;不窥牖,见天道。其出弥远,其知弥少。是以圣人不行而知,不见而明,不为而成"。③这在于天道在内不在外。因此,向内才是正道而行,向外则是背道而驰。

在知道的过程中,老子特别强调了观的意义。观就是看,但不是一般感官的看,而是心灵的看。观是洞见。对于天下的任何事物,老子反对从这一事物之外去观照它,而要求从这一事物自身去观照它。"故以身观身,以家观家,

---

① 《道德经》第二十四章。
② 《道德经》第四十八章。
③ 《道德经》第四十七章。

以乡观乡,以邦观邦,以天下观天下。吾何以知天下然哉？以此"。① 这里,所观的事物发生了变化,从自身扩大到天下。但观照自身的本性未变,就是如实观照。如果说到观道的话,那么就是以道观道。但道自身是无与有的统一,故以道观道实际上也是以无观无,以有观有。"故常无,欲以观其妙;常有,欲以观其徼。"②从无观道之无,就可以看到其奥妙;从有观道之有,就可以看到其边界。这是以道观道的两种模态。正是在以道观道的过程中,道才能以自身而不是外物将自身呈现出来。以道观道就是知常。这就是知道了天下永恒和普遍的真理。知常曰明。因为人把握了永恒和普遍的真理,所以人获得光明的洞见和智慧。

在论述道与存在、思想的关系同时,老子还揭示了道与语言的关系。道在汉语的中的意义是多重的,其中最主要的就包括了道路和言说两种。在老子的思想中,道也具有这两种意义。不过值得注意的是,道的两种意义在老子思想中是分离的。这就是说,当道意味着道路的时候,它并不相关于语言。同时,当道表示言说的时候,它也不关涉道路。鉴于如此的区分,人们不能认为老子把道同时理解为道路和言说。

这实际上表明,道和语言之间存在一种无法克服的矛盾。道无法形成语言,它只是在语言之外。同时语言也无法表达道,它只能是道的遮蔽。为何如此,这在于道的存在即虚无的本性。而语言并非是道本身,它属于天地之间的万物的一种。当道被语言所言说的时候,它就不再是自身了。因此,道自身拒绝走向语言。道隐无名,道不自言。尽管如此,人们依然试图去言说这无法言说的道本身。但这如何可能？

首先,基于道不可言说的本性,老子认为要不言。他认为一切圣人就是行不言之教。知者不言,言者不知。如果人非要言说的话,那么他也要尽少言说。希言自然。少说是合于事物本性的。人们还要尊重他所说的一切言语。这也就是贵言。

其次,虽然道本身的存在即虚无,不能表达,但语言还是要去言说不可言说的道。为了表达道的本性,语言就必须借助于具体事物。这使老子关于道

---

① 《道德经》第五十四章。
② 《道德经》第一章。

的论述充满了各种比喻的言说。比喻不在于其形象本身,而在于其外。于是,比喻的形象是可言说的天地万物,但它的意义却是不可言说的道本身。

再次,因为道的本性是虚无性高于存在性,否定性高于肯定性,所以关于道的描述就必然违反日常语言的说法,是反言。"正言若反"在老子的文本中比比皆是。这需要人们与日常语言相分离,才能理解关于道不可言说的言说。

最后,老子强调言要真实,亦即成为信言。关于道的信言是一种自然朴实的语言。"道之出口,淡乎其无味,视之不足见,听之不足闻,用之不足既。"①因此,它和一般所说的美丽的言辞是不同的。信言不美,而美言不信。

2. 海德格尔论道

在海德格尔的文本中可以看出,他非常钟爱且频繁地使用了道或者道路这一语词。他在逝世前几天为其全集所写的文字强调,全集并非"著作,而是道路"②。著作和道路有什么根本的不同?著作只是已完成的作品,而道路却是运行的轨迹。前者是静态的,已终结的;后者是动态的,为完成的。海德格尔解释道,全集应该以不同的方式表明,思想走在道路之中,即处在多义的存在问题自身变化的追问的道路领域之内。

也正是因为如此,所以他的许多著作和文章皆使用了道路这一语词,如《林中路》、《田野之路》、《路标》、《通往语言的途中》等。这些名字并非是对于著作内容随意的或者是诗意的命名,而是对于海德格尔思想道路中不同站点的情形的如实描述。《林中路》的路不是什么浪漫之路,而是迷途或者是迷津。森林中有许多条路,或并列,或交叉,或回复。人们很难辨认,因此会迷失方向。但守林人却熟悉道路的情形,知道如何走进和走出。《原野之路》的路不同于高速公路。高速公路是被有计划地建造,并作为联系两个城市的中介。相反,原野之路是被原野所规定,也就是被自然所规定。它没有起点,也没有终点,而是自然的运行。《路标》意味着道路站点的标划。思想道路是复杂的、多变的、迂回的。路标则标明了不同站点的运行状况。《通往语言的途

① 《道德经》第三十五章。
② 海德格尔:《全集》第1卷,第437页。

中》凸显了思想走在语言的道路上。语言自身就是一条道路,思想则运行于其中。

如果说海德格尔的思想是一条道路的话,那么还必须说明它是一条什么样的道路。海德格尔明确表明,这条道路并非其他道路,而是一条追问存在问题的道路。这是一条唯一的道路。但它又具体化为追问"思想的事情的规定"的道路。海德格尔一生的思想就是思考了什么是"思想的事情的规定"。这可以分解为三个问题:什么是事情? 什么是思想? 什么是规定? 事情是思想的论题。海德格尔的事情是此在,也就是立于林中空地地中的存在者,其存在表现为生存。思想是关于事情的思考。海德格尔的思想是关于存在的思想。它区分为已思考、未思考和要思考的。规定是对于事情和思想的定调。海德格尔的规定就是林中空地,是既显现又遮蔽的存在的真理。

海德格尔关于"思想的事情的规定"的思想道路可以标明为三个站点。第一个是世界性的,世界的敞开就是它拒绝;第二个是历史性的,真理的显示就是它的遮蔽;第三个是语言性的,语言的道说就是它的沉默。这三个站点并非三条不同的道路,而是一条唯一的道路中的三个不同站点。这三个不同的站点也并非是互不相关的,而是思想的相继的延续。在不断前行中,思想又不断地回复。这也就是说,思想以前行和回复的方式始终关涉到存在问题的追问。

对于海德格尔而言,道路不是封闭的,而是敞开的。这意味着思想始终处于路途之中,也是处于道路之中。思想在路上,在漫游。海德格尔说:"当我们处于道路之中,思想本己的本性才能向我们显明。我们是处于道路之中。这意味着什么? 我们还处于许多道路之中,位于许多不同的道路之间。这就尚未决定一条不可回避并因此也许是唯一的道路。处于道路之中,于是我们必须特别细心关注我们的步伐所经历的道路的处所。"①这就是说,思想的道路没有一个既定的开端和终结,而是不断的运行。我们已经处在道路之中,我们正在道路之中,我们将来还在道路之中。从过去到现在到将来,思想一直走在路途之中。这表明道路运行的永恒性。

但道路在海德格尔那里的意义显然还具有深义。事实上,不仅海德格尔

① 《什么召唤思想》,第61页。

的思想表现为一条道路,而且海德格尔思想的主题就是思考道路本身。

什么是道本身? 或者是道路的本己的意义? 海德格尔说:"也许'道路'一词是一语言的原初之词,向沉思的人们劝说着。老子诗意般的思想的主导词称为道并意味着'本真的'道路。但因为人们容易外在地将道路设想为两地之间连接的路途,所以他们匆忙地认为我门的'道路'一词不适宜于道所命名的东西。因此,人们将道翻译成理性、精神、意义和逻各斯。"①

海德格尔接着说:"但是,道可能是那推动一切的道路,所谓的一切亦即这种:从那里我们首先可能去思考,理性、精神、意义和逻各斯本真地,也就是从其自身的本性而来想言说的。如果我们让这些名字回归其未被言说并且能够去让,那么,也许在'道路'、道一词中隐藏着思考着的言说的所有秘密的秘密。也许当今方法的统治神秘的力量正来源于此,即这些方法,不论其效力,但也只是一巨大的隐蔽的河流的分支。这条河流是推动一切并为一切开辟了其自身路径的道路。一切即道路。"②

针对西方学界对于老子《道德经》的道的各种翻译,海德格尔提出了批评。同时,他还提出了自己对于道的翻译的建议。他的批评和建议是否正确,我们在此姑且不论。我们目前只是关注海德格尔关于道路本身意义的理解。对此,我们还需要非常深入细致的分析。

海德格尔反对人们对于道路一般看法。这种看法把道路只是把握成两地之间连接的路途。这种意见可以看成工具论的道路观。根据这种看法,道路是服务于目的的手段。人们在道路上走来走去,但不是为了道路本身,而是为了从出发地到达目的地,而且从下一个出发地到下一个目的地,如此连续不已。一旦目的实现,手段就可以抛弃和忘却了。根据海德格尔的观点,这种工具论的道路观并没有切中道路的真正本性。

这种一般对于道路工具性的理解还导致科学把道路理解为方法。在近现代的科学中,方法的地位和作用被非同一般地强化了。方法不再只是服务于科学,而是反过来,科学服务于方法。这就是尼采所说的科学方法对于科学自身的胜利。在科学中,主题被方法所设立。但这种方法是对于道路本性的遮

---

① 《通往语言的途中》,第 198 页。
② 《通往语言的途中》,第 198 页。

蔽和遗忘。海德格尔指出,虽然方法与科学设备和工具相关,但前者比后者更为本原。这在于,方法源于道路。在字源学上,西文的方法就是沿道而行,踏上道路。这种方法不是人工设计的一种特定的研究程序,而是一种源于事物自身如其所是而显现出来的道路。前者会扭曲和伤害事物的本性,而后者则能把事物作为事物自身揭示出来。方法是从属于道路的,现在的方法也只是道的分支。

与工具性的、方法论的道路观不同,海德格尔所理解的道路是本源性的。作为本源的道路是自身开辟道路的运动。它是道路的最初给予者和创立者。道路不是现成摆在人面前的对象,等待人们去行走,也不是人走出来的,是人的随意行走的脚印,而是道路使人达到关涉他们、召唤他们的东西。在这样的意义上,道路是自身运行的。道路是推动一切的道路。如此理解的道路就属于地带。此地带不是一般的地带,而是林中空地的地带。这种既显现又遮蔽的地带是推动,在此,道路自身产生。

如果说海德格尔的思想不仅显现为一条道路,而且就是思考道路本身的意义的话,那么如何理解道路和海德格尔思想的主题之间的关系呢?

一般认为,海德格尔的思想的主题就是思考存在的真理或真理的存在。这在他不同时期表现为不同的问题。在早期是追问存在的意义,在中期是追问真理的本性,在晚期是追问林中空地的地方性。这看起来与道和道路没有直接的关联,但事实上它们都关涉道和道路。

思想的第一阶段的主题是世界的拒绝。在此,生存具有道路的意义。虽然海德格尔的动机是追问一般存在的意义,但他并非从一般存在者的存在出发,而是从一个特别的存在者出发,也就是人的存在,来揭示存在的意义。这在于人作为一个特别的存在者,区分于手前之物和手上之物,是一个能理解自身存在的存在者,而作为"在世存在"生存着。海德格尔把人的存在命名为此在,也就是站立在真理之中亦即林中空地之中的存在。人的存在是在世界中的存在,而其存在的本性是生存。生存是站立起来的存在,如同道路运行一般。而在世存在也是此在的敞开,表现为世界的世界化。世界的世界化意味着,世界不是一个实体和对象,而是开辟道路,也就是世界自身开辟世界。在世界中生存的此在构成的样式首先是情态,其次是理解,最后是沉沦。正是在理解的情态中,即在世界整体中的畏惧的经验中,存在的意义亦即无之无化显明了自身。同样作为无之无化,烦使世界的整体性和非整体性趋向明朗,这凭借于它统一了情态、理解和沉沦。在走向死亡的存在中,此在的存在达到了其本原性的规定,因为死亡是此在本己的、毫不旁涉的和不可逾越的可能性。这作为存在的可能性又被良心所证明。作为死亡和良心的统一,先行的决定立于时间性中,它源于无之无化而自身时间化。于是,世界中的无之无化首先是此在的敞开,然后是世界的整体,最后是"在世存在"的本原性。在这种意义上,"在世存在"可把握为"于无存在"。

思想的第二阶段的主题是历史的剥夺。在此,生成具有道路的意义。凭借于海德格尔思想由其第一阶段的"世界的拒绝"的解释到第二阶段的"历史的剥夺"的这一根本主题的过渡,其存在的意义亦即无之无化的规定也发生了变化:这不再鉴于此在来理解,而是于存在自身的真理的关联中来思考。此在为虚无所规定,这在于存在自身在根本上就是虚无。存在作为虚无来相遇,这意味着存在不仅自身去敝,而且首先自身遮蔽。于是,存在本原地本性化为自身遮蔽。依此,存在的真理乃为自身遮蔽的林中空地。此遮蔽之发生正好是历史的命运,在此,存在自身派送,凭借它反离而去。作为遮蔽的历史,形而上学同样是虚无主义的历史,这意味着存在历史的终结。相应地,海德格尔在他的第二阶段首先追求解释存在自身遮蔽的本原性;然后,他将遮蔽的发生看做是形而上学的历史;最后,他试图克服形而上学。

林中空地的本性是作为显现的遮蔽,也就是作为生成的剥夺。但生成是道路之生成,剥夺是道路之剥夺。这就是说,林中空地是自身开辟道路的道路。何谓生成? 海德格尔认为生成自身生成。这里没有生成者和被生成者的区分。如果还使用生成者和被生成者的区分的话,那么,它们也是同一的。生成始终的生成的过程本身。但生成的过程也是剥夺的过程。甚至可以说,生成之所以能够成为生成,就是因为它能够剥夺自身。这使生成自身完全不同于人们对于存在意义的一般理解,亦即将存在理解为实体性和对象性的。相反,生成或者作为生成的存在完全如同一条自身开辟道路的道路在延伸。

思想的第三阶段的主题是语言的沉默。在此,道说具有道路的意义。在世界的世界性和历史的历史性被解释之后,语言的语言性在此也必须显现出来,只要世界性和历史性的林中空地是宁静的空地的话,而此宁静本原性地道说的话。为了向语言的形而上学的观点明确地告别,海德格尔的语言性经验首先要求这样一种区分:谁在说话? 既非神,也非人,而是在诗意意义上的语言在说话。据此,海德格尔区分了语言自身。不同于陈述,道说是语言的本性,此本性理解为宁静的排钟,而且对于语言中的无之无化是本己的。语言以此方式聚集了天地人神,亦即四元。但是,陈述却并不认识宁静的排钟,而是遮盖和阻挡了它。按照海德格尔的观点,陈述的最后形态不是理解为形而上学的历史判断,而是理解为技术当代的信息,此信息已不再可能道说那不道说。正是在技术的世界里,无家可归显现出来,它作为那值得思考的令思想去经验林中空地的宁静。

如果说在海德格尔的早期和中期的思想中作为主题的道路还具有隐蔽的特点的话,那么在晚期则直接显露出来。在此,语言既是道说,也是道路,是道说和道路两者的合一。这就是说,语言在道说时自身开辟道路。

为了获得语言道说的本性,海德格尔对于语言自身进行了区分。它首先相关于这样一个问题:谁在说话? 对于海德格尔而言,既非神在说话,也非人在说话,而是语言自身在言说。语言言说。这并非毫无任何意义的同一反复,而是将语言从它自身之外的非语言性回复到它自身的语言性。这种自身言说的语言是纯粹语言,亦即它是其自身,而不是非自身。诗意语言因为倾听了语言自身的本性且去言说它,所以,诗意语言是纯粹语言。与诗意语言不同,技术语言和日常语言是对于纯粹语言的扭曲和遗忘。但它们必须回复到纯粹语言的本性去。

纯粹语言的言说不是陈述,而是道说。一般的语言观将语言言说的本性理解为陈述。它将语言置于与存在、思想、和文字的特别关联中。存在作为事情是已经给予的,思想思考事情,语言表达思想,文字记录语言。这种观点符合一般的语言现象,但它只是注意到了语言描述一个已发生的事情,而没有考虑到语言指引一个要发生的事情。

海德格尔认为,语言的本性根本不是陈述,而是道说。道说是指引,所谓指引是让显现,也就是让存在作为存在如其所是地显现出来。语言作为指引之所以可能,是因为它的本性就是林中空地,也就是无蔽或者真理。在语言的林中空地中,万物得以显现。语言让在场者在场,让离席者离席。作为指引的语言之所以是道说,是因为它所言说的就是道,也就是道理。

当然,语言的本性作为道说在海德格尔那里获得了更为具体的规定:语言性的、世界性的和历史性的。

首先,作为道说的语言具有语言性的规定。它如同是宁静的排钟。这是一个比喻的说法。排钟是教堂的排钟,是许多钟的组合。因此,它的奏鸣是多种声音的聚集。宁静不是无声和不动,而是使宁静,也就是使不安带向安宁。在这样的意义上,宁静作为使宁静比一切运动更具运动性,是最高的运动。道说道说出,凭借于它使宁静。宁静使宁静,凭借于它鸣奏。

其次,这种道说具有世界性的规定。语言的道说敞开了作为林中空地的地方性。它是一个地带。在此地带中,遥远的亲近同时存在着。一方面,保持遥远;另一方面,走向亲近。在遥远的亲近中,万物相互生成。

最后,这种道说具有历史性的规定。历史性在此表现为命运,即通过道说的运动分配和派送给人。

在上述的道说中,语言自身都表明为一条自身开辟道路的道路。这条道路就是世界,亦即一个被语言性和历史性所规定的世界。这个世界在海德格尔那里被命名为天地人神合一的四元。此四元既非自然和历史的宇宙,也非上帝的创造物,而是天地人神的镜子般反射的游戏。语言的道说召唤人居住在这个世界中,也就是让人行走在世界的道路之中。在此四元世界里,人居住在天空之下,大地之上,等待诸神,相伴其他要死者。这就是海德格尔所说的诗意的居住。

3. 老子和海德格尔的比较

在分别分析了老子和海德格尔的道的意义之后,现在我们可以对于他们进行简要的比较,指出他们之间的差异所在。

第一,老子和海德格尔的道都源于道路本身。但老子并没有思考道路自身的特性,而是思考了由道路引申出来的大道本身的特性,如虚静、柔弱等。与此不同,海德格尔却思考了道路自身的特性。道路在根本上是开辟道路。

第二,老子的道一般有两重意义:一是大道(天地之道),二是言说。大道是天地人的根本,是不可言说的。因此,道可道,非常道。在老子那里,道路和言说不是同一的,而是对立的。但海德格尔将道路和言说统一出来。道路自身言说,亦即道说。它成为人的言说的指引。

　　第三,老子和海德格尔的语言具有不同的地位。在存在(大道)、思想和语言的关系中,老子虽然认为道不可知、道不可言,但还是强调大道是思想和语言的根据。与此相反,海德格尔认为语言是本原的,是自身建立根据的。由此,语言是存在、思想和人的根据。

　　通过上述简要分析,我们可以得出结论:老子的道不同于海德格尔的道。它们看起来相似,但实际上相异。

五、海德格尔与庄子论物

1. 海德格尔与庄子的相遇

让我们首先倾听庄子《逍遥游》中的一段话。

> 惠子谓庄子曰:"吾有大树。人谓之樗。其大本臃肿而不中绳墨,其小枝卷曲而不中规矩,立之涂,匠者不顾。今子之言,大而无用,众所同去也。"

> 庄子曰"子独不见狸狌乎?卑身而伏,以候敖者;东西跳梁,不辟高下;中于机辟,死于罔罟。今夫斄牛,其大若垂天之云。此能为大矣,而不能执鼠。今子有大树,患其无用,何不树之于无何有之乡,广莫之野,彷徨乎无为其侧,逍遥乎寝卧其下。不夭斤斧,物无害者;无所可用,安所困苦哉!"①

然后让我们来倾听海德格尔对此的评论:

> 它提供了这样的洞见:人对于无用者无需担忧。凭借其无用性,它具有了不可触犯性和坚固性。因此以有用性的标准来衡量无用者是错误的。此无用者正是通过让无物从自身制作而出,而拥有它本己的伟大和规定的力量。以此方式,无用乃是物的意义。②

庄子和海德格尔,在空间上相隔万里,在时间上相距千年。一个是中国古代的哲人,另一个是西方现代的思想家。他们处在不同的生存境遇,具有不同的思想传统,而且也说着不同的语言。但他们却构成了对话。庄子和海德格尔的对话之所以可能,是因为他们为同一话题所吸引,从不同的时间和不同的

---

① 陈鼓应译注:《庄子今注今译》,(北京)中华书局1983年版,第29页及下页。

② 海德格尔:《传统的语言和技术的语言》,(圣加伦)艾克出版社1989年版,第8页。

空间走到一起。他们谈着同一话题,说着同一个事情。但这是一个什么样的事情?它不是其他什么东西,而是物的意义。但什么是物的意义?

庄子和海德格尔的回答是:物的意义就是其无用性,而且人无需对无用性担忧。

这样一种物的意义的揭示的语言表达式是否定性的,它指明无论是从物的方面还是从人的方面都需要"无"。否定就是去蔽,去蔽就是揭示。但思想要否定什么?那要否定的是物的有用性以及人们对于无用性的担忧。正是这种现象遮蔽了物自身的意义。因此对于无用性的发现以及对于无用性的泰然任之基于思想对于遮蔽的否定。这规定了庄子和海德格尔从事物的分析时的思想道路。

不过,庄子和海德格尔虽然思考同一问题,但他们的思考却是不同的。因此我们所关注的是海德格尔与庄子有何差异,同时我们又与他们有何差异?

2. 庄子的物

物在庄子的思想中具有多重意义。首先,作为无的对立面,物就是有,是一切不是虚无的东西。如果物就是有的话,那么天地万物都是物,其中不仅包括了自然物,而且也包括了人类,甚至还包括了神仙。在这样的意义上,物的问题主要是有与无的问题。其次,作为心的对立面,物只是心外之物,是现实世界。其中最主要是指自然之物,即由矿物、动物和植物所构成的物的整体,但还指社会之物,如财富、名誉和地位等。此外还指人的身体。在这样的意义上,物的问题主要是心与物(包括了神与形)的关系。最后,作为人的对立面,物只是身外之物,即人之外的万物。在这样的意义上,物的问题主要是人与物的关系。在庄子和惠子的对话中,所讨论的物是一些植物和动物,因此它们只是自然之物。但庄子不过是借谈论自然之物来谈论一般之物,于是所谈的物的意义绝不只是限于自然物,而是遍涉一切物,包括了语言和人本身。

但物的意义如何显现出来?物就其自己本身而言是自在的,遮蔽的。只是当物与一个特别的物相遇时,物的意义才可能自行呈现出来或者被揭示。这个特别的物就是人,就是人的生活、意识和语言。于是物的意义的呈现过程实际上置于物与人的关系或者人与物的关系之中。对于庄子而言,人与物已经在世界中相遇了。因此所谓物的意义的显示同时可能就是遮蔽。这样问题只是：人是如何对待物的，由此人又是如何对待人自身的。在此范围内，人对物的态度决定了物的意义是否被揭示，以及它在何种程度上被揭示。

庄子和惠子的对话也就是对于物的两种态度的对话。一种是对于物的道的态度，而另一种则是对于物的技的态度。道与技不可同日而语。道是大道，它是万物的本原、根据和开端，而技是小技，它是对于物的加工、改造和制作的方法。这使庄子和惠子的对话不仅是具有差异的，而且是不平等的。当然，通过对于物的技的态度的批判和克服，人将走向和归于对于物的道的态度。

惠子对于物的技的态度是通过匠人与大树的关系表达出来的。大树是自然生长的，不中绳墨和规矩，因此木匠不愿理睬它。木匠作为匠人，其主要的任务之一就是将树木由原材料制造成木器。木器作为器具就充当了手段并由此服务于人的目的。人的目的不同，效劳于目的的手段亦即器具也就每每不同，由此对于各种可能成为器具的原材料所要求的尺度也会不同。但尺度的不同并不意味着尺度的否定，相反它意味着不仅尺度是必要的，而且尺度的多样性也是必要的。当一个木匠面对大树时，他所考虑的是人的目的性和物的手段性，并由此确定尺度而衡量大树来判断它是否拥有有用性。如果大树合于大的尺度，那么它就有大用，如果大树合于小的尺度，那么它就有小用。但惠子所描述的却是更为糟糕的事情。这个大树由于其自身的自然形态而不合乎任何尺度，因此否定了任何尺度，也就丧失了任何一种有用性。于是它不能成为工具，也不能服务于目的。匠人会因为物的有用性而亲近物，相反会因为物的无用性而远离物。惠子在此对于物的技的态度是建立在人的目的之上的对于物的手段性的要求。这导致对于有用性的肯定和对无用性的否定。

与惠子根本不同，庄子对于物的道的态度是通过逍遥者与大树的关系给予标明的。大树树于无何有之乡，广莫之野。人则彷徨乎无为其侧，逍遥乎寝卧其下。在此大树和人的关系完全脱离了手段和目的的关系。它不仅远离了匠人的尺度，而免受利斧之害，而且还远离了人的世界，中断了任何一种对它有用性或者无用性的判断。大树只是生长在自然之野中，而自然才是大树所归属的世界。在这样的自然的世界里，大树就是大树。它作为其自身是其自身。因此它是真正的物自身。它不来源于什么，也不为了什么。它自身就是自身的缘由和目的。如果说在自然中的大树回到了物自身的话，那么在大树

边的逍遥者则回到了人自身。人都是生活在人的世界里,但人的世界正好是
人欲和物欲的集合,因此也是技(术)的集合,因为技是实现欲而获得物的手
段。在这样的世界里,一方面人支配了物,另一方面物也支配了人。于是物失
去了物自身,而人也失去了人自身。人回到自身与物回到自身是同一过程。
与物一样,人也要走出人与物的目的与手段关系而走向自然世界。逍遥者就
是生活在自然世界之中的人。作为如此,他解除了人欲和物欲,也解除了技的
束缚。他游于自然之中,因此游于人的本性之中,也因此游于物的本性之中。
逍遥者和大树实际上是自然中的朋友,他们共同被自然所规定,也就是被道所
规定,因为所谓的道正是自然。庄子对物的道的态度注重了物自身的本性,这
样他所追求的是物的无用性,而不是它的有用性。

　　庄子将物的意义确定为自然,亦即合于道。这种自然一方面是自然物或
自然界,另一方面是自然而然,亦即本性。这两者是密切相关的。人们可以
说,物的意义或物的自然就是物如同自然物那样存在或生长。反过来说,自然
物的生长就是合于自然和本性的。

3. 海德格尔的物

　　海德格尔关于物的追问相关于他对于整个存在问题的追问。物就是存在
者,也就是说它是,而不是非是。当然海德格尔有别于形而上学追问存在的方
式,他不是追问存在者,也不是存在者的存在,而是存在自身,亦即作为存在的
存在。这使海德格尔追问物的时候既不是关注某一特别的物或者一般的物,
也不是物的物性,而是物性自身。此处的物性就是事物本身,也就是存在
本身。

　　什么是海德格尔的物? 在其整个思想的发展变化中,物自身的重心发生
了变化。早期海德格尔在世界之中来探讨物。世界既不是意识的世界,也不
是体验的世界,而是此在的世界。其结构描述为"在世界中存在"。正是在这
样的世界中,物显现自身。物区分为此在,手前之物和手上之物。此在是人的
规定,它意味着人是一特别的物,是能够理解自身存在的存在者,这是因为他
站立在林中空地之中。手前之物是自然物,而手上之物是人工物。前者为自
然所给予,后者为人类所制造。如果说海德格尔在早期主要是在世界的维度

里来考察物的话，那么他在中期则重在历史的维度来思索物。物的历史就是存在的历史，亦即存在的真理发生的历史。海德格尔找到了物的真理的发生之地：大地和世界。大地自行归闭，而世界自行敞开。它们的抗争成为了真理的发生或物性的发生的本源之地。而海德格尔晚期所思考的物则是语言所呼唤的世界。这个世界既不是在场者的整体，也不是上帝的创造物，也不是自然和人类所构成的对象性的存在，而是天地人神的聚集。在此物物化，世界世界化，两者交互生成。

在海德格尔看来，人们对于物的态度通常和大多是非诗意的态度。这一般表现于人对于物的日常的经验的态度，它实际上是人对于物的诗意态度的遗忘和遮蔽。日常的态度只是将物经验为某种东西或者某个存在者，而不是物性，亦即发生的"事情"或者"事物"。因此它阻碍了人们经验事情本身。当然日常的态度相关于形而上学的态度。在西方形而上学的历史上，物获得了三种基本的规定。其一，物是特性的载体。其二，物是感觉的复合。其三，物是赋形的质料。对于物的三种规定，海德格尔均给予了分析。第一种实际上是将陈述句子的结构投射到物的结构之中，因此它并未揭示物的物性。第二种没有考虑到人们首先遇到的是物的物性，然后才可能感觉到物的各种特性。第三种运用了形式和质料这一概念机器来描述物，但它的原初之处只是艺术品，而不是物自身。形而上学的态度的当代表现是现代技术的态度。技术一向被规定为两个方面。首先它是服务于人类目的的工具；其次它是作为人类的活动。这显然遗忘了古希腊语词中技术的本意，即带出来或让显现。而现代技术则将一切东西亦即万物技术化，从而成为了我们时代存在的规定。当然现代技术有它自身的发展过程，并经历了两次革命。第一次是从手工操作到机械技术，第二次则是从机械技术到计算技术。第一次工业革命完成了人力向机械能的转换，是人的双手的解放，因此也导致了人的身体的解放。而第二次工业革命则由机械能转向了自动化，它是人脑的解放，因此也引起了人智力的解放。如果说第一次革命只是一般物的技术化的话，那么第二次革命则是一个特别的物即人的技术化。这是因为计算技术的核心是信息语言，而人在所谓的理性的动物之后，就成为了唯一的语言的动物。物（包括人）被技术化，就是被设定。被技术设定的万物的意义就是它的有用性，这是因为技术的尺度只是衡量一物是否能被开掘、改造和利用。

不论是对于物的日常态度,还是形而上学或技术的态度,都是对于物自身的遗忘和遮蔽。在海德格尔看来,"走向事物本身"要求获得一种新的态度,即对于物诗意的态度。但什么是诗意? 它不是日常语言所理解的诗意,即不是想象、激情,或者各种浪漫主义的想法。它也不是形而上学所思考的诗意,此种诗意是"给予尺度",是思想对于存在的设立,也同样是主体对于客体的设立。海德格尔所说的诗意是"接受尺度",它意味着思想从存在那里获得自身的规定,思想从事情那里接受自身的定调。这是因为存在不是思想的存在,而思想却是存在的思想。于是不是思想决定存在,而是存在决定思想。在这样的关联中,所谓的对于物的诗意的态度就是人进入到物的生成之中,去经验物,倾听物。而进入到物的生成之中就是进入到世界的生成之中。这是因为物的生成的本性就是聚集本身及其聚集物,而所谓的聚集物就是世界。因此世界在海德格尔那里是天地人神的聚集。于是世界成为了"四元"(天地人神)。人生活在世界中首先意味着人生活在大地上。"在大地上"意味着"在苍天下",同时还意味着和其他"能死者"在一起位于"长存者"面前。这样人在世界中和万物一起游戏,共同生成自身。在诗意的世界里,万物不再被技术所设定而成为工具,相反它自身作为目的。如果这样的话,那么物的意义就不是作为有用性,而是作为无用性。

海德格尔将物的意义规定为世界,亦即在天地人神四元相互游戏意义上的聚集。这标志着海德格尔彻底告别了传统的物或者存在的概念,它不再是古希腊的在场者,也不是中世纪的上帝创造物,也不是近代理性所设定的对象。作为聚集,物的意义进入了现代的维度。这是因为理性哲学在近代终结之后,存在问题成为了现代思想的主题。当海德格尔将物的意义规定为聚集的时候,他就是源于对于我们所处的这个世界之本性的思考。而世界之本性就是天地人神的聚集。

4. 庄子和海德格尔的比较

通过上述分析,我们可以看出庄子和海德格尔在对于物的解释时其思想的差异。这表现于两个方面:一方面,他们所要否定的对于物的态度有所不同。一个是对于物的"技"的态度,一个是对于物的"技术"的态度。另一方面,他们所要肯定的对于物的态度的不同,一个是对于物的道的态度,一个是对于物的诗意的态度。让我们更深入细致地比较它们。

庄子所谓的技或者术和海德格尔所说的技术当然有相同之处。它们都是人的活动,而不是物的运动。因此它们在本性上与自然相对,技术不是自然,自然不是技术。不仅如此,技和技术都是人对于自然的克服,是人改造物的活动。人在没有物的地方制造物,在已有物的地方加工物,这使技术的根本意义表现为制造和和生产。技术就是要制造一个在自然尚未存在且与自然不同的物,亦即人为之物。但这个物并不以自身物目的,而是以人为目的。通过如此,技术成为了人的工具或手段,人借此来服务于自身的目的。由于这样,它们都表明了人对于物的有用性的要求。有用性实际上意味着物具有技术化的特性,也就是能够成为手段和工具的特性。

但庄子的技具有自身独特的意义。它主要是人用手直接或间接与物打交道的过程。作为手工的活动,技在汉语中就被理解为"手艺"或"手段"。那些掌握了某一特别手艺的手工活动者成为了匠人。手是人身体的一部分,技因此依赖于人的身体且是身体性的活动。但人的身体自身就是有机的自然,是自然的一个部分,技因此是依赖于自然性的活动。这就使技自身在人与物的关系方面都不可摆脱其天然的限度,即被自然所规定。在这种限定中,人不是作为主体,物不是作为客体,于是人与物的关系不是作为主客体的关系,而是作为主被动关系。人在技的使用过程中,要么让自然生长,要么让自然变形,以此达到人自身的目的。尽管如此,技作为人工要合于自然,即人的活动如同自然的运动,如庄子所谓"道进乎技"。这也导致由技所制作的物虽然是人工物,但也要仿佛自然物,即它要看起来不是人为,而是鬼斧神工,自然天成。由此我们可以看出,庄子(甚至一般中国思想)所理解的技是被自然所规定的人的活动。但如此理解的技依然不是自然本身,不是道本身,相反它会遮蔽自然,遮蔽道,因此它会遮蔽物本身。

与庄子的技不同,海德格尔的技术指的不是手工制作,而是现代技术,即机械技术和信息技术。在手工操作到机械技术的转换中,人的身体的作用在技术里已经逐步消失了其决定性的作用。而在信息技术中,人不仅将自己的身体,而且将自己的智力转让给技术。因此现代技术远离了人的身体和人的自然,自身演化为一种独立的超自然的力量。技术虽然也作为人的一种工具,但它反过来也使人成为它的手段。这就是说,技术要技术化,它要从人脱落而离人而去。作为如此,现代技术的技术化成为了对于存在的挑战和采掘,由此成为了设定。人当然是设定者,他将万物变成了被设定者,同时人自身也是被设定者,而且人比其他存在者更本原地从属被设定者整体。这个整体就是现代的技术世界。世界不再是自然性的,而且自然在此世界中逐渐消失而死亡。技术世界的最后剩余物只是可被设定者,它要么是人,要么是物。作为被设定者,人和物都成为了碎片。而碎片都是同等的,因此也是可置换的。

我们已经阐明了庄子的技的态度和海德格尔的技术的态度的差异,现在我们来解释庄子的道的态度和海德格尔诗意的态度的分别。

对于物的道的态度和对于物的诗意的态度都具有一个相似的视点,即让物作为物自身存在。这实际上意味着让物从非自身走向自身。因此道或诗意的态度是一种解放,即去掉对于物自身的遮蔽。所谓的遮蔽就是庄子所说的技的态度,海德格尔所说的技术的态度。这两种态度归根到底是人对于物的工具性的要求,对有用性的要求。在有用性的视野中,物自身的存在已经隐而不现了。而道和诗意的态度正好是对于有用性的否定,因此将物从人的奴役释放出来。人把物解放出来,同时也就是将人自身解放出来,不为物累,从而获得自由。人不仅给予自身自由,而且给予万物自由。这使人对万物能泰然任之,让万物自在自得,自生自灭,也就是回到物自身。如果物回到自身,那么它将不再作为手段而服务于人的目的,而是以自身为目的。这样一个以自身为目的的物就是自身的根据,凭此物立足于自身。

但庄子将物自身理解为物的自然,因此他让物回到自身只是回到物的自然。这是人对物的道的态度的基本原则。所谓的自然就是自然而然,是自己的本性,是自己所是的样子,而道则是让万物如其所是地存在,在这样的意义上,自然是道,道也是自然。自然一方面理解为本性,另一方面理解为自然界,这在于本性本原之处是自然界。如果让物回到自身是回到自然的话,那么它也是让物回到自然界。这样一个自然界不同于人类社会,而是矿物,植物和动物所构成的整体,是天空和大地,是山脉和河流。不仅物要从人那里回到大自然,而且人也要从社会那里回到大自然。

不同于庄子对于物的道的态度,海德格尔对于物的诗意的态度将物自身理解为世界,因此他让物回到自身就是让物回到世界。海德格尔的世界不是一个外在性的和对象性的存在者的集合,而就是物自身的聚集。所谓的聚集既不是上帝的创造,也不是作为主体的人的设立,而是物自身的生成。这也就是说物在它的生成之中让自身敞开为自身,并形成为世界。在此物与世界构成了一种区分的关系,如海德格尔所言,万物显现了世界,世界给予了万物。这个世界是四元,亦即天地人神的合一与游戏。因此它不是自然的荒原,而是人的居住之所。这样不仅万物而且人都从世界中获得其自身的规定。

通过上述分析,我们看到庄子和海德格尔的根本差异在于自然和世界的差异。对于物的技的态度与道的态度基本上具有自然性的色彩,而对于物的技术的态度和诗意的态度则带有世界性的烙印。庄子和海德格尔自身的思想及其所否定的思想特征实际上代表了中西思想的一般特征。就中国思想而言,天地自然具有其自明的优先性,它是人存在的基础,也是人思想的根据。因此人的思想的使命就是将天地自然的道理揭示出来。就西方思想而言,思想是从思想自身开始,也就是思想建立自身的根基。形而上学的思想以理性来设立现实,而技术的思想不过是其后继者,人将自身的意愿凭借技术来设定万物。作为形而上学和技术思想的批判者,海德格尔背离了他自身所属的西方思想传统,而转向了中国思想的非形而上学化和非技术化的智慧。他与庄子的相遇如同他与老子,他与禅宗的相遇一样,就是这种伟大的思想冒险之一。庄子给予海德格尔的启示是:让物从技术化的困境中还原到物自身。这是因为庄子对于物的道的态度不仅可以否定对于物的“技”的态度,而且也可以否定对于物的“技术”的态度。但海德格尔对于物的诗意的态度有别于庄子对于物的道的态度,这就使他的思想不是走向自然,而是世界。

5. 我们与物

我们已经远离了庄子的时代,甚至也不再生活于海德格尔的时代,但我们却聆听了他们的对话,并试图参与他们的对话。而这只是为了借助他们的思想来关注我们时代物的意义。那么我们时代的物发生了什么变化,同时我们对于物的态度又应该有什么转变?

追问什么是我们时代的物,这听起来似乎有些奇怪。物总是物,它存在,而不是不存在。物对于庄子,海德格尔和我们都是同一的,至少看起来如此。

但事实却不然。物在我们的时代获得了与庄子和海德格尔的时代不同的规定性。就与庄子时代的差异而言,我们的时代天道衰微,自然死了,取而代之的是技术的流行与技术化的贯彻。因此不是自然而是技术才是物的存在。就与海德格尔的时代的不同而言,我们的时代已经告别了一般的技术。人们给予我们的时代一个独特的名字,即高科技时代。其中以计算机技术为主的信息技术成为了其显著的标志,因此我们的时代又叫信息时代。而网络成为了信息时代最主要的工具,于是我们的时代又叫网络时代。我们生活在21世纪里,就是生活在一个网络的世界里。在这样一个世界里,我们遇到了一个新的物:虚拟物。网络及其虚拟物对于我们如此重要,以致我们离开了它无法生活。例如我们通过网站阅读各种新闻,并可以对它们进行评论,我们借助电子信箱发给他人邮件,并接受他人的邮件,我们还可以在网上和人聊天交友。不仅如此,我们还能够在网上工作,如此等等。一个人当然可以放弃网络的生活,但这也许使生活失去了现代的意味。

那么网络及其虚拟物究竟意味着什么?每当提及到计算机的时候,人们都称它为第二次工业革命。也许计算机还只是将人脑的部分工作交付给了机器,而使自身成为了所谓的电脑。但一个单一的孤立的电脑还只是死脑,而只有与网络相连的电脑才是活脑。所以互联网的形成则是革命的革命,它是现代计算技术和通信技术结合的奇迹。

当人们由现实世界进入到网络的世界里,他并没有构成与现实世界的完全中断,但他与现实世界的关系却发生了根本性的变化。一切遥远的事物变得亲近。例如,人们无需阅读报纸和收听电视,而可以获悉整个世界所发生的新闻,真可谓秀才不出门,能知天下事。同时人们也感到了电子邮件比一般邮政通信的便利,人们能够随时随刻收发邮件,而避免了等待时间的焦虑和苦恼。至于网上聊天则消灭了个人的孤独与烦闷,也许通过对话能交结一位真正的网友,并能达到内在情感的交流。总之,这一切表明,网络世界克服了现实世界事物距离的遥远,而使之走向了亲近。在空间上,东西南北甚至东西半球都聚集在显示器的视屏上。在时间上,过去现在未来的种种事情都呈现于当下一刻。于是我与世界,我与物,我与人,我与你的一切时空距离都转变成我和视屏的距离。

网络不仅缩短了现实世界的距离,而且制造了一个在现实世界之外的虚拟世界。它超出了现实的可能性,也破坏了日常思维的惯常性,由此制造了人们的震惊。网络世界之所以可能是虚拟的,是因为它只是信息的集合和语言的集合。语言可以反映现实,但也可以不反映现实。如果语言与现实相关,那么它就有真与假、是与非的问题。合于现实的语言就是真话,不合现实的就是假话。如果语言摆脱了现实的限制,那么它就建立一个纯粹的想象的世界,并因此开辟了一个无穷的时空。这里就没有真与假、是与非的问题,而只有游戏。游戏是以自身为目的的。在游戏中,存在的不是是否游戏的问题,而是如何游戏的问题。如网上聊天就是纯粹的语言游戏。它不同于现实的聊天,人们坐在一起,身体以及表情本身就具有一种确定性。它也不同于电话聊天,人们的语音固然可以制造某种想象,但它却具有某种限度,即它无法摆脱语音所具有的性别、年龄等特性。但网络聊天就只是符号性的。因为它只是符号与符号的对话,所以说话者本身的身份被掩盖了。这导致"人们不知道我是一条狗",当然也无法判断说话者是男还是女。虽然说话者的身份被掩盖了,但说话的内容即话语本身的重要性却显露出来。这样语言游戏就不是言说者的游戏,而是话语的游戏。

不过,值得注意的是,网络虽然改变了我们的现实世界,并给我们制造了一虚拟世界,但它并不能使我们完全脱离现实世界。于是在我们这个网络的时代里,出现了一个前所未有的问题,即虚拟世界和现实世界的关系和矛盾。网络给我们一方面带来了机遇,另一方面也带来了危机。此危机在于,一个已有的现实世界的结构和次序可能为网络世界所破坏,这已经为目前一系列由网络所导致的社会问题所证实。

目前流行的关于网络世界及其虚拟物的态度仍然是技术主义的。它们将网络只是看成新的工具和新的手段,而效劳于人的新的目的和新的欲望。它的极端样式表现为,人们试图将现实虚拟化,并将虚拟现实化。这种现实和虚拟的转换是技术化的新的形态,即人们不仅使现实世界变成自己的手段,而且也使虚拟世界变成自己的工具。手段化和工具化始终是人对于物的加工和处理。这是庄子所反对的技的态度和海德格尔所反对的技术的态度的当代形态。

因此这要求生活在网络时代的我们树立对于物的新的态度。这种态度当然从庄子对于物的自然态度和海德格尔对于物的诗意的态度那里获得了指引,但它却始终建基于我们时代的存在自身。这在于我们不可能回到自然,也不可能居住于天地人神的世界。于是我们时代对于物的态度只能是批判。所谓的批判既不是日常语义的消极性用法,即对于事情的否定,也不是现在流行的分析的方法和解构的方法,而是区分边界和划分边界。对于物的批判的态度就是区分物的存在的边界。而在我们的时代里最根本的任务是区分虚拟物(世界)与现实物(世界)的边界。通过这种区分,使现实不要阻碍虚拟的自由,而虚拟也不要遮蔽现实的真相。这就是说,让现实成为现实,让虚拟成为虚拟。而这又是说,让物成为物,让人成为人。

附录一：

赫利伯特·博德尔①:对于彭富春的博士论文《无之无化》的鉴定

　　首先说明一下：此博士论文是由这种人所撰写的，他不仅有一中国来源，而且他一直到他在此的学习为止都生活和学习于中华人民共和国。这一点已经在不同方面给予了他的表达以独自的特色。如果在此有些经常性的重复出现的话，那么，这不仅追忆到一确定的"句法上的"习惯，而且也追忆到作者其祖国的教育。让我们在此提及到儒家经典作家的早期文集，它以《四书》的名称成为了规范选本。彭富春先生也学习过它。这已经是一非凡的成就，即，彭富春已经向西方哲学中的思考方式敞开了自身。这甚至相关于这样一位哲学家，他在此尽人皆知地被看做是漆黑一团和困难的，但是，他对于其传统的整体的穿透，今天却无人能与之匹敌。彭富春先生正是接受了这种挑战。即使对他最终而言不可能不言而喻地敬重这一传统，但是，他已经拥有了对它的适度的注意。

　　当然，特别是穿透海德格尔思想的整个阶段的语言的阻力对他而言必然是巨大的。另外，在此值得注意，他几乎不可能像此地之人感觉到海德格尔语言的触犯常规性。他也将不是如此轻易地产生出诡辩和纯粹无意义的印象，相反，他在此更容易地敬重维特根斯坦的观察，即，不是显明的，而是遮蔽的无意义是更为危险的。当然，在海德格尔的思想中，这种无意义不如说是要注意到每一自身倾听的那即使是被挑起的不愿意的反射，特别是在对于个别句子的注意之中。无论这事会怎样，就海德格尔与惯常语言打交道的触犯常规性

---

　　①　赫利伯特·博德尔为海德格尔晚期弗莱堡弟子，其著作见文献目录。——译者注

而言,有种人会对此觉得无关紧要,他依据其来源没能共有我们耳朵的词法的和句法的敏感性。

　　与此地的导论的习惯不同,作者在某种程度上直截了当地开始进入了海德格尔的思想。正如孟子的伦理学著作的开篇一样,作者在此马上论及到其事情。这里,人们必须说,他不仅要求了一重要的主题,而且也努力克服其作为一整体的对象,此对象通过区分在其自身是可被敞开的。于是,作者试图将海德格尔思想的阶段从一个统一的整体的任务来把握:依照三个整体性来表达虚无的经验,此现代思索的整体性说出了其自身独特的地平线。这正是历史、世界和语言。于是它对于海德格尔也是而且才是正确的,因为它作为如此形成了主题。但是,就海德格尔的思想道路而言,却是另外的顺序。作者显示出,开篇所设入的世界主题在这种整体性之中,是且如何占据主导地位的。为了将此表明,他简短地谈到世界性、历史性和语言性所把握的世界。此乃整个博士论文的基本大纲。再说一遍,基于这样一种洞见,即所谓形而上学以及与它一起所理解的整体性的没落,此整体性以康德的样式为:灵魂、世界和上帝。海德格尔的独特的思想表现为彻底地否定这种先行给予。另外,如彭富春所表明的,海德格尔如马克思和尼采一样,在此最后为于人的存在的生产性中的褫夺的基本经验所推动。它在此浓缩为"世界的拒绝、历史的剥夺和语言的沉默"(第6页①)。

　　不是源于一纯粹的历史结果的再叙述,而是源于由海德格尔自身带来的事实的划分的结果,彭富春为他重心的设立的获得了根据,此重心立于一详尽的著作的揭示之中。对作者而言,它结晶于著作"存在和时间",《对哲学的贡献》(因为其神秘特性,请允许我提及到我在《哲学评论》第38期上对此的讨论)和《通往语言的途中》。

　　就第一个重心而论,它的讨论按比例简明地完成了。当然,此重心依照专家的一致观点是最容易把握的重心。对应于海德格尔已给予的分类,此在于情态、理解和沉沦中的敞开被阐明了,在此,已每次远眺于此在中的虚无的基本特征。这里,彭富春每次都强调了抛弃掉传统的关于根据的设想和由追问此根据所形成的理性化的设想。为了此在,那最后通过胡塞尔而被介绍的关

---

　　① 　此数字为《无之无化》打字稿页码,下同。——译者注

于一意识的设想也被避开。此避开不仅与传统的目的论，而且与一形而上学所理解的存在的模态相断裂。在"生存"意义上的可能性所占据的主导的地位，特别是在此在的投射特征中跳跃出来。

因为更接近于虚无，彭富春强调了沉沦对于此在构成的重要性。沉沦是在此在自身之前的逃离，它显明于闲谈、好奇和歧义（第 13 页）。在此已经表明了那以后的运动所具体化的：此在自身甚至首先是无根的并因此是没有自身的居留之地（第 14 页）。

在这一关联中已显示了彭富春的功绩，他使海德格尔的思想如此地简明化，以至于其运动的步骤清楚地显现出来。这种采取的行动在对于海德格尔而言的第一阶段中关于畏惧的中心分析（第 19 页）也证明是成功的。从畏惧的经验跳跃出来了，此在是且为何是必须在一个别化中被把握，此个别化在根本上首先敞开了现代人的存在的独特的无根据性的一个单纯地经验的同此世界，正如它也众所周知地以多种方式被形成于艺术和诗歌之中。

此分析从畏惧的现象导向烦的结构并如此导向作为走向死亡的存在的存在的本己的时间性（第 23 页）。同样在此，理解、情态和出来被更深入地敞开出来。良心的呼唤重新让思考此在中的虚无，这也就是伴随着无性，正如无性从亏欠而来规定了此在并直至其决定性（第 29 页）。鉴于在此分析中所要求的作为胡塞尔遗产的"现象"的现象性，作者从海德格尔那里接受了一确定的不明确性。但是，这将是不合理的，如果对此批评彭富春的话，因为在此遇到了一困难性，它伴随了海德格尔的整个道路而且不可能在其思想的地方的边界处突出一下。

先行的决定是这种东西，即，它为三个时间绽出之中的将来的优先权说明了根据。而在作为生存的本己的运动的走向自身那里，最终相遇到了此在最本己的无性（第 32 页）。如此为此在的时间性的分析。著作《论根据的本性》也立于在此范围内，它独特地将此在的超越性形成了主题。

海德格尔思想的中间阶段是为《论真理的本性》所开启的。鉴于虚无的主导思想在其褫夺的现实性中，在此它相关于一剥夺的发生，正如它首先被看成是西方思想的历史的（第 34 页）。在此也表明，那由彭富春所从事的分期将不能认为拥有一划清界限的意义，而是应该解释为主题性的重心的推移。

那作为生存的"非本真性"的先前的分析所阐明的，在此被翻译成"迷途",它是其世界历史性的地方。在此相遇了于存在者的让存在中的无化(第36页),且依据让在场和让离席来区分。更进一步地,在此相遇了于彭富春所强调的让离去的优先性中的无化。这必须说明,让比存在的给予更为本原性(第39页)。特别是在中心主题"林中空地"那里,海德格尔思想的历史的顺序回归于事情的定向。而这的确如此。

彭富春不断地突出了林中空地自身的褫夺的基本特征和与它一起的去蔽和遮蔽的同时性(第42页),以期在此说明真理的本性到"本性的真理"的转变,因为"存在者整体的遮蔽性,本己的非真理,比此种和彼种存在者的敞开者更为古老。它也比让存在自身更为古老"(第43页)。彭富春在此追寻海德格尔思想的路线直至那可能作为本原但不可能作为根据的。

伴随着真理的历史源于无蔽的思想回归于本原的遮蔽性,海德格尔不仅开始了反抗,而且开始了以一引人注目的方式成为了令人拒绝的。彭富春正好以完全的语言性的无偏见性将海德格尔晚期作品的令人拒绝的用法过滤出来。

在海德格尔对于西方思想中的"存在遗忘"的"命运"的解释那里,"存在和时间"到已经提及过的"贡献"的转变变得特别地清晰。不再是畏惧的"世界性的"的基本经验,而是由存在的遗弃而来的存在的遗忘的历史性的基本经验在此形成作用(第47页)。这基于那源于形而上学而来所传承的对于第一根据的追问(第50页)和基于与此相应的思想对于存在的支配,正如这首先在黑格尔逻辑学中应该显明的,以及基于自身说明根据的根据。当然,海德格尔与形而上学的争论的历史性的地方在此不是其黑格尔的终结,而是伴随着逻各斯和自然的回归的古希腊的开端(第54页)。而在此开端就生长的存在的遗忘而言,其关键性的过程又是真理从无蔽变意为感知的以及设想的正确性(第57页)。基于海德格尔的这种判断,彭富春从事于西方虚无主义的具体的历史,以期首先依据尼采的和海德格尔的虚无主义样式,在此也就虚无主义的克服而言,对它区分一下(第62页)。其区分的尺度为:一方面是价值设立,另一方面是剥夺的经验(第67页)。在此,此尺度被澄清为"存在者的一切观念的、因果的、超越的和辩证的解释的克服"(第69页)。但也是在存在者的没落处且首先真正在此,这一解释保持于存在者的存在到纯粹的存在者还原之中。

如彭富春所详细说明的,在此当前中,更准确地说,在将来中,海德格尔将思想的历史性的另一开端区分于它的形而上学的第一开端。海德格尔在此要求的,是在生存意义上的可能性,更准确地说,为不是不可能性(第72页)。这在于惊慌的反用针对于源于惊讶的以前的开端。在此关联中,彭富春开始了海德格尔关于"时空"的解释,以期从他而来获得通往大地和世界的区分的通道,如这种区分首先通过关于艺术的论文被人所知的。大地和世界这两面对于人的居住是构成性的。

在此正是向海德格尔思想的第三也是最后的主要阶段的过渡的地方,亦即占主导地位的关于语言的思索,这聚集于"宁静的地方性"之中。此地方性也当前化于褫夺的样式里。如他在其他地方所作的那样,彭富春在此开端也设立了一个先行把握的分类,在此它伴随着对于其主题整体的追忆,当然包括了褫夺性的样式:语言首先是在世界敞开的言谈的意义上,其次是在历史中依据其创立的意义,最后纯粹地作为语言(第80页)。人们可以这里追问,这种解释学的"作为"是否不是必然成为了海德格尔思想的一个障碍。无论这事会怎样,彭富春首先致力于语言言说者的区分:一方面是语言自身;另一方面是使用此语言的人。

就第一方面而言,语言要求形而上学所赋予给理性的尊严。语言言说的方式,当然是一种沉默的"呼唤",但不同于良心的呼唤。海德格尔在形而上学所理解的诗歌语言的观念的这一方面来追寻一个立足点,但没有混淆诗作和思想的区分。但是,就诗作和思想的这种关系在一个根本上褫夺性理解的当前而言,它被技术本性的统治所遮暗。正如物被语言所守护一样,它因为相关于世界也被看做是:它可能不、必须不和允许不存在(第91页),这是依照一古老的形而上学的否定的顺序。它被扬弃于一道说的语言,此道说同时是一不道说。

道说将在它那方面敞开出来,亦即鉴于作为让显现的指示,这又区分于符号的意义,正如它传统地为知性的设立所有(第94页)。彭富春标明了相关的海德格尔的区分的整个道路,以期凭借这种区分走向道的世界敞开的意义,此"世界性的"是就其对于万物的保持遥远和走向亲近的重要性而言(第96页)。当然,世界拒绝自身。在世界那里,一洞见将自身理解为:那与世界相连的人首先还必须成为要死者,正如世界将此要死者以"走向死亡的存在"已经引入此在的分析中那样。

　　语言和世界同样没有,因为它在技术的本性中拒绝自身。首先基于这种语言的背景,彭富春致力于海德格尔的技术本性的刻画,这却是试图告别技术的人类学的以及更近的工具性的自身解释。在此,海德格尔基于亚里士多德始终提出了:它于技术之处在根本上相关于一确定的知识的形态。它上升为一决定性的意义,但是在这种条件之下,即,它在相应的让使之开始中产生了让在场这一方式的作用(第106页)。也同样因此,它对于追问存在的意义具有重要的意义。对此追问的回答要考虑到技术本性的构架的基本特征。在此关联中,彭富春让思考,在此本性的出现中,作为某物的"在场","给予"和"设立"的时代的区分应各自被顾及到(第108页)。

　　那依照于构架的语言是信息的语言,而在此彭富春也揭示了其褫夺的基本特征。此特征是在形式化的特征中,此形式化让自然性的语言萎缩为一尚未形式化的语言。但是,语言的自然性的消失首先是这样一个过程,在此,沉默和"神秘"的意义直到其不可辨认性而被遮蔽了。总而言之,此乃不道说,正如它内在性地位于自然性的语言一样(第113页)。这却必然引起当代人的存在的震惊,这为了人的语言性在现代之中更吻合于人的理性性以前所拥有的地位。人的语言性尚未给人提供一在居住意义上的逗留。

　　正是在此必须将当代人的无家可归形成主题。彭富春在此首先揭示了海德格尔和荷尔多林思索的地方的历史性的区分,亦即诗人的"神圣之名的空缺"和思者的"四元"的另一世界的拒绝的区分。"无之无化"对思者而言最后成为了语言本性的经验。这伴随着在一纲要略图之中时代的区分,此区分允许对将来的"居住"并在此居住中被提出,而此纲要略图通过真理的历史性的本性被承担和被证明。这种历史性正是在于其最深入的褫夺的基本特性。对思想而言,承认此基本特性则意味着,思想可能从"让"而来展开自身:进入其泰然让之之中(第124页)。在此人们不必惊讶,作者如其它的东亚人一样以一种共鸣的方式与此经验相遇(第125页)。

　　那思考居住的思想相遇了其作为建筑的任务。正如以前对荷尔多林而言,其任务乃创立一样。此诗人始终被海德格尔视为其邻居。如果接受尺度对诗人来说是必须的话,那么,思想在另一方面却面对着无尺度的统治。但是,这却被推动到聚集于此,即那对于无尺度而言从思想的历史而来所相遇的来源、到来和将来。在已被思考之中，它到处注意到了尚未思考的征迹。

　　彭富春的博士论文结束于对于海德格尔思想的整体一简短的回顾，此思想的追问的重心为"意义"、"真理"和"地方"（第135页）。它完全彻底涉及虚无的意蕴的注意，更准确地说，是无化的意蕴。那对整个现代的核心思索而言，其自身独特经验是"人的存在"的褫夺，而此无化即在此经验之中。"人的存在"可同样具体地倾听为康德关于"理性的存在"的言谈，此"理性的存在"因此区分于纯粹的理性的能力。在此，彭富春始终正确地提出，"世界"自始至终为海德格尔的主题，而且这一世界完全为褫夺所贯穿，从此在中沉沦和非本真性的优先性，经过形而上学思想中的剥夺的经验，一直到一种拒绝，它触及于作为语言存在的人。

　　什么是在此必须被赞赏的成就？作者深思熟虑地对一切对于海德格尔的批评持保留态度。它们必然是一种纯粹分离的并因此是令人强烈厌恶的。在关于此哲学家的巨多的文献中，已经有如此之类的批评，它们源于不同的立场并有不同的目的。但是它也极其清楚地表明，作者首先真正地对海德格尔思想的整体给予批评必然是远远被过分要求了。此外，值得怀疑的是，在这种情况中，批评的习惯在根本上是否可能找到一适宜的成果。当然，为此所要求的对哲学传统的整体的亲自检查，即使是在海德格尔所关注的界限之内，对于一个博士生来说也是完全无法完成的任务。

　　这里所介绍的著作首先具有这样的功绩，即它将海德格尔的思想作为一个完成了的整体显现出来，它用这种尺度，即它对其运动不仅鉴于其完整性，而且首先鉴于其主题的推移的表达来阐述清楚。为此，这需要一对于其整个著作具有判断力的和使之浓缩的贯通，并伴随着开端、中间和结尾的区分。但是，它却不可能在一历史地设想的连续性中产生作用，此连续性始终只是解释学地敞开为"生活关联"，相反，它只是鉴于此，即海德格尔用康德的话将一事情作为一个思想的"革命"所标明的。

　　就更进一步的主题而言，它之所以适合于对于对象的整个贯通，只是因为它在此始终清楚地表明，相对于世界亦即在根本上是将来的世界的"隐瞒"的经验，所谓的"存在问题"和与此相关的克服形而上学的对于存在者的存在的追问只是次要的。那作为此在的"无性"所引入的，将在此规定其完全的效果。如作者反复指出的，在此表明，不仅否定，而且褫夺也依据其形而上学的解释的特征不可能提供通往"洞见存在"的通道。然而,那传承的关于"褫夺"的言谈将是适宜的,当人们与海德格尔一起思考了褫夺先于"它有"的优先性的时候。最后,褫夺立于"剥夺"的思想之中,此思想相关于已说的"人的存在",并将现代的核心思想带到其顶峰。

彭富春的思想的展开表现了一确定的不足,但是,它与其说是属于对于主题的穿透,而不如说是属于有时不灵巧的语言。此外,重复的倾向时嫌累赘。但是,人们可以鉴于他的来源对他和对此听任。于是这也是一确定的困境,伴随此困境,他依附于海德格尔的谈论方式。但是,这一著作的真正的成果并不因此而减少,相反,它的可读性更是适应于这样一种人,他们依据此地的听话习惯很难承受海德格尔思想所谓浓缩了的违反常规性。在此确定一下:彭富春对他所研究的哲学家的认识是卓越的。他的思想运动的阐明是很好说明了根据的。因此,我建议系以及博士评选委员会接受此著作。

附录二：

瓦尔特·比梅尔①:对于彭富春的 博士论文《无之无化》的鉴定

　　我很少读到这种令我如此神往的著作。它通过作者的能力深入到海德格尔的思想中去,并探究其思想的分理和展开,且发现了其隐蔽的关联。同时,这也激起我给此著作写一述评。但是,这不是一鉴定的意义,因此我在此只是限于对于此著作的结构和展开给予评论,并表明我所设入的批评和此批评所涉及的。但是,通过批评性的评论,此著作的质量绝不应减退和减少。相反,它应理解为和作者的对话。我的总的印象是:这相关于这样一种著作,它表明了一关于海德格尔所有著作的优秀的、彻底周密的知识,并发现了一崭新的关联。它的表达是明晰的。此表达表明了一哲学头脑,他有能力令人说服地把握和表达一艰难的问题。我在此表达中看到了:它明显地丰富了关于海德格尔的现有的文献,它也将肯定地引起一激烈的讨论。

　　关于我的批评:其主导思想,即无之无化作为主导线索来运用,对我来说看起来是难以贯穿的。在其第一阶段,即作为就职演讲《什么是形而上学?》的时期,海德格尔形成了这一表达式。但是,这在以后的阶段里是难以被运用的。对此这将是必须的,即要比作者事实上所作的更为详细地讨论这一句子的意义的变化。当然,其出发点已是现成的,但是它在事实上也是困难的。人们对虚无几乎不能说什么,除了虚无虚无化之外。在一次谈话中,海德格尔曾对我说,他已经放弃了此题目,因为它已导向了误解。但是,这绝不意味着,这样一种试图是不可能实现的。

---

　　① 瓦尔特·比梅尔为海德格尔早期弗莱堡弟子,其著作见文献目录。——译者注

我试图标明其结构。在此著作的开端的同时,其主题已清楚地表达了。区分于这样一种解释,它将追问存在置于其中心,作者却要将虚无形成主题。为什么?因为海德格尔通过追问虚无给予了思想一个新的方向。这样,它也区分于形而上学的提问,这用莱布尼茨的话来说是如此追问的:"为什么有存在者而不是有虚无?"

在其就职演讲《什么是形而上学?》中,海德格尔在事实上震惊了他时代的哲学家们,正是凭借于他将虚无置于此演讲的中心。此虚无为人在畏惧中所经验。对人而言,一切存在者在此都脱离了。

在彭富春的解释中,虚无成为了"思想的事情的规定",因此它也就是思想所指向的,和那激励了和规定了思想作为思想的。在前言里已被表明,海德格尔的整个思想道路应该如何用虚无的思想来追寻。此虚无先于一切否定和褫夺。只是因为有虚无,于是如否定之类才是可能的。萨特在他的主要著作《存在和虚无》中已采用了这一解释。

彭富春的著作分成三个大的章节:Ⅰ:追问世界(第8—33页)①;Ⅱ:追问历史(第34—79页);Ⅲ:追问语言(第80—134页以及第139页)。但是,其标题每次是如此表达的,它表明了一无性的环节:"世界的拒绝"、"历史的剥夺"、"语言的沉默"。其展开实现于三个部分。

此分类是切中的,它证明了对于海德格尔思想展开的一优秀的理解,此思想发生于三个阶段,或者,它依照这一大纲是可通达的。

在第一部分的开端,作者当然必须承认,海德格尔思想的第一阶段致力于追问世界,但是"无之无化处于遮……蔽性状态"(第8页)。此第一部分主要专注于《存在与时间》的主题。但是,我在此有些困难。一方面,海德格尔的思想过程在世界主题处被切中地把握住了;另一方面,"无之无化"始终被带入发挥作用,而这在海德格尔那里是没有出现的。作者如是说:"作为死亡和良心的统一,先行的决定性立于时间性中……",然后加上:"它源于无之无化而自身时间化。"后者是解释者的补充。他不是不可能这样做。问题只是,这是否能继续导入海德格尔的理解之中。我只是想提出我的怀疑。于是,这对我而言也是有疑问的,此在之此的敞开是否是"无之无化"(第12页)。此敞

①　此页码为《无之无化》打字稿页码,下同。——译者注

开使此在能够通往存在者并也相关于存在者,且最后是此在的自由。

如果海德格尔将沉沦解释为"非存在"时(但绝非是无性,因为这正是日常中所扩散的),那么,彭富春是如此阐述的:"非存在是世界中的无之无化,亦即作为存在的样式"(第13页)。属于这种典型性地方的还有:"无之无化在此最终敞开为世界的整体"(第22页)。对此姑且不论。那对我而言看起来是有疑问的,为彭富春却很容易地走向一种描述,而此描述与他的表达不是一致的,如果他如是说的话:"作为先行的存在,此在自身投射于它本己的可能性,此可能性绝非是存在者,相反,它是虚无"(第22页)。关于可能性的概念:在事实上,一无性的环节包含于可能性之中。可能性可能没有,可能不被实现,于是无性主导于此。但是,对于海德格尔而言,可能性的投射和把握正是此在的行为,此行为将此在标明为区分于其他存在者。不是虚无,而只是此在决定了可能性的其现实性的孕育性。依照此在所实现的那种可能性,此在决定了其生存的现实性。

对于死亡,良心和时间性的论述是令人印象深刻的(章节1.2.)。彭富春也表达了对于其他哲学家的最重要的解释的看法。

第二部分致力于历史。在此,彭富春开始就指明了无之无化的变化。他说:"这不再鉴于此在来理解,而是于存在自身的真理的关联中来思考"(第34页),即作为遮蔽自身的环节,无蔽中的遮蔽。在这整个章节中,它对我是有疑问的,即林中空地是否真正地可能思考为虚无。它不是存在者,在此范围内,人们可能冒险进行这一试图。但是,它在另一方面也是存在的名字,而存在使一切存在者的显现成为可能。我也有一确定的困难性,如果海德格尔对于生成所思的被解释为虚无的话。

章节2.1.3.关于自身遮蔽的本原性的论述和章节2.2.(第43—67页)关于形而上学历史的表达是极其令人兴奋的。在此是令人印象深刻地清晰,彭富春是如何理解和领会了海德格尔的中心思想。关于虚无主义的论述(章节2.2.3.)也是一优秀的篇章。

章节2.3.的开端,我想稍微修改一下。代替:"那为了自身遮蔽的林中空地作为真理,这自身已是一形而上学的克服……",我建议为:"……林中空地的……的思想,这自身已是一形而上学的克服"。而章节2.3.1.(第69页),我不想将第一开端和形而上学同等设置。在形而上学之中已发生了这一开端的转变。第一开端是否"发生为存在的遗忘"（第70页），这还可以讨论。如果情况是这样的话，那么海德格尔给予了作者如此的意义。不过，海德格尔说，无蔽生成自身，只是没有如此被人所思。

晚期海德格尔的思想围绕着另一开端。对此的论述是充足的并为作者清楚所见。对我来说，值得怀疑的是，林中空地是否应该理解为无之无化。相反，我同意作者的观点，他说："那在此命令思想的，是那唯一的和本原性的存在的真理，此真理自身敞开为那为了自身遮蔽的林中空地。林中空地的自由拥有其安排，它'支配'了另一开端的思想"（第74页）。他对于"第一开端"和"另一开端"的关系的论述也是良好理解过的。如上所述，我只是对将海德格尔的林中空地和虚无同等设置持有疑义。就林中空地而言，我宁愿不说空无，而说敞开。"时空"（第77页及下页）以及世界和大地的共同游戏（第78页及下页）这一主题的概述是良好的。正如此著作的第一部分专注于世界并导向了世界的拒绝一样，第二部分专注于历史也导向了历史的剥夺。此著作绝非就此结束，相反，海德格尔对于语言的解释必须在此被研究。这是作者在其著作的第三部分所从事的。

关于第三部分：作者首先良好地讨论了，为什么关于语言的思索虽然伴随了海德格尔的整个思想道路，却只是首先在他的第三阶段才被形成主题。

起初必须回答这样的问题：谁在说话？在此是决定性的，即语言在言说。这区分于形而上学的解释，对形而上学而言，语言只是人的一种可能性。语言"只是唯一地与自身言说"（UZS，第241页），海德格尔如是说。纯粹的语言是诗意的语言，它区分于语言的工具性的解释，在此发生了诗意语言的遮蔽。作者良好地表明，海德格尔如何展开了应该开始听起来十分陌生的语言的解释："语言言说为宁静的排钟"（第86页及下页）。道是那给予者，不是被给予的。我对下一表达持有疑义："作为给予者，道最终是在虚无意义上的存在，因为道给予存在，凭借于它自身反离而去"（第90页）。相反，下列表达是良好的：道要思考为关系，它在与物的关系中给予了物，并授予了一切联系以立足点（第90页）；同时还有关于逻各斯的论述。此处又是值得怀疑的，如果彭富春试图将此关系作为虚无来思考。当然，这种关系不是在对象意义上的存在者，但是，它绝不因此是一虚无。然后，作者如同海德格尔表明了，思想和存在的关系应从语言而来思考。

在此,人们不必继续探讨其细节就可以说,彭富春良好地把握了这一艰难的主题,如果不论一些关于无化的说明的话。这些说明对我来说是有疑问的,特别是当林中空地与无之无化同等设立的时候(第90页)。关于道说作为宁静的论述是充足的(章节3.1.2.)。那在语言中发生的让显现,语言的远和近,呼唤和命运般的本性都得到了良好的理解(第98页)。

在下列的篇章里,彭富春探讨了语言所说的。于是,语言所说的,是海德格尔所思考的四元,即天地人神的统一体。这是海德格尔晚期的新的世界概念。其个别的元素和共同游戏被表达出来了(第100页及下页)。

接着(章节3.2.)跟随的是这种表达,即在技术的设置,也就是"构架"中的作为信息工具的语言。这一部分分成三节:1. 讨论技术的本性。此为对存在者的挑战行为所规定。2. 构架,存在者的设定作为构成者。这是吻合于技术的存在者的去蔽。(第109页一句:"海德格尔给定做的设定的聚集命名为'构架'。在此,它不是器具和骨架。"此句应这样改为:"……'构架'。海德格尔以此不意指器具和骨架。)作者清楚地看到,在"构架"的形式中,存在的真理的一个形态自身生成。3. 相应于此真理,语言成为了信息工具。但是,形式化的语言将自然的语言设为前提,这是海德格尔在他的演讲"传统的语言和技术的语言"中所表达的。语言的程序化的环节作为技术设置的结果被作者良好地思考过了。在此程序化中发生了对于语言本性的侵犯和同时对于人的存在的威胁。

著作的最后一个部分论及了主题:思想、居住和建筑。语言是人的家园。作者显明了:家园的概念如何在海德格尔思想不同的阶段中演变的。(另外,如果关于伊斯特颂歌的演讲这里也被顾及到的话就好了,在此,海德格尔说明了成为家园。)在最后阶段,语言成为了家园,此语言道说了四元。

在章节3.3.2. 非诗意的居住被表达出来了,在海德格尔和荷尔德林那里其意义不同的比较是被良好地思考过的。而就在技术世界中的无家可归而言,其表达为:它作为无家可归被遗忘了。彭富春把握到了,海德格尔在最近才完全发表的不来梅演讲中,对危险这一概念和"无困境的困境"这一概念所意指的。章节3.3.3. 论及到由无家可归而来的还乡。作者在此对于林中空地切中地所说的,与他以前将之解释为无之无化是不相吻合的。

在此新的维度中必须跟随着思想之学习(3.3.3.1.)。彭富春正确地说

道："以此方式，思想之学习是一让居住，在此，人倾听和听从语言的劝说"（第
122 页）。他也良好地理解和表达了，为什么这思想不能从意愿来把握，而是
相反，它必须放弃意愿。这在海德格尔那里导向了让存在，如同他在著作"泰
然让之"中所思的。

　　居住，建筑和思想的同属一体是章节 3.3.3.3.（第 127 页以后）的主题。
彭富春将此良好地表达了并归属于海德格尔的洞见：思想乃感谢。

　　尽管一切批评性的评论，我必须承认此著作非凡性的成就。它将读者置
于海德格尔的思想运动中，并对读者敞开了这一运动，且使这思想的多面性成
为可通达的，和让读者在此与形而上学展开争论。

附录三：

告别海德格尔[*]

尊敬的主席先生！

尊敬的教授先生们！

女士们、先生们！

海德格尔的思想是一个非常困难的题目，这特别是对一个中国人而言，因为他来自于另外一个根本不同的思想传统。但正好在这种中国和欧洲的半决赛中存在着一个挑战，亦即追寻海德格尔的开端。对此，人们实际上已做了各种不同的尝试，这尤其是在解释学哲学和解构哲学那里。作为惯常性的通道的例子，我想起了伽达默尔，德利达和罗蒂，如果就历史学的解释而言，我也考虑到了珀格勒。但与上述通道根本不同，博德尔让海德格尔的位置嵌入现代思想的整体性之中，这表述于其著作《现代的理性结构》内。此正是我在这里从事研究的出发点。

众所周知，海德格尔思想的核心是追问存在的意义，此存在区分于存在者。然而，如此理解的存在显现为虚无。与此相应，绝非"存在与虚无"，而是"存在作为虚无"在海德格尔思想中形成了主题。因此，我试图用"无之无化"来阐明海德格尔思想道路的核心问题。于是，我工作的任务如下：

---

* 本文为作者于 1997 年 10 月 21 日在联邦德国奥斯纳布吕克大学博士论文答辩会上的演讲。答辩委员会成员由博德尔教授（海德格尔弗莱堡晚期弟子），比美尔教授（海德格尔弗莱堡早期弟子）和雷根博根教授（奥斯纳布吕克大学副校长）等组成。此外，黑格尔家族的个别成员也出席了答辩会。作者的博士论文为《无之无化——论海德格尔思想道路的核心问题》（法兰克福，欧洲科学出版社 1998 年版）。

（1）海德格尔的无之无化意味着什么？

（2）他如何在他不同的思想阶段将无之无化形成主题？

（3）无之无化为何对他而言形成了主题？

关于第一个问题：海德格尔的无之无化意味着什么？只要虚无理解为存在的虚无的话，那么，它必须区分于否定和褫夺。当虚无意味着存在的本性的时候，不和否定则具有陈述的特性，它作为一个存在者相关于另外的存在者。依据海德格尔的观点，存在者之不和否定已经将无之无化设立为前提，因为后者使前者成为可能。这是如此发生的：无之无化显现为敞开和自由，只是在这里，否定才有了可能性。这又导致陈述能够去否定存在者。因此不和否定被无之无化规定为它的衍生样式。如果无之无化在本原上不理解为否定的话，那么，它也不能把握为褫夺。褫夺标明了存在者的欠缺，亦即缺少那原本属于它的东西。于是，它只是存在者否定的一个样式。在这种否定之中，它还不相关于虚无自身，因为虚无不是存在者的欠缺和缺少，而是存在的本性。只有当存在作为虚无虚无化时，存在者的褫夺才是可能的。

因此，虚无既不能理解为否定，也不能理解为褫夺。那么虚无怎样才能被规定？海德格尔的回答为：虚无虚无化。它无化，凭借于它与存在者的区分。本体论的差异已经照亮了这样一种虚无与存在者相区分的意义，它意味着：存在不是存在者。在此范围内存在同样是虚无。基于同一原因，区分也是虚无本身。正是在此虚无与存在者的区分中，无之无化才能被经验。"无的本性立于偏离存在者和远离存在者"。① 但是，在这种意义上，虚无并不消失，而是敞开自身。

虚无的敞开在于，虚无让存在去存在，虚无以此拥有它具有动词化形态的表达方式。"分词形式的虚无化是重要的。这一分词表明了存在的一确定的'活动'，存在者唯有借此才存在"。② 作为活动，无之无化既非手前之物，亦非手上之物，更非存在者的消灭，而是理解为存在之让。此让然后是纯粹的给予。而它所给予的正是存在。在给予之中最后生成了生成。

---

① 《全集》，第 15 卷，第 361 页。

② 《全集》，第 15 卷，第 363 页。

关于第二个问题:海德格尔如何在他的不同思想阶段将无之无化形成主题? 对此他说明道:"三个语词,凭借于它们的相互取代,同时标明了思想的三个步骤:意义—真理—地方"。① 在此就意义而言,它表明为存在的意义,但它作为"在世存在"自身拒绝。然后就真理而言,它在形而上学的形态中显现为历史的真理,它作为命运的派送自身剥夺。最后,地方意味着语言的地方性,它自身沉默。于是,这正是海德格尔所谓的"存在"从世界经过历史到语言的道路。

世界的拒绝。在海德格尔这里,世界既非意识的世界,亦非体验的世界,如它们被胡塞尔和狄尔泰所理解的那样,而是此在的世界,它区分于手前之物和手上之物,而作为"在世存在"生存着。世界世界化,亦即以此形态,即它自身显现为此在的敞开。此在构成的样式首先是情态,其次是理解,然后是沉沦。正是在理解的情态中,即在世界整体中的畏惧的经验中,无之无化显明了自身。同样作为无之无化,烦使世界的整体性和非整体性趋向明朗,这凭借于它统一了情态,理解和沉沦。在走向死亡的存在中,此在的存在达到了其本原性的规定,因为死亡是此在本己的,毫不旁涉的和不可逾越的可能性。这作为存在的可能性又被良心所证明。作为死亡和良心的统一,先行的决定立于时间性中,它源于无之无化而自身时间化。于是,世界中的无之无化首先是此在的敞开,然后是世界的整体,最后是"在世存在"的本原性。在这种意义上,"在世存在"可把握为"于无存在"。

历史的剥夺。凭借于海德格尔思想由其第一阶段的"世界的拒绝"的解释到第二阶段的"历史的剥夺"的这一根本主题的过渡,其无之无化的规定也发生了变化:这不再鉴于此在来理解,而是于存在自身的真理的关联中来思考。此在为虚无所规定,这在于存在自身在根本上就是虚无。存在作为虚无来相遇,这意味着存在不仅自身去敝,而且首先自身遮蔽。于是,存在本原地本性化为自身遮蔽。依此,存在的真理乃为自身遮蔽的林中空地。此遮蔽之发生正好是历史的命运,在此,存在自身派送,凭借它反离而去。作为遮蔽的历史,形而上学同样是虚无主义的历史,这意味着存在历史的终结。相应地,海德格尔在他的第二阶段首先追求解释存在自身遮蔽的本原性;然后,他将遮

---

① 《全集》,第 15 卷,第 344 页。

蔽的发生看做是形而上学的历史;最后,他试图克服形而上学。

语言的沉默。在世界的世界性和历史的历史性被解释之后,语言的语言性在此也必须显现出来,只要世界性和历史性的林中空地是宁静的空地的话,而此宁静本原性地道说的话。为了向语言的形而上学的观点明确地告别,海德格尔的语言性经验首先要求这样一种区分:谁在说话? 既非神,也非人,而是在诗意意义上的语言在说话。据此,海德格尔区分了语言自身。不同于陈述,道说是语言的本性,此本性理解为宁静的排钟,而且对于语言中的无之无化是本己的。语言以此方式聚集了天地人神,亦即四元。但是,陈述却并不认识宁静的排钟,而是遮盖和阻挡了它。按照海德格尔的观点,陈述的最后形态不是理解为形而上学的历史判断,而是理解为技术当代的信息,此信息已不再可能道说那不道说。正是在技术的世界里,无家可归显现出来,它作为那值得思考的令思想去经验林中空地的宁静。

在海德格尔的不同的思想的维度中,虚无虚无化。世界的拒绝是鉴于事情的无之无化,而历史的剥夺是思想的无之无化。同时,语言的沉默敞开为在规定意义上的无之无化。从事情,思想和规定的维度,无之无化的不同样式完成了海德格尔思想的建筑结构,以至如海德格尔所表达的“一切皆无”。

关于第三个问题:无之无化为何对海德格尔成为了主题? 为了回答此问题,人们必须获得作为整体的海德格尔的思想。虽然无之无化表达为世界性的,历史性的和语言性的,但是,它作为整体却是世界性地所铸成的,因为对于海德格尔的思想而言,世界是其出发点和回归点。于是,世界首先表现为世界性的,其次表现为历史性的,最后表现为语言性的。

世界的世界性为何在此对海德格尔而言是推动性的?“在世存在被发现为是作为首要的和不可推导的,始终是已经给予的,并因此本原地对于一切意识把握来说是一‘优先’的事实”。① 世界是本原的,只要它在此既非意识的世界,亦非体验的,而是经验的世界的话。作为如此,世界不是被思考出来的,而是最终简单地“在此”。于是,世界“是”,亦即在“有”的意义上。但是,这正是意味着存在自身。世界因此是存在的本性,只要世界世界化的话。但是,世界的世界化是聚集及其聚集物,作为如此,四元显现自身。同样作为如此,

---

① 《全集》,第 15 卷,第 372 页。

世界包含了存在的本性并表明为自身遮蔽的真理。以此方式,世界的世界性如此地刻划了历史性和语言性的主题,以至于历史理解为"命运",而语言把握为"排钟"。只要命运和排钟在聚集的意义上被思考的话,那么,历史将是历史性的世界,正如语言是语言性的世界一样。

因为世界的世界性是本原的,所以,存在和虚无必须依赖于此。"如果世界首先自身特别地生成的话,那么,存在将会消失,与它一起,虚无也将消失于世界化之中。只有当虚无在它的本性中由存在的真理而来并消失于此真理之中,虚无主义才会被克服"。① 存在消失了,因为它在世界的世界化中接受了,实现了,亦即完成了它的规定。但是,为什么虚无也消失? 因为它不再为世界的世界化所特有。

然而,这种世界的世界化始终只是可能的,更准确地说,为不是不可能的。"但是,世界还拒绝自身作为世界。世界仍反离于它自身的遮蔽性之中"。② 世界不世界化;物不物化。世界不再给予自身,凭借于它自身拒绝。因此,历史自身剥夺和语言自身沉默。

作为世界的拒绝,无之无化却只是源于现代的经验,亦即它的反经验。这对于人的当前的困境来说是本己的。海德格尔在此困境中经验到什么?"海德格尔的这种困境是如此决定性的,以至于它到其不可辨认性与一切困境相分。什么样的困境? 即:它阻止了人可能成为要死者。正是在此,海德格尔看到了其无家可归的困境。但是,它在这种规定性中却很少被认识,以至于海德格尔必须谈论无困境的困境"。③ 此反经验意味着,人的规定反离而去。由此原因,人不再是理性的动物,但还不是要死者。

世界的经验是如此决定性的,以至于海德格尔必须继续地逗留于其中。如果这是确定的,那么,海德格尔思想的边界变得明朗:亦即存在作为虚无,更准确地说的话:无之无化。这在海德格尔那里只是理解为世界的无之无化,而不是为在开端意义上的(不同于本原的)语言的无之无化。

当然,海德格尔已经区分了虚无,亦即如此,虚无不是关于存在者陈述的否定,相反,它作为自身是存在。他始终让在传统中只是认识到陈述的否定,

① 《全集》,第79卷,第49页。
② 《全集》,第79卷,第49页。
③ 博德尔:《现代的理性结构》,第357页。

而不是道说的否定。"命名在古希腊那里从一开始就始终意味着陈述;而陈述叫做表明某物为某物。语言的这种理解先行规定地处于这一领域,荷马的诗篇也运行于其中"。① 与此相应,西方的语言在根本上从陈述而来被刻画了,它对海德格尔而言是没有区分的。对于海德格尔而言,语言不仅在历史中,而且也在世界中是陈述,也就是在技术性的形态中,亦即信息。这种规定将海德格尔导致于此,他只是与陈述相争论,不可能以这种道说来突破。海德格尔对他的报告"时间和存在"在结尾处评论道:那里也还是"用陈述句所言说"。② 那开端性的语言首先只是可能的,只要它不是不可能的话。

即使当海德格尔谈论开端性语言的可能性时,这也只是作为一种暗示。"语言言说为箴言。语言是如此游戏般的,以致于在这种情况中言说如同道说一样意味着同一的"。③ 但是,这种暗示却是不明显的。此非明晰性在于:语言自身在海德格尔那里尚未以开端性的区分清晰地被思考过。于是,语言在此还没有区分于世界,而是最终保持为世界之内的。这样,语言在海德格尔那里不能越过世界的边界。但是,只有首先当语言自身不再处于世界性和历史性的规定之下时,它才能获得其自身的语言性并成为自身言说的。这样一种语言是智慧的语言,它作为缪斯的歌声、基督之道和公民的言谈在西方历史的各个时代已经是一指引。海德格尔没有将这种语言形成主题。

但是,无之无化必须鉴于智慧之道开端性地予以区分。它既非关于存在者的陈述的否定,亦非存在自身的虚无。它不如说是在这种意义上理解的无之无化:它必须不存在。在此那给予去思考的,首先不是陈述,也不是诗意性的语言,如海德格尔对其所思考的,而是道自身。这个道去道说和指引:它必须不存在。此乃开端性的不。以此我们告别海德格尔。

衷心感谢诸位的注意!

1998 年 7 月译于武汉大学

---

① 《全集》,第 15 卷,第 336 页。
② 《论思想的事情》,第 25 页。
③ 《全集》,第 79 卷,第 169 页。

责任编辑:洪　琼

图书在版编目(CIP)数据

论海德格尔/彭富春 著. -北京:人民出版社,2012.11
ISBN 978－7－01－011169－8

Ⅰ.①论…　Ⅱ.①彭…　Ⅲ.①海德格尔,M.(1889～1976)-哲学思想-
　思想评论　Ⅳ.①B516.54

中国版本图书馆 CIP 数据核字(2012)第 199786 号

论海德格尔
LUN HAIDE GEER

彭富春　著

人民出版社 出版发行
(100706　北京市东城区隆福寺街 99 号)

北京瑞古冠中印刷厂印刷　新华书店经销
2012 年 11 月第 1 版　2012 年 11 月北京第 1 次印刷
开本:710 毫米×1000 毫米 1/16　印张:16
字数:260 千字　印数:0,001-5,000 册

ISBN 978－7－01－011169－8　定价:42.00 元

邮购地址 100706　北京市东城区隆福寺街 99 号
人民东方图书销售中心　电话 (010)65250042　65289539